guia para utilização da
aprendizagem
invertida no
ensino superior

T137g   Talbert, Robert.
       Guia para utilização da aprendizagem invertida no ensino superior / Robert Talbert ; tradução: Sandra Maria Mallmann da Rosa ; revisão técnica: Gustavo Hoffmann. – Porto Alegre : Penso, 2019.
       xxvi, 246 p. : il. ; 23 cm

       ISBN 978-85-8429-175-5

       1. Ensino superior. 2. Pedagogia – Prática. I. Título.

CDU 37

Catalogação na publicação: Karin Lorien Menoncin – CRB 10/2147

ROBERT TALBERT

guia para utilização da **aprendizagem invertida** no ensino superior

Tradução
Sandra Maria Mallmann da Rosa

Revisão técnica
Gustavo Hoffmann
Fellow *pela Harvard University, onde estudou e realizou pesquisas sobre ensino híbrido, sala de aula invertida e uso de metodologias ativas de aprendizagem. Membro do Consórcio STHEM Brasil e do Conselho do Portal Desafios da Educação.*

Porto Alegre
2019

Obra originalmente publicada sob o título
Flipped learning: a guide for higher education faculty
ISBN 9781620364321
Copyright © Stylus Publishing, LLC, 2017.
All rights reserved. No part of this book may be reprinted or reproduced in any form or by any electronic, mechanical, or other means, now known or hereafter invented, including photocopying, recording, and information storage and retrieval without permission in writing from the publisher.

Gerente editorial
Letícia Bispo de Lima

Colaboraram nesta edição

Editora
Paola Araújo de Oliveira

Capa
Paola Manica

Preparação de originais
Josiane Santos Tibursky

Leitura final
Grasielly Hanke Angeli

Editoração
Ledur Serviços Editoriais Ltda.

Reservados todos os direitos de publicação, em língua portuguesa, à
PENSO EDITORA LTDA., uma empresa do GRUPO A EDUCAÇÃO S.A
Av. Jerônimo de Ornelas, 670 – Santana
90040-340 – Porto Alegre – RS
Fone: (51) 3027-7000 Fax: (51) 3027-7070

Unidade São Paulo
Rua Doutor Cesário Mota Jr., 63 – Vila Buarque
01221-020 – São Paulo – SP
Fone: (11) 3221-9033

SAC 0800 703-3444 – www.grupoa.com.br

É proibida a duplicação ou reprodução deste volume, no todo ou em parte, sob quaisquer formas ou por quaisquer meios (eletrônico, mecânico, gravação, fotocópia, distribuição na Web e outros), sem permissão expressa da Editora.

IMPRESSO NO BRASIL
PRINTED IN BRAZIL

Autor

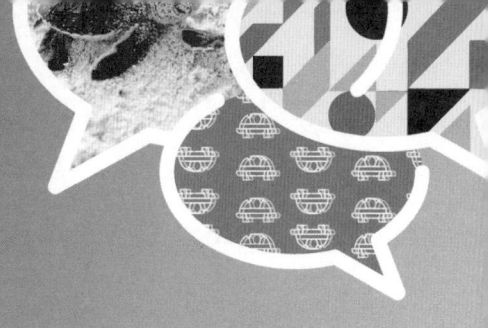

Robert Talbert é professor associado do Departamento de Matemática da Grand Valley State University, Michigan, Estados Unidos. Tem mais de uma década de experiência usando a aprendizagem invertida em aulas de matemática em diferentes cursos do ensino superior, bem como em disciplinas da área de educação, presenciais e *on-line*.

Aos meus pais, Bob e Jane Talbert, que me deram as competências e o espaço necessários para aprender as coisas por minha conta e o desejo de fazer do mundo um lugar melhor.

Agradecimentos

A ideia para este livro veio do meu *blog, Casting Out Nines*, onde escrevi breves artigos e pensamentos eventuais sobre a aprendizagem invertida e outros temas envolvendo matemática, tecnologia e educação desde 2006. Em um voo voltando para Michigan, depois de fazer uma palestra sobre a aprendizagem invertida, fiz um rascunho sobre o tema para um *post* no *blog* e percebi que aquele era um *post* idêntico, quase palavra por palavra, a outro que havia escrito três anos antes. Naquele momento, percebi que era a hora de ter todos os meus pensamentos sobre a aprendizagem invertida em um único lugar e nas mãos do público que não lia o *blog*. O livro que você tem em mãos é o resultado, uma versão razoavelmente depurada e significativamente mais pesquisada, de dezenas, talvez centenas, de *posts* que fiz no *Casting Out Nines* durante anos.

Como este livro está tão intimamente associado ao *blog*, quero agradecer a todos os leitores e comentadores (mesmo os críticos!) que fizeram de *Casting Out Nines* um passatempo tão gratificante, desde seus dias como um *blog* auto-hospedado na WordPress até sua permanência na agora extinta rede de *blogs* The Chronicle of Higher Education (seus arquivos ainda estão em http://rtalbert.org). E obrigado a vocês, Xarissa Holdaway, Jeff Young e a todos da equipe do *Chronicle*, que auxiliaram a levar o *blog* para o cenário nacional, mantendo-o assim de 2011 até 2015.

Quero estender meu agradecimento às muitas pessoas nos *feeds* das minhas redes sociais, principalmente o Twitter, que refletiram com *Casting Out Nines* e colaboraram para o aperfeiçoamento das minhas ideias depois que eram feitas as postagens. Muitas dessas pessoas simplesmente retuitaram os *links* dos *posts*, e eu aprendi o quão gratificante pode ser observar uma ideia se fortalecer e se espalhar. Outras pessoas se transformaram em almas gêmeas e companheiros de viagem, que começaram a acompanhar meus textos (e vice-versa) e, por fim, se tornaram colegas e amigos. Estes incluem Spencer Bagley, Lorena Barba, Bret Benesh, Brian Bennett, Derek Bruff, Justin Dunmyre, Dana Ernst, Joshua Eyler, T. J. Hitchman, Patrick Honner, Sarah Kavassalis, Mitch Keller, Vince Knight, Peter Newberry, Frank Noschese, Kate Owens, Chuck Pearson, Kris Shaffer, Calvin Smith, Bonni Stachowiak e muitos outros. É um prazer interagir com essas pessoas e é uma honra fazer parte de seus círculos. Quem pensa que o Twitter é uma perda de tempo para acadêmicos está enganado.

Gostaria de agradecer em especial a todos os docentes com quem me aconselhei ao preparar este livro. Você verá os nomes de alguns deles nos capítulos, mas todos contribuíram e sou grato por seu tempo e seus esforços: Bret Benesh (College of St. Benedict), Kevin Karphis (University of California – Santa Cruz), Kieran Mathieson (Oakland University), Nathalie Neve (Portland State University), Malissa Peery (University of Tennessee), Drew Walker (University of California – San Diego) e Ed Webb (Dickinson College). Quero agradecer em particular a alguns dos "grandes nomes" que dispensaram um tempo para responder a *e-mails* e mensagens diretas no Twitter sobre suas experiências nos primeiros dias de aprendizagem invertida, particularmente J. Wesley Baker, Jon Bergmann, Eric Mazur e Glenn Platt.

Sou particularmente grato porque as mensagens diretas no Twitter que enviei para Jon Bergmann em maio de 2016 levaram a uma conversa mais longa sobre a aprendizagem invertida, o que, por sua vez, culminou em uma relação de trabalho com a Flipped Learning Global Initiative, um programa que Jon iniciou em 2016 para despertar a conscientização e ajudar na implantação da aprendizagem invertida em todo o mundo. Sinto-me verdadeiramente honrado por ser uma das coortes inaugurais da Flipped Learning Research Fellows para essa organização. Isso só comprova que algumas vezes pode valer a pena "incomodar" as pessoas. Acesse http://flglobal.org para saber mais sobre a iniciativa.

Quando a ideia deste livro começou a tomar forma, não tinha muita certeza sobre como prosseguir ou mesmo se era uma boa ideia – nunca havia escrito um livro antes. Então, consultei a pessoa cujo conhecimento e experiência eu respeito possivelmente mais do que qualquer outra: Linda Nilson é a melhor no assunto quando se trata de promover um ensino efetivo e inovador, seja por meio de um dos seus muitos livros ou da aparentemente infindável série de *workshops* e palestras inaugurais que ela profere. Linda também é minha ex-chefe – ela me contratou para o Master Teaching Fellowship quando eu estava na pós-graduação da Vanderbilt University e foi diretora do Vanderbilt's Center for Teaching. No breve ano que passei no Center for Teaching sob a supervisão de Linda, acredito que aprendi a maior parte do que sei sobre o ensino efetivo e a arte de ensinar e aprender. Sua tutoria e amizade durante esses anos foram uma benção constante, tanto profissional quanto pessoalmente, e sua marca será percebida neste livro por qualquer um que conheça seu trabalho.

Foi por conselho de Linda que contatei John von Knorring, da Stylus Publishing, para apresentar a ideia para este livro. John foi incrivelmente acolhedor e prestativo durante todo o processo de produção da obra, e eu não poderia ter desejado uma editora melhor para publicar.

Finalmente, tenho três grupos de pessoas a quem agradecer, sem as quais este livro definitivamente não teria se tornado realidade.

Em primeiro lugar, meus alunos do Bethel College (Indiana), do Franklin College e da Grand Valley State University (GVSU). Meu uso da aprendizagem invertida teve início no Franklin e me aperfeiçoei na GVSU desde que me transferi para lá em 2011, mas meus alunos do Bethel foram os primeiros a me conscientizar do elemento profundamente humano do ensino que me motiva a ser excelente em sala de aula. Sem os alunos dessas instituições – seu *feedback*, seu trabalho árduo, sua paciência e sua bondade inerente como pessoas – todo o ensino inovador no mundo não teria sentido.

Em segundo lugar, meus colegas do Departamento de Matemática da GVSU. Mais de uma vez, pessoas comentaram que o Departamento de Matemática da GVSU é como um time de super-heróis, com tantos incríveis talentos que devia ser intimidador trabalhar lá. Permita-me esclarecer: era. Eu nunca fui a pessoa mais inteligente da sala desde que cheguei a Allendale, Michigan, em 2011, mas a mistura de uma crepitante energia intelectual, preocupação sincera com os alunos e incrível bondade entre meus colegas faz da GVSU um lugar para trabalhar como nenhum outro, e eu agradecia a Deus todas as manhãs quando dirigia até o *campus* por ter o privilégio de lecionar em uma universidade como a Grand Valley. Quero agradecer a Ed Aboufadel, David Austin, Matt Boelkins, David Clark, David Coffey, Marcia Frobish, John Golden, Jon Hasenbank, Jon Hodge, Keren Novotny, Darren Parker, Shelly Smith, Ted Sundstrom e Clark Wells, que me deram *feedback* direto, fizeram perguntas honestas, tiveram conversas profundas e dirigiram críticas duras sobre a aprendizagem invertida e outros temas de ensino e aprendizagem que tornaram as ideias deste livro melhores do que teriam sido sem sua colaboração e fizeram de mim um professor melhor.

Por fim, quero agradecer à minha família, por seu apoio e amor durante o processo de produção deste livro. O verão de 2016, quando a maioria das palavras do livro estava tomando forma, foi passado fazendo malabarismos, por um lado escrevendo e ensinando, e, por outro, com as crianças indo e vindo do acampamento, preparando o café da manhã, o almoço e os lanches para elas, mediando conflitos com a TV, reformando a cozinha e assegurando que tivéssemos pelo menos algum tempo para aproveitar a linda estação na costa oeste de Michigan. Unindo os esforços e trabalhando ao lado da família, acredito que consegui dar conta. Então Cathy, Lucy, Penelope e Harrison – eu amo muito todos vocês, obrigado.

Apresentação

A primeira vez que tomei conhecimento do trabalho de Robert Talbert sobre a aprendizagem invertida foi pelo seu *blog, Casting Out Nines*, e, posteriormente, por meio de algumas conversas pelo Twitter quando ele fazia pesquisas para este livro. Em meio a essas interações e por recomendação das mentes mais brilhantes em aprendizagem invertida, convidei Robert para ser um dos membros fundadores do Flipped Learning Global Research Fellows. Sua erudição, ponderação e empenho em refletir sobre sua prática e sua coragem para as estratégias práticas originaram um livro incrível, que todos os professores universitários devem ler, independentemente da sua área de especialização.

Quando percorri estas páginas, fiquei profundamente impressionado. Este livro

- é a mais bem desenvolvida, completa e abrangente referência na história da aprendizagem invertida escrita até o momento;
- explica a variedade de estruturas da aprendizagem invertida de maneira clara e convincente;
- percorre de forma prática as estratégias da aprendizagem invertida, de modo que outros professores que invertem suas aulas na universidade não cometam erros comuns;
- serve de auxílio para que os professores aprendam melhor como planejar à luz da aprendizagem invertida;
- é um guia simples para aqueles que estão relutantes em começar a inverter suas aulas;
- é erudito e, ainda assim, de fácil compreensão.

Mas o que mais me impressionou foi a transparência de Robert. Sua história de dificuldades com sua primeira turma de aula invertida não o fez desistir, mas, em vez disso, o levou a descobrir como alcançar cada aluno em aula. Esse esforço me mostrou que Robert se importa não só com matemática ou engenharia, mas também com o sucesso de cada um de seus alunos. Ele claramente valoriza mais as relações do que o conteúdo e transmite cordialidade a cada aluno que ingressa em sua sala de aula. Professores em todos os lugares têm muito a aprender com ele.

Este livro apresenta a aprendizagem invertida em termos simples, que conduzirão a uma maior adoção da aprendizagem invertida em universidades do mundo inteiro. Então, se você estiver indeciso em relação à aprendizagem invertida, pare o que está fazendo e leia este livro. Depois de lê-lo, você terá o caminho livre para inverter suas aulas.

Jon Bergmann
Pioneiro da aprendizagem invertida
Fundador da Flipped Learning Global Initiative

Prefácio

SOBRE O QUE É ESTE LIVRO

Este livro trata da *aprendizagem invertida*, uma abordagem para o ensino e a concepção de aulas que envolve mudanças simples na forma como geralmente são conduzidos:

- em vez de fazer os alunos terem sua primeira exposição a novos conceitos e materiais *em aula* (frequentemente por meio de uma aula expositiva), estabelecemos formas para que eles a tenham *antes* da aula, bem como formas de orientá-los durante essa primeira exposição;
- como tudo isso está acontecendo *antes* da aula, em consequência, um bom tempo fica liberado *durante* a aula, o qual agora pode ser usado em atividades em que os alunos em geral precisam de mais ajuda, tais como aplicação do conteúdo básico, envolvimento em discussões mais aprofundadas e trabalho criativo.

Essa "inversão" dos contextos de trabalho dos alunos – a primeira exposição a novos conceitos antes da aula, depois um trabalho mais aprofundado e intenso durante a aula, em vez do contrário – é, como já dissemos, uma ideia simples, mas também é profunda e tem o potencial de transformar a educação, particularmente o ensino superior, de uma forma que estamos apenas começando a entender.

Comecei a usar a aprendizagem invertida para organizar e ensinar minhas turmas vários anos atrás por necessidade (falarei disso em seguida) e, de maneira gradual, expandi o escopo dos meus modelos da aprendizagem invertida até que, atualmente, toda turma que ensino utiliza a aula invertida: disciplinas com temas de nível superior para especializações em minha área, assim como disciplinas de educação geral, grandes e pequenas turmas e disciplinas presenciais e *on-line*. Os resultados são inegáveis. Os alunos nessas turmas não só aprendem o conteúdo da disciplina tão bem quanto, ou ainda melhor do que, em uma configuração tradicional, como aprendem a assumir maior responsabilidade por seu trabalho, fazem maiores progressos tornando-se aprendizes autorregulados (um conceito que explorarei em detalhes nos próximos capítulos), trabalham mais e de forma mais inteligente durante o tempo de aula, e estão em geral *mais felizes* com a disciplina. De fato, em meu departamento (onde muitos de meus colegas também estão associados), os alunos agora reclamam abertamente quando um curso *não* usa a aprendizagem invertida. Como dizem alguns deles: "Como podemos aprender alguma coisa se tudo o que o professor faz é *dar aula expositiva*?".

Os alunos *entendem*: o ensino superior atual não tem que se parecer com o ensino superior de antigamente, ou mesmo de uma década atrás, quando a única forma admissível de orientar os alunos durante a primeira exposição a novos conceitos era ter todos na mesma sala em um horário preestabelecido, onde as informações podiam ser fornecidas por um especialista. De fato, os estudantes de hoje estão absolutamente cientes de que, em um mercado de trabalho altamente competitivo, seu futuro como profissionais depende da sua habilidade de aprender por conta própria e de ser capaz de buscar novas competências e ideias sempre que necessário e então colocá-las em funcionamento em aplicações difíceis e criativas que são importantes para eles. Aquele que *precisa* de uma configuração da sala de aula tradicional para aprender alguma coisa será deixado para trás. É preciso um ensino superior que "capte isso" o máximo possível.

E, para que não pensemos no ensino superior unicamente como preparação para o trabalho, a noção de *aprendizagem permanente* está baseada na ideia de ter não só a habilidade, mas também o *gosto* por aprender coisas novas por conta própria, deixando que a curiosidade e os interesses guiem o indivíduo para novas ideias e competências, e traduzindo paixões e interesses em conhecimento e habilidades reais. O ensino superior, por sua própria estrutura, deveria comunicar a importância vital da aprendizagem permanente – mas com frequência falha, mais uma vez por sua própria estrutura, o que acaba comunicando o oposto do que desejamos: que a aprendizagem ocorre durante horários do dia definidos, um certo número de vezes na semana e somente depois que um especialista lhe diz o que você precisa saber. Porém, aqueles de nós que somos, ou pelo menos gostamos de pensar que somos, aprendizes permanentes conhecemos uma história diferente. A aprendizagem é ilimitada, profundamente pessoal e enraizada em nossa habilidade humana nativa de raciocinar por conta própria. As estruturas que o ensino superior coloca em torno desse processo *serviam* ao processo de aprendizagem, mas hoje estão cada vez mais *sendo servidas* pelo processo de aprendizagem, de modo que a aprendizagem permanente não é mais a questão – assistir às aulas, fazer as provas (que são elaboradas diretamente a partir de uma aula expositiva) e tirar notas altas é que é a questão. O ensino superior tem de ser reinicializado para que possa retornar ao princípio fundamental da aprendizagem permanente.

Acredito que a aprendizagem invertida é uma ideia cujo momento já chegou. É uma forma de colocar em prática o ensino superior que acena com a promessa única de retornar às suas raízes intelectuais e, simultaneamente, ser voltado para o futuro.

Ao mesmo tempo, a aprendizagem invertida é, em essência, uma ideia muito simples. Como é possível que alguém possa escrever um livro inteiro sobre isso? Bem, acontece que implantar essa ideia simples não é tão *simples* assim. De fato, este livro começou com a primeira tentativa de aprendizagem invertida, que foi um grande fracasso.

FRACASSO PRODUTIVO

O ano era 2009, e eu fazia parte do corpo docente de matemática de uma pequena faculdade de artes liberais. Como é o caso em faculdades pequenas, eu também realizava muito do trabalho administrativo e de manutenção. Uma dessas funções administrativas era gerenciar o programa de engenharia 3+2 da faculdade. Como outros programas similares em faculdades pequenas em todos os Estados Unidos, os estudantes no programa 3+2 frequentavam a faculdade durante os primeiros três anos para concluir as disciplinas básicas de ciências, matemática e educação geral necessárias para um diploma de engenharia; depois disso, eles se transferiam para uma instituição parceira, uma universidade maior com um programa de engenharia para fazer as disciplinas específicas da área. Depois de cinco anos, eles recebiam dois títulos, um em matemática aplicada, pela minha faculdade, e um em engenharia, pela nossa parceira.

Aquele era um ótimo programa, mas complicado de administrar, devido às onipresentes limitações de horário nas pequenas faculdades. Por exemplo, podíamos oferecer apenas uma turma de Cálculo 2 por ano. Se houvesse algum conflito de horários entre as disciplinas da minha faculdade e da nossa parceira, aquele era um problema sério. Então, para tentar amenizar esse problema, propus uma disciplina de programação de computadores para a especialização em matemática, usando o *software* MATLAB, que satisfaria as exigências de uma disciplina básica na universidade que era nossa parceira.

Para assegurar inscrições suficientes a cada vez que era oferecida, a disciplina foi se transformando em um requisito para *todas* as especializações em matemática, não só para os alunos de engenharia, mas também para aqueles que normalmente não fazem disciplinas de computação, como pré-requisito de especialização em educação fundamental e em ensino médio. O público, portanto, incluía muitos alunos que em geral não estavam interessados ou confortáveis com a ideia de programação de computadores. Para proporcionar a toda gama de alunos o tempo e o espaço necessários para aprender o assunto, propus uma disciplina que valia *três* créditos, com encontros de 50 minutos, três vezes por semana.

Quando foi discutida e modificada pelo reitor, a disciplina foi reduzida para uma de *um* crédito – com os alunos reunindo-se uma vez por semana por 75 minutos. Esse foi um problema sério, se não devastador, porque eu tinha apenas um conceito em minha mente sobre como um curso universitário deveria ser concebido e administrado. Esta foi a única configuração que encontrei na faculdade e também para a maioria das disciplinas na pós-graduação:

- durante os encontros da turma, os alunos têm seu primeiro contato com o conteúdo por meio de uma aula expositiva (esperamos que bem construída e logicamente sequenciada) que inclui muitos exemplos do professor, e, se houver tempo, algum momento de prática;
- depois de terminada a aula, os alunos, ao voltarem para seus dormitórios, casas e apartamentos, recebem a tarefa de trabalhar em tarefas maiores e melhores – como dever de casa, projetos, programas, etc.

No entanto, imediatamente percebi que esse modelo não iria funcionar para uma primeira disciplina de programação de computadores de um encontro por semana, de 75 minutos, voltada para o público em geral. Em primeiro lugar, a programação de computadores é uma habilidade que não pode ser aprendida ouvindo-se uma aula expositiva – é preciso *fazer* programação, cometer erros, reparar os erros e refletir sobre eles para realmente aprender. Eu sabia disso devido aos meus próprios cursos de programação de computadores no passado, que haviam sido realizados exclusivamente via aula expositiva. Mas, como eu era um aprendiz habilidoso naquela época, adorava tecnologia e tinha um *background* técnico, para mim não era problema usar o tempo que não estava em aula para as *reais* experiências de aprendizagem. Em segundo lugar, os alunos da *minha* turma não eram como eu. Eles certamente entendiam o conteúdo, mas não eram especialistas e, em muitos casos, não tinham nem mesmo um nível básico de familiaridade com a tecnologia, muito menos habilidade. Em terceiro lugar, mesmo que eu fosse dar uma aula expositiva simples, sem intervalo, por 75 minutos, uma vez por semana, e mesmo que os alunos conseguissem absorver toda aquela aula expositiva e aplicá-la bem em seu próprio tempo, ainda assim não seríamos capazes de aprender tudo o que precisávamos.

Eu precisava de um modelo diferente.

Então, fiz algumas pesquisas e acabei encontrando um artigo intitulado "The Inverted Classroom in Software Engineering" (GANNOD; BURGEE; HELMIK, 2008), de três professores do Departamento de Ciência da Computação da Miami University of Ohio. Eles haviam criado alguma coisa denominada "sala de aula invertida" (que, mais tarde, soube que havia sido inventada por alguns de seus colegas do Departamento de Economia, oito anos antes). Na sala de aula invertida, a transmissão direta da informação que normalmente associamos a uma aula expositiva ainda acontecia, mas ocorre em um contexto diferente: *fora*, na verdade *antes*, do encontro da turma, na forma de vídeo pré-gravado e leituras. Assim, como essa atividade era deslocada para fora da aula, o encontro da turma era muito aberto e podia ser gasto em atividades de aprendizagem ativa. Além disso, ter as aulas expositivas pré-gravadas permitia que os alunos as pausassem e repetissem com a frequência que precisassem sem ter de se perder fazendo anotações.

Depois da leitura desse artigo, eu soube que aquele era o modelo que estava procurando. Os alunos assistiam aos vídeos sobre certas características do *software* antes do encontro semanal da turma. O MATLAB mantém uma coleção de vídeos instrucionais de qualidade profissional para esse fim (ver MATHWORKS, 2016), assim, eu não precisava *fazer* nenhum conteúdo em vídeo, apenas associar ao que já havia sido feito e acrescentar algumas notas para a visualização. Criei laboratórios de programação semanais nos quais os alunos, em parceria, utilizavam o que haviam aprendido assistindo aos vídeos para resolver um problema aplicado usando MATLAB. Os alunos eram avaliados quanto à qualidade das suas soluções e também com um punhado de avaliações cronometradas.

Isso parecia ser muito promissor. Os estudantes adquiriam conhecimento do *software* em um nível básico antes do encontro, dessa forma liberando muito tempo de aula para fazer um trabalho de aplicação criativa. Assim a ideia da aprendizagem invertida seria implantada solidamente na disciplina. Isso seria *incrível*!

No entanto, como pode ser visto, não foi assim tão incrível. Na verdade, foi um fracasso retumbante em várias frentes.

- Forneci aos alunos recursos em vídeo bem-elaborados, mas isso foi tudo o que eu fiz – *dei os vídeos* com instruções para "assistir a este vídeo antes da aula". Acontece que isso não é suficiente. Eles tentaram assistir aos vídeos, mas rapidamente ficaram perdidos, não aprenderam o que precisavam para estar prontos para a aula e não conseguiram reter o que haviam aprendido nas semanas anteriores.
- Como não estavam aprendendo com as tarefas em vídeo pré-aula, os alunos estavam chegando aos nossos encontros despreparados para trabalhar na aplicação do conteúdo básico. Aqueles laboratórios que construí com tanto trabalho para o horário da aula? Não estavam servindo como arrancada para os alunos.
- Eles me solicitaram para ensinar novamente o conteúdo dos vídeos porque não os entendiam. Eu me recusei – talvez eu deva dizer "declinei" –, porque presumia que o motivo pelo qual estavam pedindo isso era porque simplesmente se recusavam a assistir aos vídeos por preguiça. Talvez alguns realmente *fossem* preguiçosos, mas é mais provável que muitos deles

simplesmente não soubessem como fazer para assistir a um vídeo no sentido de *aprender* alguma coisa com ele. As coisas ficaram tensas na turma em função disso.
- Os alunos ficaram frustrados porque eu "não estava ensinando o conteúdo". Eu estava furioso porque, na minha cabeça, eles não estavam se preparando com afinco ou o suficiente. A atmosfera comunitária da turma entrou em colapso na segunda semana do semestre e nunca mais se recuperou. Não havia confiança, nenhum senso de auxílio mútuo e, honestamente, ninguém aprendeu muito naquele semestre.

Em suma, aquela foi uma das minhas piores experiências em 20 anos de carreira, e foi principalmente minha culpa. Na verdade, eu deveria ter abandonado esse modelo naquele momento e nunca mais ter olhado para trás.

Entretanto, eu estava convencido de que, embora voltar ao modelo tradicional de instrução deixaria os alunos *mais felizes* (e a mim também), isso não resultaria em melhora na aprendizagem, porque, mais uma vez, não se pode aprender programação de computadores ouvindo alguém falar sobre programação de computadores. É preciso *experimentar* o programa com o tempo e o espaço necessários para cometer e reparar os erros durante o trabalho em um problema interessante que requeira competências básicas. E estas podem – e, portanto, devem – ser adquiridas de forma independente antes da hora da aula, ao mesmo tempo reservando um tempo precioso de aula para que eu pudesse *auxiliar* os alunos enquanto eles desenvolviam o trabalho árduo e frustrante de fazer o código do computador se comportar corretamente.

Em outras palavras, eu me defrontei com uma escolha depois desse desastre inicial de um semestre: tentar descobrir o que estava faltando na minha didática em aula e então experimentar novamente ou abandonar a ideia de vez. Escolhi a primeira, e aquela foi uma das melhores decisões da minha carreira.

O PÚBLICO E A ESTRUTURA DESTE LIVRO

O modelo que descrevi, chamado de "sala de aula invertida" pelos professores da Miami University (e ainda com frequência assim denominado), é o modelo pedagógico que chamaremos de aprendizagem invertida ao longo deste livro. Conforme mencionado anteriormente, é chamado de "invertido" por causa da reversão ou inversão dos contextos, do que os alunos fazem em seu próprio tempo *versus* seu tempo reunidos com a turma inteira. Este livro, em grande parte, é uma mensagem que estendo a você sobre o que descobri em aproximadamente uma década desde aquela primeira tentativa, na esperança de que você possa aprender com meus erros sem ter de *cometê-los*.

Acredito que a aprendizagem invertida é o futuro do ensino superior e, portanto, todos nós precisamos dedicar tempo, atenção e esforços para trazer esse modelo para nossas aulas. Também acredito que a adoção da aprendizagem invertida não pode acontecer efetivamente sem um conjunto sólido de recursos básicos e uma comunidade para auxiliar a praticá-la. Em minhas experiências como facilitador de *workshops*, palestrante e escritor sobre a aprendizagem invertida, descobri que, embora haja um forte interesse por ela no ensino superior, existem recursos "centralizados" para orientar como realmente implementá-la, e apenas grupos isolados de comunidades de prática. Essa situação não é sustentável. Assim, uma das minhas principais expectativas em relação a este livro é a de que seja um recurso para professores e um ponto de partida para uma robusta comunidade de prática sobre a aprendizagem invertida no ensino superior.

Há três tipos de professores que podem achar este livro útil. Acredito que você vai se identificar com pelo menos uma destas categorias.

- *Os curiosos.* Estes são professores universitários que ouviram falar da aprendizagem invertida (ou talvez o termo mais popular, *sala de aula invertida*; discutiremos melhor a terminologia no Cap. 1) e estão interessados em saber mais. Para você, a expectativa é a de usar partes deste livro que sejam mais do seu interesse e obter uma sólida ideia do que essa metodologia se trata e como ela pode ser útil para seus alunos. Também espero que você considere sua inclusão na próxima categoria.
- *Os novatos.* Estes são professores universitários que estão recém começando a praticar a aprendizagem invertida. Talvez você já tenha experimentado e não tenha se dado tão bem (veja minha história anterior) e esteja curioso para saber o que poderia estar faltando. Ou talvez esteja tendo uma ótima experiência com ela até agora e queira saber como ampliar sua utilização. De qualquer maneira, a expectativa é a de que você encontre ferramentas práticas e resultados de pesquisa para auxiliar a promover seu uso da aprendizagem invertida para o próximo nível, e que, por fim, a transforme em parte permanente da sua prática de ensino.
- *Os veteranos.* Estes são professores universitários que já usaram aprendizagem invertida em pelo menos uma disciplina inteira e estão procurando aprimorar seu ofício. Para você, espero que este livro forneça um quadro mais amplo, algumas boas dicas para usar essa metodologia e algum *background* de pesquisa que possa aprofundar seu conhecimento da prática. Também o encorajo a converter suas experiências em informações que possa

compartilhar publicamente e, assim, construir uma comunidade da prática. Discutiremos este último item no capítulo final.

Procurei escrever este livro tendo em mente cada categoria de público, e com um equilíbrio entre a *pesquisa* sobre a aprendizagem invertida e suas bases teóricas, conceitos de *design da disciplina* que lhe auxiliarão a organizar disciplinas para usar a aprendizagem invertida efetivamente, *dicas e exemplos* do uso da aprendizagem invertida na vida real e *considerações práticas*, como a sua aceitação por parte dos alunos e como conseguir que eles façam as atividades pré-aula.

Este livro *não* é direcionado a professores dos ensinos fundamental e médio, a não ser que você seja um professor que trabalha com alunos de Advanced Placement ou International Baccalaureate* ou um público "semelhante ao universitário". Isso porque esse cenário já possui um grande ecossistema de aprendizagem invertida em atividade, com vários livros excelentes sobre o assunto (p. ex., BERGMANN; SAMS, 2012) e fortes comunidades de prática. Vale muito a pena examinar os recursos dos ensinos fundamental e médio se você for professor de uma faculdade ou universidade. No entanto, apesar da sua excelente qualidade, sua aplicabilidade ao ensino superior é limitada, devido a enormes diferenças entre as premissas e os contextos do ensino superior e da educação básica. Por exemplo, no ensino superior, frequentemente pressupomos que os alunos têm acesso, 24 horas por dia, 7 dias por semana, à conexão com internet de alta velocidade por meio das suas instituições; uma suposição dessas não pode ser feita para estudantes de uma escola pública de ensino médio.

Inclui-se, em nosso público, todos aqueles envolvidos com a educação de nível superior – não só professores de instituições de quatro anos, mas também professores de *community colleges*,** professores de Advanced Placement ou International Baccalaureate em escolas de ensino médio, professores adjuntos que lecionam em turmas em múltiplas instituições ou *on-line* e até mesmo pais com filhos que estão sedentos por aprender mais. Com frequência uso os termos *faculdades* e *universidades*; eles são sempre utilizados como sinônimos para qualquer instituição de ensino superior em qualquer nível.

---

* N. de R.T. **Advanced Placement** são disciplinas realizadas no ensino médio que aumentam as chances de os estudantes serem aceitos em instituições renomadas, bem como permitem a validação de créditos quando eles ingressam na universidade. **International Baccalaureate** é uma fundação reconhecida internacionalmente que oferece programas educacionais para crianças e adolescentes. O programa de diploma tem duração de dois anos e é destinado a jovens de 16 a 19 anos como qualificação para ingressar no ensino superior.

** N. de R.T. *Community colleges* são faculdades de dois anos que alguns alunos cursam antes de ingressar em uma universidade. Têm uma estrutura bem menor do que uma universidade e acabam sendo uma etapa do ensino superior nos Estados Unidos.

Este livro está dividido em três partes principais, conforme apresentado a seguir.

- A Parte I – O que é aprendizagem invertida? – está focada na compreensão do que é e o que não é aprendizagem invertida, e por que professores escolheram usá-la (Cap. 1); apresenta a base de pesquisa e as estruturas teóricas que apoiam o conceito de aprendizagem invertida (Cap. 2); e estudos de caso que mostram diferentes formas de uso entre as áreas acadêmicas (Cap. 3).
- A Parte II – *Design* da aprendizagem invertida – trata do processo prático do *design* (ou *redesign*) de uma disciplina em torno da aprendizagem invertida. Discutiremos os paradigmas do *design* das disciplinas em geral e, especificamente, como o modelo oferecido por Dee Fink (2013) pode ser adaptado a um ambiente de aprendizagem invertida (Cap. 4); examinaremos um *modelo de sete passos* para o *design* da aprendizagem invertida que enfatiza o desenvolvimento de objetivos de aprendizagem apropriados e descreve um modelo sustentável para as atividades pré-aula que os alunos realizam (Caps. 5 e 6).
- A Parte III – Ensinando e aprendendo em um ambiente de aprendizagem invertida – passa do *design* da disciplina para questões relacionadas à transformação da aprendizagem invertida em uma parte permanente da sua prática de ensino. Examinaremos as variações no *design* invertido clássico das aulas para aplicar a aprendizagem invertida tanto a disciplinas *on-line* quanto àquelas de baixa tecnologia, além da ideia de "inversão parcial" (Cap. 7). Então, por fim, examinaremos como tornar a aprendizagem invertida uma parte sustentável e produtiva na sua rotina profissional, abordando questões que em geral surgem com os alunos, além de formas de transformar experiências de aprendizagem invertida em seu conhecimento e portfólio de serviço (Cap. 8).

Se você não pretende ler o livro inteiro, é recomendável que leia toda a Parte I e depois recorra aos outros capítulos quando necessário. A aprendizagem invertida é uma forma empolgante e efetiva de ensinar, e mal posso esperar que você saiba mais a respeito dela!

Sumário

Apresentação xiii
   Jon Bergmann

Parte I 1
   O que é aprendizagem invertida?

Capítulo 1 3
   O que é aprendizagem invertida e por que usá-la?

Capítulo 2 26
   História e teoria da aprendizagem invertida

Capítulo 3 55
   Modelos de aprendizagem invertida

Parte II 87
   Design da aprendizagem invertida

Capítulo 4 89
   Planejando uma disciplina em torno da aprendizagem invertida

Capítulo 5 109
   Planejando experiências de aprendizagem invertida, parte 1: desenvolvendo a estrutura para uma aula

Capítulo 6 132
   Planejando experiências de aprendizagem invertida, parte 2: planejando atividades efetivas

Parte III 157
Ensinando e aprendendo em um ambiente de aprendizagem invertida

Capítulo 7 159
Variações sobre um tema

Capítulo 8 178
Convivendo e trabalhando com aprendizagem invertida

Apêndice: Glossário de técnicas e ferramentas   213

Referências   227

Índice   233

PARTE I

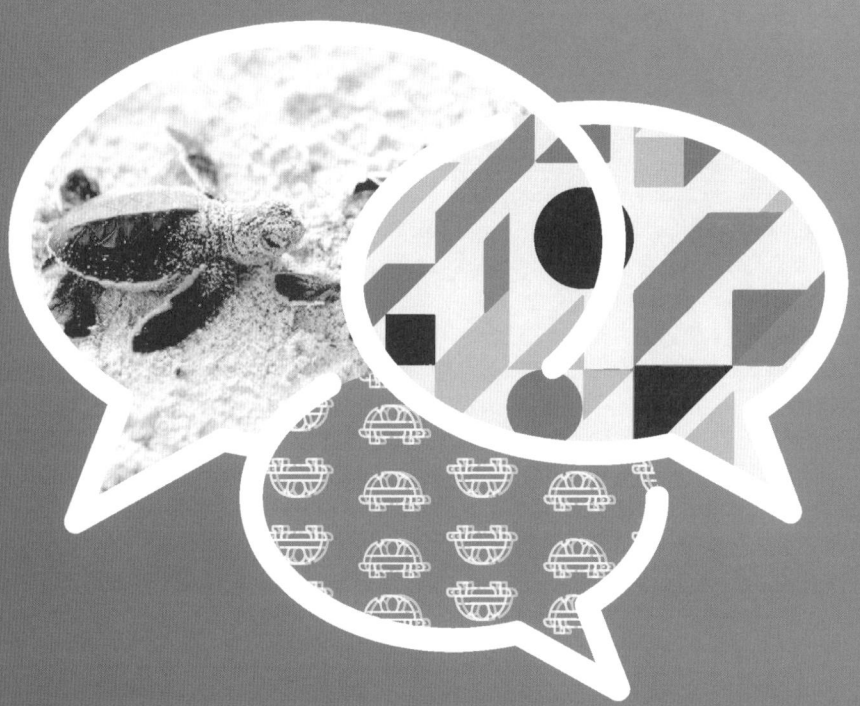

O que é aprendizagem invertida?

1
O que é aprendizagem invertida e por que usá-la?

Quando meu pai era jovem e trabalhava em um curso de engenharia elétrica na Texas Tech University, na década de 1950, não havia discussão sobre a *forma* como suas disciplinas acadêmicas eram organizadas e executadas. Os estudantes iam para a aula em horários fixos durante a semana e em locais fixos. Na aula, um professor especializado fazia uma exposição sobre um tópico em engenharia elétrica, física ou matemática. Os alunos tomavam notas e, possivelmente, faziam perguntas. Então, a aula terminava, e os alunos voltavam para seus dormitórios para trabalhar nos problemas e elaborar projetos. Depois, o ciclo se repetia. Pode ter havido algumas variações entre as disciplinas na universidade, mas as semelhanças no *design* e no ensino dessas disciplinas segundo esse modelo ultrapassavam muito as diferenças.

Essa educação lhe foi muito útil durante a faculdade e nas duas primeiras décadas de sua carreira como engenheiro. Ele trabalhou para a General Motors e, em determinado momento, foi contratado pela NASA, para ajudar a projetar os sistemas elétricos e de orientação para as naves espaciais Gemini e Apollo. Sua formação lhe serviu muito bem, porque, apesar de ter de mudar de um local de emprego para outro e passar da General Motors para a NASA e depois voltar, ele basicamente continuava fazendo a mesma *coisa* em seu trabalho: projetar sistemas elétricos para veículos. Após seu período na NASA e na General Motors, ele e minha mãe (e, nessa época, minhas irmãs também) se mudaram para o Tennessee, onde começou a trabalhar no serviço público de energia elétrica na cidade de Nashville. A minha chegada se deu um pouco depois dessa mudança. E, durante a maior parte da minha infância, recordo do meu pai ainda fazendo a mesma *coisa*, dia após dia: projetar sistemas elétricos para a cidade de Nashville. Era como na NASA, exceto por serem cidades em vez de naves espaciais.

Mas então, certo dia, meu pai foi promovido a supervisor e estava trabalhando em uma ampla variedade de tarefas, apenas uma fração das quais tinha a ver com engenharia. O maior daqueles projetos ocorreu quando o time de futebol americano Houston Oilers, da National Football League, se mudou para o Tennessee. Ele foi encarregado de projetar a rede elétrica para o novo estádio que seria construído. Isso parece ser engenharia, mas muitas tarefas não relacionadas com a engenharia estavam ocultas abaixo da superfície. Por exemplo, para construir o estádio, vários quarteirões do lado leste de Nashville precisavam ser removidos, e ele estava envolvido na engenharia civil – e na política – desse processo. Ele tinha de gerenciar pessoas e saber com quem falar para saber o que precisava aprender para realizar o trabalho. Ele teve de desenvolver novas competências rapidamente naquele momento e com um mínimo de ajuda de terceiros. Ele certamente não teve o luxo de fazer um curso na faculdade local sobre o que precisava saber. Em suma, ele agora era responsável por um arranjo complexo de tarefas e projetos que tinham pouco a ver com o conhecimento livresco que havia adquirido, que de fato dominava, durante a graduação.

A história do meu pai ilustra uma verdade maior: que a natureza da vida e do trabalho mudou significativamente nas últimas décadas, e, por conseguinte, a forma como concebemos a educação deve mudar para se adequar a essa mudança. Modelos de ensino superior que têm como base um modelo de informação insuficiente e o treinamento dos universitários em uma única e limitada disciplina estão rapidamente se tornando (se é que já não estão) obsoletos. O ensino superior precisa de uma nova forma de se apresentar, uma forma que dê continuidade à melhor das suas tradições antigas sem que seja insensível às necessidades do mundo à sua volta.

O MODELO TRADICIONAL

Para entender como podemos abordar essas questões, começaremos com os antigos supostos básicos sobre como a faculdade e as disciplinas universitárias são estruturadas e como é esperado que os aprendizes usem seu tempo.

Durante séculos no ensino superior, a forma mais eficiente de ensinar os estudantes era reuni-los em um local e horário determinados, disseminar informações pertinentes e então fazê-los trabalhar com elas em atividades envolvendo processos cognitivos mais complexos do que simplesmente anotar as informações dadas. Esse ainda é o modo predominante de instrução nas universidades atualmente e deve ser familiar para quase todos. Os alunos chegam à sala de aula com seus colegas, têm o primeiro contato com o novo conteúdo por meio de uma aula expositiva (a qual pode incluir elementos de atividade, como trabalho em grupo ou interações com perguntas/respostas) e então vão para casa trabalhar com esse material novo por meio de um dever de casa, laboratórios, redações, projetos e similares. Esse ciclo de encontros, seguidos por trabalho de alta complexidade, seguido por encontros, continua, pontuado por avaliações somativas ocasionais.

Ao longo deste livro, iremos nos referir a esse modelo de *design* de disciplina acadêmica como *modelo tradicional*. Suas características principais são apresentadas a seguir.

- A aula é usada principalmente para apresentar aos alunos um novo material pela primeira vez e disseminar material adicional relacionado (frequentemente na forma de uma aula expositiva).
- O trabalho de mais alto nível, que foca na aplicação, síntese, avaliação e criatividade, é feito depois da aula pelos alunos, individualmente. Os estudantes *podem* ter permissão para trabalhar em grupos ou podem trabalhar em grupos mesmo que não seja permitido, ou sozinhos, mesmo que os grupos sejam permitidos. Não há muita regulação ou supervisão por parte de um especialista (i.e., o professor ou seu assistente) nessa fase individual, e, se o aluno quiser auxílio, ele terá de contar com seus colegas (presumindo que a colaboração seja permitida) ou com a interação com o professor, que possivelmente ocorre mais tarde.

Observe que esse é um modelo de *design*, não necessariamente um modelo de um *método educacional* particular. A aula pode ser expositiva ou ser alguma coisa diferente. *O que constitui o modelo tradicional não é a pedagogia específica usada no horário de aula, mas a forma como o horário de aula é projetado.* Os alunos veem novo conteúdo e conteúdo relacionado durante o tempo de aula e, então, trabalham com ele em um nível maior de complexidade posteriormente.

Como mencionamos, o modelo tradicional é *tradicional* – é a forma como a maioria das pessoas irá descrever como funciona a faculdade se lhes for perguntado. O modelo tradicional pode, nas mãos certas, criar um ambiente de aprendizagem no qual a aprendizagem profunda é facilitada. E muitos de nós que fomos à universidade podemos ter lembranças de reflexões profundas ou de apenas pura diversão nas muitas horas passadas nas disciplinas de acordo com os moldes tradicionais. Também gostaríamos de enfatizar que esse modelo não descreve todos os casos de educação do passado. O *design* instrucional e os modelos pedagógicos como o tutorial de Oxford, os métodos de estudo de caso, a prática e as experiências em laboratório não se enquadram nesse modelo. Ainda assim, a forma típica e tradicional de conceber as aulas universitárias é a já descrita.

No entanto, há questões cruciais com o modelo tradicional que estão se tornando cada vez mais aparentes à medida que o mundo à nossa volta (aquele que deu origem ao modelo tradicional) está mudando, como pode ser visto a seguir.

- *O modelo tradicional cria uma relação inversa entre a dificuldade cognitiva do trabalho do aluno e o acesso do aluno a suporte.* Isso significa que, no modelo tradicional, os alunos estão fazendo o trabalho mais simples quando seus canais de apoio estão mais prontamente acessíveis e o trabalho mais difícil quando o apoio está menos disponível. Quando o professor está fisicamente presente, representando o ponto máximo de acessibilidade ao auxílio, a função do aluno em geral é apenas fazer anotações. Ao contrário, os alunos estão fazendo o trabalho mais complexo quando os canais de trabalho estão menos acessíveis (seu trabalho em tarefas cognitivas de mais alta complexidade, como aquelas de aplicação e síntese, ocorre depois que o professor saiu do local). Frequentemente ouvimos essa relação inversa representada em afirmações que os alunos fazem, como: *esse conteúdo fez sentido em aula, mas, quando eu o experimento, fico perdido.* Isso acontece porque fazer anotações, embora não seja uma tarefa cognitiva trivial, ainda é, em essência, uma tarefa de processamento da informação. É mais complexo cognitivamente tomar as informações representadas pelas anotações do aluno e aplicá-las a um problema real ou comparar e contrastar os conceitos contidos nessas anotações. (E presumindo que os alunos tomem notas como especialistas fariam, o que dificilmente é o caso – para a maioria deles, "tomar nota" significa nada além de transcrição mecânica.) É provável que os alunos precisem de mais suporte nessas últimas tarefas do que nas primeiras. Entretanto, o problema é que o professor está *presente* nas primeiras e *não presente* nas últimas. Os estudantes então se encontram em situações em que precisam do apoio de seus professores precisamente quando estão no contexto em que o auxílio está menos disponível: quando estão sozinhos.
- *O modelo tradicional rouba tempo da exploração social guiada da aprendizagem mais profunda.* No contexto de uma sala de aula tradicional em que a aula expositiva é predominante, o tempo dedicado a atividades não expositivas – quando os alunos colocarão em teste o conhecimento recentemente adquirido e irão explorar as grandes ideias de uma lição – é uma fração de toda a aula. Em alguns casos, pode *não* haver um tempo durante as aulas dedicado a esses tipos de atividades; ao contrário, os alunos são deixados por sua própria conta para explorar ideias profundas, uma tarefa à qual muitos estudantes hoje em dia não estão adaptados, por falta de experiência com a aprendizagem profunda ou com o pensamento crítico ou por falta de habilidade de autorregulação enquanto aprendem. Se houver algum tempo reservado em aula para realizar tarefas de aprendizagem ativa, este com frequência acabará muito antes de ocorrer algum processo significativo. E, assim, essa aprendizagem mais profunda é deixada para os alunos realizarem no seu próprio tempo – mais uma vez, em um contexto em que o auxílio está menos acessível.

- *O modelo tradicional não promove comportamentos de aprendizagem autorregulados.* Aprendizagem autorregulada é um conceito psicológico complexo, com toda uma literatura de pesquisa própria, e livros inteiros podem e têm sido escritos sobre o assunto. Mas, resumidamente, *aprendizagem autorregulada* refere-se à aprendizagem que "abrange plena atenção e concentração, autoconsciência e introspecção, autoavaliação honesta, abertura à mudança, autodisciplina genuína e aceitação da responsabilidade pela própria aprendizagem" (NILSON, 2013, p. 4). A noção muito usada de *aprendizagem permanente*, parte de tantas declarações de missão de instituições de ensino superior, está bem expressada na aprendizagem autorregulada. Todos os professores que se preocupam com o ensino esperam que seus alunos venham a praticar todos esses comportamentos e que sua disciplina possa auxiliá-los nesse percurso. Uma disciplina ensinada no modelo tradicional *pode* fazer isso, mas esses comportamentos não fazem explicitamente *parte do* modelo. Um aluno bem-sucedido em um modelo tradicional (ou em qualquer modelo) irá exibir uma combinação desses comportamentos, mas a prática e a avaliação desses comportamentos são apenas raramente parte da aula, sendo de fato ensinados e praticados junto com o conteúdo específico do assunto da disciplina. Com efeito, ao promover um modelo no qual o professor é a fonte e o guardião do conhecimento, muitos desses comportamentos de autorregulação são subestimados.
- *O modelo tradicional cria dependências intelectuais indesejadas dos alunos em relação aos professores.* Todas essas questões tendem a criar um ambiente no qual a relação entre aluno e professor pode tender para uma dependência que não é saudável. Quando o professor é o guardião da informação, como no modelo tradicional, os alunos podem vir a crer que o professor é *necessário* para a aprendizagem e, então, exibir traços que são consistentes com essa crença. Em matemática, por exemplo, vemos isso quando os alunos alegam que não conseguem encontrar uma solução para um problema sem a orientação do professor. Em disciplinas que envolvem a escrita, podemos ver isso quando os alunos acham que não podem checar o próprio trabalho com confiabilidade. (*Você pode me dizer se isto está no caminho certo, professor?*) Outras vezes, porque o professor é o guardião não só do conhecimento, mas também das notas, o aluno pode vê-lo como um *obstáculo* (a pessoa que tira pontos) e, então, desenvolve uma relação contraditória. Todos nós que trabalhamos no ensino superior queremos o melhor para nossos alunos, o que inclui uma relação de trabalho saudável e produtiva que leve os alunos a se tornarem pensadores mais eficientes e independentes. Isso *pode* acontecer no modelo tradicional – mas não parece ser o padrão.

Essas questões têm um denominador comum: *elas acontecem devido à forma como espaço, tempo e atividade são usados no* design *da disciplina*. Como o modelo tradicional usa as aulas para o contato inicial com o material novo e a disseminação do material relacionado, com as tarefas de maior complexidade relegadas aos espaços individuais dos alunos, se estabelecem problemas relativos ao apoio para tarefas de maior complexidade, tempo em aula para exploração de ideias profundas, autorregulação e relações profissionais sadias. Isso sugere que, se tratássemos o tempo, o espaço e a atividade de forma diferente, esses problemas poderiam ser melhorados. De fato, se *invertêssemos completamente* como são usados o espaço, o tempo e a atividade, acabaríamos com um modelo radicalmente melhor.

UMA DEFINIÇÃO DE *APRENDIZAGEM INVERTIDA* (PRIMEIRA TENTATIVA)

A inversão das formas como o espaço, o tempo e a atividade são distribuídos em uma aula teria diversas ramificações, como as apresentadas a seguir.

- O primeiro contato dos alunos com material novo na disciplina e seus primeiros passos na cognição básica usando esse material ocorreriam *fora* da sala de aula, porque eles poderiam se beneficiar se tivessem um tempo não estruturado para interagir com esse material no seu próprio ritmo e também porque as tarefas cognitivas básicas não requerem o tipo de orientação intensiva de um especialista que as de nível superior demandam.
- Tendo deslocado as primeiras experiências de contato para fora da classe, toda a aula agora está aberta para perguntas específicas e para tarefas de nível superior – o tipo de trabalho árduo e exigente que os alunos precisam fazer para assimilar as informações que receberam, e serão ainda mais beneficiados com interações sociais com seus colegas e com a orientação próxima de um especialista.

Esse modelo de pedagogia é o que entendemos por *aprendizagem invertida*.

Chamamos de invertida devido à inversão (*flipping*) das atividades que ocorre nos vários contextos de uma disciplina. O termo *aprendizagem invertida* pretende ser aplicado a toda uma filosofia de ensino e aprendizagem que abrange o *design* de uma disciplina (o que algumas vezes denominamos *design de aprendizagem invertida*) e as expectativas não só quanto a *o que* mas também a *como* os alunos aprendem em uma disciplina.

Com o uso de um modelo de aprendizagem invertida, todos os problemas do modelo tradicional anteriormente mencionados podem ser tratados, conforme pode ser observado a seguir.

1. Na aprendizagem invertida, a relação entre dificuldade cognitiva e acesso ao auxílio é agora *direta*, e não *inversa*. Os alunos estão usando as aulas para trabalhar em tarefas cognitivamente avançadas, onde eles têm os colegas e um professor ao seu lado para auxiliar enquanto trabalham.
2. Na aprendizagem invertida, a aula é inteiramente aberta para que o professor planeje atividades ativas, criativas e criteriosas que melhor atendam às necessidades dos alunos. Não existem mais negociações internas para que o tempo de aula se adapte à aula expositiva e não há mais situações em que a explanação esgota o tempo e não deixa espaço para atividades. Mais ainda, como na aprendizagem invertida, o primeiro contato com o material novo geralmente ocorre *antes* da aula, há tempo para que os alunos "absorvam" o novo material e façam perguntas antes que sejam solicitados a aplicar essas informações a uma tarefa mais avançada.
3. A aprendizagem invertida promove a autorregulação, porque, para entender o conteúdo, é necessário apresentar diariamente comportamentos de aprendizagem autorregulada. Os alunos podem receber as explanações antes da própria aula, mas eles estão no controle de como aprendem com elas. Por exemplo, têm o controle para decidir por eles mesmos quando a sua compreensão de uma aula expositiva gravada não está adequada e então tomam providências interrompendo o vídeo e exibindo-o novamente e tentando algo diferente para entendê-lo. Os alunos devem praticar comportamentos de aprendizagem autorregulados rotineiramente, como parte da infraestrutura básica da disciplina, em vez de deixá-los ao acaso.
4. Como os alunos agora são responsáveis pelo trabalho com o material básico, o professor está livre para abdicar do papel de guardião do conhecimento e, em vez disso, assumir um papel de treinador, auxiliar e consultor enquanto os alunos trabalham em tarefas de maior complexidade. Dessa forma, é gerada uma relação mais produtiva, profissional e "madura" entre aluno e professor.

Isso demonstra a ideia geral que está por trás da aprendizagem invertida. Entretanto, será importante que avancemos até uma definição mais precisa de *aprendizagem invertida*, por várias razões, o que trataremos mais tarde neste capítulo. Para tal, precisamos discutir em mais detalhes os conceitos de *tempo*, *espaço* e *atividade*, que fazem do modelo de aprendizagem invertida o que ele é.

TEMPO E ESPAÇO

Mencionamos que os modelos de aprendizagem tradicional e invertida são inversos em termos do que os alunos fazem em vários contextos da experiência na disciplina. Esses contextos se enquadram em duas categorias: os contextos do *espaço individual* e do *espaço grupal*. Observe que, por *espaço*, não nos referimos necessariamente apenas ao espaço físico, mas também aos contextos emocional, intelectual e psicológico com os quais os alunos se deparam quando estão fazendo o trabalho.

Espaço individual se refere ao contexto no qual os alunos operam quando estão trabalhando principalmente sozinhos ou talvez em um pequeno grupo informal que se reúne à parte do encontro formal da aula. Um estudante encontra espaço individual quando trabalha sozinho no seu dormitório, na biblioteca ou na lanchonete. E também o encontra quando trabalha em um centro de tutoria, recebendo auxílio de acordo com a sua necessidade, se reunindo após o jantar com um grupo de estudos ou trabalhando com um amigo por Skype. O trabalho feito no espaço individual está focado nos *esforços individuais do aluno*, mesmo que possa haver mais de um indivíduo presente.

Por outro lado, *espaço grupal* se refere ao contexto em que os alunos operam quando estão trabalhando com um grupo formal como parte da aula. Em outras palavras, espaço grupal é o que eles encontram quando estão aprendendo *com toda a turma* ou algum subgrupo intencional e regulado da turma, tal como pequenos grupos formados durante a aula pelo professor ou um determinado grupo de discussão em uma disciplina *on-line*. Um estudante encontra espaço grupal quando participa de uma aula programada. Ele também o encontra em uma visita técnica realizada com a turma, ou durante um encontro em uma sessão de tutoria programada coordenada pelo professor, ou em uma aula *on-line*, interagindo em um grupo de discussão, ou em uma conversa por vídeo como parte de uma atividade em grupo programada.

Observe que *espaço* grupal nem sempre envolve *trabalho* em grupo. Na verdade, o protótipo do espaço grupal (o estereótipo da grande sessão com aula expositiva) é aquele no qual possivelmente centenas de estudantes estão reunidos em uma única sala, com pouca ou nenhuma interação no grupo. Embora consideremos esse como um espaço grupal, o trabalho que é feito, em grande parte, é realizado pelo indivíduo. Dessa forma, espaço individual não significa, necessariamente, trabalhar sozinho. De fato, para muitos de nós, algumas de nossas experiências mais dinâmicas foram interações em pequenos grupos que ocorreram no contexto individual – sessões de estudo tarde da noite na sala de estar, discussões filosóficas acaloradas comendo uma pizza, etc.

Você poderá achar muito abstratas essas definições de *espaço grupal* e *individual* ou demasiadamente complicadas. Por que não dizer apenas "tempo em aula" em vez de "espaço grupal" e "tempo fora da aula" em vez de "espaço individual"? Em uma disciplina presencial tradicional, ou seja, uma em que os alunos se reúnem fisicamente em um espaço determinado em horários determinados, espaço grupal *realmente* significa apenas o encontro da turma, e espaço individual é todo o resto. Entretanto, queremos que nossa noção de aprendizagem invertida se estenda além das disciplinas presenciais e seja aplicável ao mundo emergente das disciplinas *on-line* e *híbridas*.

Embora as definições de *disciplinas on-line* e *híbridas* variem de instituição para instituição, em termos gerais, uma *disciplina on-line* é aquela dada sem elementos presenciais significativos – talvez sem nenhum elemento presencial, o qual pode ser *síncrono*, significando que acontece em um horário determinado, mas inteiramente pela internet. Por exemplo, uma disciplina assim pode requerer que os alunos se conectem em uma sala de videoconferência três vezes por semana na mesma hora do dia, semelhante a uma aula presencial. As disciplinas *on-line* também podem ser *assíncronas*, significando que não existem encontros fixos, seja no tempo ou no espaço físico. Uma *disciplina híbrida*, por outro lado, tem um componente significativo de horários de encontro determinados e regulares em um local determinado, como uma aula tradicional, junto com instrução *on-line* significativa. Pesquisas levaram o Babson Survey Research Group a definir uma *disciplina híbrida* como aquela que realiza menos de 80% das aulas *on-line* e uma *on-line* como aquela que realiza 80% ou mais das aulas *on-line*; muitas instituições definem *disciplina on-line* como aquela em que 100% das aulas são realizadas *on-line* (ALLEN; SEAMAN, 2010). Além do mais, existem outras distinções mais específicas entre essas duas categorias, incluindo disciplinas com salas de aula combinadas, disciplinas *on-line* combinadas e aquelas aprimoradas pela *web* (SENER, 2015). Essas diferenças e a aplicabilidade da aprendizagem invertida a cada uma delas serão retomadas no Capítulo 7.

Nem as disciplinas *on-line* nem as híbridas mantêm as noções tradicionais de tempo e espaços antes, durante ou depois da aula que aquelas tradicionais presenciais têm. As assíncronas, por exemplo, não têm horário de aula ou pré-aula – existe apenas o *tempo*, e a forma como ele é usado depende da escolha individual do aluno no momento, e essas escolhas criam os contextos do espaço individual ou grupal. Se um aluno, por exemplo, escolhe passar uma hora pela manhã participando com toda a turma em um fórum de discussão, isso seria considerado *espaço grupal*, mesmo que não seja um encontro grupal. Durante o mesmo intervalo de tempo, possivelmente até no mesmo espaço físico, outro aluno de mesma turma pode estar trabalhando em uma tarefa individualmente ou em um pequeno grupo de estudos informal, o que seria considerado *espaço individual* para nossos fins.

Definições de *aprendizagem invertida* que presumem tempo e espaços de encontro determinados são, portanto, inadequadas para a tarefa de aplicar a aprendizagem invertida a um ambiente de ensino superior moderno. Assim, em vez disso, usaremos as noções de espaço individual e grupal.

INSTRUÇÃO DIRETA E APRENDIZAGEM ATIVA

A distinção entre os modelos de aprendizagem tradicional e invertida depende não só da existência de espaço grupal e individual, mas também do que os alunos estão *fazendo* nos espaços grupais e individuais. Portanto, precisamos de uma ideia clara não somente sobre *espaço* e *tempo*, mas também de *atividade*. Em particular, precisamos entender o equilíbrio entre *instrução direta* e *aprendizagem ativa* – um equilíbrio que deve sempre ser considerado em qualquer modelo pedagógico, mas que assume uma importância particular no modelo de aprendizagem invertida.

A *instrução direta* tem muitas definições e interpretações. Para nosso propósito, definiremos *instrução direta* como qualquer técnica de ensino na qual a informação que está sendo ensinada é apresentada de uma forma sequenciada e organizada por um professor, explicitamente direcionada para o aluno. Essa definição é um amálgama das definições encontradas na literatura e não deve ser confundida com instrução direta, um programa pedagógico específico, fundado por Siegfried Engelmann e Wesley Becker (ENGELMAN, 1980), que é um subgrupo dessa definição maior.

A instrução direta pode se apresentar de várias formas, conforme visto a seguir.

- A aula expositiva estereotípica, dada em forma de transmissão oral unidirecional por um professor para os alunos, que ficam sentados ouvindo e tomando notas em uma sala, *pode* ser uma forma de instrução direta. Ela não é *necessariamente* instrução direta porque esta pressupõe organização e sequência lógica, e todos nós já experimentamos aulas expositivas que falham nesse quesito. Para que seja instrução direta, a pedagogia deve pelo menos tentar *instruir*.
- Alunos que assistem a uma aula expositiva (bem organizada e sequenciada) que foi gravada em vídeo estão recebendo instrução direta.
- Um professor cujos alunos estão trabalhando em pequenos grupos em um encontro da turma que observa que um deles está ficando para trás e rapidamente dá um exemplo de um problema resolvido para que esse grupo retome o caminho está se engajando em instrução direta.
- Um aluno em uma disciplina de matemática *on-line* que lê a postagem de um fórum de discussão que contém uma solução trabalhada para um problema escrito pelo professor e que está processando ativamente os passos dessa solução está recebendo instrução direta.

Instrução direta, então, não é apenas uma forma de ensinar. Ao contrário, ela descreve uma gama de pedagogias que – assim como todos os métodos pedagógicos – tem contextos nos quais ela pode apoiar a aprendizagem e outros nos quais outros métodos seriam melhores. Ela pode e deve fazer parte do conjunto de ferramentas de cada professor, para ser bem utilizada quando o contexto estiver correto. A ideia principal é identificar o contexto no qual a instrução direta conduz aos melhores resultados na aprendizagem do estudante.

A contrapartida da instrução direta é a *aprendizagem ativa*. A gama de definições e interpretações desse termo é impressionante e grande demais para ser incluída integralmente aqui. Para nossos fins, consideraremos aprendizagem ativa *qualquer método didático que engaja os alunos no processo de aprendizagem, de uma forma ativa, como parte das atividades do espaço grupal*. Essa definição segue as descrições estabelecidas da aprendizagem ativa (PRINCE, 2004) e é suficientemente ampla para incluir uma gama de atividades pedagógicas, mas também precisa o bastante para excluir "atividades" que normalmente não estão associadas ao termo *aprendizagem ativa*, como, por exemplo, fazer o dever de casa. Por certo que fazer o dever de casa é um processo ativo, e esperamos que os alunos aprendam alguma coisa nesse processo, mas, quando falamos em aprendizagem ativa, em geral estamos pensando em algo que os alunos fazem *enquanto estão na sala de aula*, o que, para nós, significa um espaço grupal, e não individual.

A aprendizagem ativa – e seu efeito nos estudantes – já foi estudada incontáveis vezes, e muitos estudos mostram uma forte relação entre o uso da aprendizagem ativa e o rendimento do aluno. Não é nossa intenção apresentar uma revisão completa desses resultados, entretanto, dois dos estudos mais respeitáveis e amplamente discutidos, os quais merecem ser mencionados, são apresentados a seguir.

1. Em 1998, Richard Hake, um físico da Indiana University, realizou uma análise de 62 disciplinas introdutórias de física em uma variedade de instituições nos Estados Unidos, estudando um total de mais de 6.500 estudantes nessas disciplinas. Os alunos receberam o Force Concept Inventory – FCI (HESTENES; WELLS; SWACKHAMER, 1992), um instrumento que avalia a compreensão dos alunos da noção de "força", da física básica, no início da disciplina e novamente no final. Hake (1998) descobriu que aqueles que estavam matriculados em disciplinas focadas na aprendizagem ativa (o que ele denominou *engajamento interativo*) apresentaram ganhos no FCI de mais de dois desvios-padrão além daqueles de alunos similares matriculados em disciplinas focadas em aulas expositivas. Outros fatores, como o tamanho e o tipo da instituição e o histórico do aluno, não foram levados em conta nesses ganhos; eles foram explicados unicamente por meio do uso da aprendizagem ativa (HAKE, 1998).
2. Um relato de Freeman et al. (2014) por meio dos *Procedimentos da Academia Nacional de Ciências* descreveu uma metanálise de 225 estudos de disciplinas

STEM (em inglês, ciência, tecnologia, engenharia e matemática) que focavam na aprendizagem ativa e seus efeitos nos resultados dos alunos. O estudo descobriu que:

Na média, o desempenho dos alunos nos exames e inventários de conceitos aumentaram em 0,47 DPs [desvios-padrão] com a aprendizagem ativa ($n = 158$ estudos), e a razão de probabilidade para o fracasso foi 1,95 com aula expositiva tradicional ($n = 67$ estudos). Esses resultados indicam que os escores médios no exame melhoraram aproximadamente 6% nas turmas de aprendizagem ativa e que os alunos com aula expositiva tradicional tinham 15 vezes mais probabilidade de fracassar do que aqueles com aprendizagem ativa (FREEMAN et al., 2014, p. 1).

O estudo prosseguiu sugerindo que se a aprendizagem ativa fosse vista como um tratamento para uma doença e que o tratamento estivesse passando por um ensaio clínico, então este seria "interrompido por benefício". Ou seja, o ensaio seria encerrado porque o tratamento é obviamente benéfico.

Esses estudos da aprendizagem ativa, em conjunto com muitos outros, sugerem fortemente que a aprendizagem ativa, quando planejada com cuidado e executada com habilidade, pode auxiliar os alunos a melhorar na aprendizagem. Esses benefícios podem ocorrer em qualquer campo disciplinar. Um olhar superficial na literatura de pesquisa sobre aprendizagem ativa revela que ela não é apenas um método de ensino, mas abrange um vasto leque de atividades específicas, todas com o denominador comum de que os alunos estão ativamente engajados no processo de aprendizagem enquanto estão no espaço grupal.

Isso significa que a aprendizagem ativa é "boa" e que a instrução direta é "ruim"? Como, para a maioria das coisas, isso não é assim tão simples. As instruções direta e ativa são frequentemente vistas como extremos opostos de um espectro e, em certo sentido, elas são. No entanto, essa dicotomia lamentavelmente levou a uma rixa prolongada e rancorosa entre dois grupos de educadores e eruditos em educação. De um lado, estão aqueles que apoiam a aprendizagem ativa em detrimento e contra a instrução direta e às vezes até mesmo defendem a eliminação da instrução direta. Do outro lado, estão aqueles que acreditam no contrário. A "Guerra da Matemática" do início da década de 2000 e muitas das discussões atuais sobre a Common Core State Standards, a base nacional curricular comum norte-americana, são exemplos dessa rixa, o que algumas vezes se parece com Hatfields *versus* McCoys* em sua intensidade e longevidade.

---

* N. de T. Conflito mortal entre duas famílias no século XIX que faz parte do folclore americano como uma rixa levada às últimas consequências.

Para o benefício de nossos alunos, essas rixas precisam ser deixadas de lado. Os educadores precisam pensar na instrução direta e na aprendizagem ativa como *complementares*, e não opostas ou mesmo mutuamente excludentes. Um educador qualificado saberá quando a instrução direta é melhor para os alunos e a usará habilmente e no contexto e medida apropriados. O mesmo vale para a aprendizagem ativa. A instrução direta e a aprendizagem ativa são *ferramentas*, não religiões. Há um contexto correto para cada uma delas, e elas podem se apoiar para oferecer um ambiente de aprendizagem enriquecido para todos os alunos. Neste livro, não iremos escolher os lados, mas procurar formas de criar ambientes de aprendizagem para os alunos em que os pontos fortes de ambos os tipos de instrução são maximizados e nos quais os alunos mais se beneficiam.

A ideia da aprendizagem invertida argumenta que alguns contextos são melhores do que outros para a instrução direta e para a aprendizagem ativa, e que estes são o oposto do que usa o modelo tradicional. Essa noção está na essência da nossa segunda tentativa de definição de *aprendizagem invertida* – que, dessa vez, procura operacionalizar a ideia.

UMA DEFINIÇÃO DE *APRENDIZAGEM INVERTIDA* (SEGUNDA TENTATIVA)

Agora que já examinamos as ideias de espaço grupal *versus* individual, instrução direta *versus* aprendizagem ativa e a ideia geral de aprendizagem invertida *versus* o modelo tradicional, estamos mais preparados para refinar a definição de *aprendizagem invertida* que vimos anteriormente. Ao criarmos definições, não queremos meramente fazer um jogo semântico. Ao contrário, desejamos isolar a essência da aprendizagem invertida e descrever de forma precisa o que faz dessa ideia o que ela verdadeiramente é, para que possamos estudá-la melhor.

Essa segunda tentativa de uma definição provém da Flipped Learning Network (2014):

> A aprendizagem invertida é uma abordagem pedagógica na qual a instrução direta se desloca do espaço de aprendizagem grupal para o espaço de aprendizagem individual, e o espaço grupal resultante é transformado em um ambiente de aprendizagem interativo e dinâmico em que o educador guia os alunos enquanto eles aplicam os conceitos e se engajam criativamente no assunto.

Essa definição descreve a *aprendizagem invertida* em termos do uso do tempo, espaço e atividade conforme discutimos antes. No entanto, a definição da Flipped Learning Network (2014) vai muito mais além de simplesmente definir um conceito. Ela também apresenta os quatro pilares da aprendizagem invertida, convenientemente organizados como o acrônimo FLIP (em inglês, inverter).

1. *Ambiente flexível* (em inglês, *flexible environment*). A aprendizagem invertida está baseada na permissão que os alunos têm para aprender de formas e em ritmos diferentes e para escolher como demonstrar evidências de que dominaram o conteúdo da disciplina. Flexibilidade também se refere aos professores em um ambiente de aprendizagem invertida, esperando-se que sejam flexíveis em seus planos e que façam ajustes rápidos para os aprendizes individuais ou para turmas inteiras se os dados da avaliação formativa sugerirem a necessidade de mudanças.
2. *Cultura de aprendizagem* (em inglês, *learning culture*). Um ambiente de aprendizagem invertida é uma comunidade que valoriza o processo de aprendizagem em todas as suas formas, incluindo todas as dificuldades, com os aprendizes no centro, não o professor. Os alunos em um ambiente de aprendizagem invertida estão usando seu precioso espaço grupal em atividades significativas de alto impacto, que colocam seu trabalho no centro das atenções. Enquanto isso, o professor fornece apoio e *feedback* com uma visão que não é simplesmente de acumular notas para um boletim, mas para auxiliar os alunos a aprender.
3. *Conteúdo intencional* (em inglês, *intentional content*). Os materiais usados na aprendizagem invertida são desenvolvidos aguçadamente, com conexões explícitas com alvos de aprendizagem que são claramente expressos; conteúdo em texto, vídeo e *on-line* que é firmemente construído com alta qualidade educacional e muito pouca "banalidade"; e os materiais são diferenciados para que os alunos em distintos lugares durante sua aprendizagem possam trabalhar em alguma coisa significativa.
4. *Educador profissional* (em inglês, *professional educator*). Um professor em um ambiente de aprendizagem invertida desenvolve inúmeras tarefas difíceis. Ele tem de preparar o conteúdo e organizar o ambiente de aprendizagem e deve observar os alunos enquanto trabalham e saber quando intervir e quando deixá-los se esforçarem. Ele tem de colher dados da avaliação formativa para saber onde estão os "pontos de tensão" enquanto os alunos aprendem e fazem os ajustes apropriados naquele momento. E, depois disso, ele deve ser um professor reflexivo, reservando um tempo para avaliar o próprio desempenho e compartilhar seus resultados, além de estar bem conectado com uma comunidade ativa da prática, seja em sua universidade, *on-line* ou ambos.

Junto com cada um dos pilares, está uma rubrica dos indicadores das implantações da aprendizagem invertida efetiva, para que os professores possam estar cientes das características da instrução pela aprendizagem invertida efetiva. Por exemplo, o pilar *L* ("cultura da aprendizagem") tem caixas de seleção para "Eu dou aos alunos oportunidades para se engajarem em atividades significativas sem que o professor seja central" e "Eu apoio essas atividades e as torno acessíveis a todos os alunos por meio da diferenciação e *feedback*".

Essa definição e a rubrica do FLIP que a acompanha nos permitirá confrontar algumas falsas concepções comuns sobre aprendizagem invertida, como veremos a seguir.

- *Aprendizagem invertida é colocar as aulas expositivas em vídeo fora da aula e fazer o dever de casa em aula.* Essa descrição é frequentemente encontrada na mídia popular, na qual simplicidade e concisão são os elementos principais. Infelizmente, ela perde parte da nuance do conceito de aprendizagem invertida.
- *Aprendizagem invertida requer vídeo.* Incluído na falsa concepção prévia está o suposto de que você *precisa* ter aulas expositivas gravadas em vídeo para ter um "verdadeiro" ambiente de aprendizagem invertida (p. ex., ver CHESHIRE; LECKHART, 2012). Embora aulas expositivas pré-gravadas em vídeo sejam comuns em disciplinas invertidas, e haja vantagens reais em fazê-lo, isso não é necessário e nem sempre é o caso. De fato, como discutiremos melhor no próximo capítulo, uma das implementações originais do que agora identificamos como aprendizagem invertida – por Eric Mazur (1997), de Harvard, na forma de *peer instruction* (instrução por pares), não usava vídeos. Segundo a definição da Flipped Learning Network (2014), *aprendizagem invertida* pode ser feita sem nenhuma ferramenta eletrônica. O que determina a aprendizagem invertida não é a tecnologia usada, mas quais atividades ocorrem no espaço individual *versus* grupal com que os alunos se deparam.
- *Aprendizagem invertida é um conceito novo não testado* – um *termo em voga* ou *modismo*. É verdade que os termos utilizados – *aprendizagem invertida*, ou sua prima, a *sala de aula invertida* – são relativamente novos. Como veremos no próximo capítulo, quando discutirmos a história da aprendizagem invertida, o adjetivo *invertida* foi introduzido por volta de 2007, para descrever o que os professores estavam fazendo. Mas, de fato, o primeiro estudo publicado sobre a aprendizagem invertida foi em 2000 – há quase duas décadas – e o conceito de usar a aprendizagem ativa para substituir partes de uma aula tradicional é muito mais antigo. E, de fato, como já observamos, alguns

modelos "de legado" mais antigos da pedagogia têm fortes semelhanças com a aprendizagem invertida. Entre eles, estão o modelo tutorial da Oxford University, no qual o espaço grupal dos alunos consiste inteiramente de avaliação discursiva focada nas habilidades dos alunos para apresentar, defender e criticar as próprias ideias, as ideias dos outros e do tutor. (Uma descrição valiosa e detalhada do tutorial da Oxford é feita em Palfreyman, 2008). Os métodos consagrados de estudo de caso, experiências práticas e laboratório de pedagogia também prefiguram a aprendizagem invertida. Pedagogias mais modernas, como atividades de extensão e ensino com simulações, oferecem mais exemplos de experiências de aprendizagem nas quais os alunos entram em contato com informações no espaço individual e depois colocam sua aprendizagem em ação no espaço grupal. Muito longe de ser um modismo, a aprendizagem invertida inclui algumas das melhores tradições intelectuais na longa história do ensino superior, e um movimento na direção da aprendizagem invertida é, de certa forma, um retorno às nossas raízes.

- *Aprendizagem invertida* não é *um conceito novo*. Dito isso, não seria inteiramente correto dizer que a aprendizagem invertida não é nova e que está em uso desde a Idade Média. Essa visão é algumas vezes usada de forma desdenhosa para sugerir que o entusiasmo em torno da aprendizagem invertida é apenas algumas pessoas redescobrindo a roda e que professores que exigem que sejam feitas leituras ou problemas fora da aula e depois os discutem em aula já estão colocando em prática a aprendizagem invertida (e, portanto, não é necessário maior progresso profissional). É fato que pedagogias de legado como o tutorial da Oxford possuem características da aprendizagem invertida e se encaixam em partes da definição que demos. No entanto, outros aspectos da aprendizagem invertida ampliam essas ideias. Por exemplo, o modelo do tutorial da Oxford como está situado historicamente não permite todos os tipos de ambientes de aprendizagem flexíveis (o F em FLIP) que nossa definição sugere que devam ter. Além disso, uma intenção não declarada da aprendizagem invertida é a de que *todos os alunos* devem ser colocados em um ambiente invertido e apoiados em sua aprendizagem, independentemente do tipo de instituição ou do histórico do aluno; o modelo Oxford, com todos os seus benefícios, tem um conjunto de pressupostos muito diferentes. Assim, embora outros modelos de instrução possam prefigurar a aprendizagem invertida, nossa noção da aprendizagem invertida pretende melhorar e estender os objetivos da instrução. É muito possível que, após a leitura deste livro, você possa criar um tipo de "Tutorial Oxford 2.0" que aproveite o melhor do modelo Oxford histórico e acrescente novas ideias que produzam os benefícios plenos do ambiente de aprendizagem invertida para todos os alunos.

Acrescentar uma descrição da *prática profissional* aprimora a definição de *aprendizagem invertida* não só definindo o que queremos dizer, mas também descrevendo como ela funciona e como é na "vida real" quando empregada na sala de aula. A aprendizagem invertida é mais do que apenas uma técnica de ensino – ela é toda uma filosofia que inclui o *design* da disciplina, práticas de ensino específicas e engajamento profissional.

E, no entanto, ainda há mais uma coisa a ser ajustada com essa definição de *aprendizagem invertida*.

UMA DEFINIÇÃO DE *APRENDIZAGEM INVERTIDA* (TERCEIRA TENTATIVA)

Até agora definimos *aprendizagem invertida* como uma abordagem pedagógica que, entre outras coisas, desloca a instrução direta do espaço grupal para o individual. Ao colocar a instrução direta no espaço individual, essa instrução deve ser usada como uma forma de preparar os alunos para participarem ativa e produtivamente no espaço grupal, no qual existem atividades desafiadoras e criativas planejadas que envolverão toda a turma em uma ampla variedade de tarefas cognitivas.

O que nossa segunda tentativa de definição de *aprendizagem invertida* não aborda é a ideia de que *a instrução direta pode não ser a única forma de preparar os alunos para as atividades do espaço grupal*. Pode haver outras atividades que os alunos possam realizar além de simplesmente assistir às aulas expositivas em vídeo ou fazer leituras guiadas. De fato, em alguns casos, a preparação dos alunos para atividades no espaço grupal pode ser mais bem realizada deixando-se a instrução direta completamente fora de cena.

Lorena Barba, professora-associada de engenharia mecânica e aeroespacial na George Washington University, leciona Métodos Numéricos Práticos com Python como uma introdução à computação científica (BARBA, 2014), os quais são ensinados localmente em vários *campi* e também como um curso *on-line* aberto e massivo (MOOC) por meio da plataforma OpenEdX. No curso, os alunos aprendem sobre métodos numéricos e computação científica por meio da solução de problemas básicos em física e engenharia, aprendendo toda a teoria de que precisam no contexto do trabalho com problemas. Eles se engajam no curso principalmente trabalhando por meio de uma sequência de *notebooks* computacionais, usando a plataforma Jupyter (http://jupyter.org) executando a linguagem de programação Python. No MOOC e nas versões presenciais do curso, os alunos experimentam o que poderíamos facilmente chamar de um ambiente de aprendizagem invertida. Em seus espaços individuais, exploram o conteúdo novo trabalhando com os *notebooks*. No espaço grupal (um encontro da turma para a versão presencial do curso, um fórum de discussão para a versão MOOC), os alunos estão aplicando suas explorações básicas a problemas mais complexos e trabalhando com o professor e seus colegas. E, no entanto, não ocorre instrução direta no espaço individual ou no grupal, nesse sentido, exceto por um tutorial sobre como navegar nos *notebooks* Jupyter e algumas lições de programação Python básica. De fato, apesar do estereótipo de que um MOOC é composto de aulas expositivas em vídeo, há apenas um vídeo em todo o curso (BARBA, 2015).

A estrutura incomum desse curso *on-line* ilustra o que um grupo de pesquisadores na Stanford University descobriu sobre a estrutura de um ambiente de aprendizagem invertida: que, em alguns casos, a aprendizagem do aluno é melhorada quando a instrução direta (se houver) é *precedida* por atividades orientadas de "aprendizagem por descoberta", em vez de ter atividades de nível superior necessariamente após a instrução direta (SCHNEIDER; BUMBACHER; BLIKSTEIN, 2015). Os pesquisadores nesse estudo forneceram aos alunos uma "interface de usuário tangível" para exploração do sistema auditivo humano com um modelo físico colocado sobre uma mesa, que os alunos manipulavam por meio da atividade física, literalmente, com as mãos. Os alunos do estudo estavam inscritos em um curso de psicologia e não tinham experiência anterior com o estudo do sistema auditivo humano. Um grupo recebeu um vídeo profissional que dava instruções passo a passo descrevendo o sistema auditivo humano; um segundo grupo recebeu a interface tangível e foi solicitado a construir o sistema auditivo humano sem orientação. Após essa fase inicial, os dois grupos foram submetidos a um teste sobre o sistema auditivo humano e depois leram um texto escrito profissionalmente sobre o assunto e realizaram mais duas atividades e um pós-teste. Os alunos no grupo da "descoberta", que começaram pela exploração livre do sistema auditivo via interface tangível, tiveram desempenho significativamente melhor nos testes e pós-testes do que o grupo da "escuta", que começou com um vídeo de alta qualidade.

O que o estudo de Stanford sugere e que os métodos numéricos MOOC exemplificam é a ideia de que o primeiro contato com novo conteúdo em uma aula não precisa acontecer via instrução direta. Em alguns casos, pode ser melhor que os alunos aprendam no longo prazo para que se engajem primeiro em atividades manuais estruturadas e então recebam instrução direta posterior (junto com aprendizagem mais ativa). De fato, a exploração orientada e a descoberta de ideias antes de ser dada uma explicação normativa é um dos princípios básicos da abordagem "construtivista" da aprendizagem (BRANSFORD; SCHWARTZ, 1999).

O que isso significa para nossa tentativa prévia de definição da *aprendizagem invertida* é que precisamos ser claros quanto ao que deve acontecer com os alunos em seus espaços individuais. O que pretendemos é que *o primeiro contato com o material novo* aconteça nesse espaço, e não no grupal, como o modelo tradicional faria. No entanto, também vemos agora que o "primeiro contato" não precisa acontecer via instrução direta. Ele *pode* ser mais bem implementado pela instrução direta em alguns casos, mas, em outros, uma atividade de descoberta guiada com pouca ou nenhuma instrução direta pode ser melhor.

Também devemos assinalar que, no estudo de Stanford e no MOOC de Barba, as atividades de descoberta que precedem a atividade no espaço grupal não são um vale-tudo, mas *estruturadas* e *guiadas*. Nos cursos de métodos numéricos, a descoberta ocorre pelo trabalho feito por meio de uma sequência de *notebooks* altamente estruturada que contém uma mistura de texto, gráficos e código Python executável que os aprendizes manipulam. No estudo de Stanford, a interação dos alunos com a interface tangível era precedida por uma descrição das partes da interface e de um problema para resolver por meio da manipulação dos componentes da interface. Os alunos não eram, em cada caso, simplesmente colocados em um ambiente de aprendizagem sem orientações. Embora não fosse dada instrução direta tradicional, havia muita *estrutura* para tornar frutíferas as atividades de descoberta, e era improvável que ficassem perdidos.

Assim, para nossa terceira (provavelmente?) tentativa final de uma definição de *aprendizagem invertida*, iremos meramente modificar a definição da Flipped Learning Network (2014) para reconhecer o verdadeiro propósito do espaço individual e a multiplicidade de formas como isso pode acontecer:

> A *aprendizagem invertida é uma abordagem pedagógica na qual o primeiro contato com conceitos novos se desloca do espaço de aprendizagem grupal para o individual, na forma de atividade estruturada, e o espaço grupal resultante é transformado em um ambiente de aprendizagem dinâmico e interativo, no qual o educador guia os alunos enquanto eles aplicam os conceitos e se engajam criativamente no assunto.*

Nos Capítulos 2 e 3, exploraremos alguns estudos de caso específicos dos ambientes de aprendizagem invertida, todos os quais exemplificam essa definição, apesar de uma grande diversidade de temas acadêmicos, níveis de dificuldade, perfis institucionais e estilos de ensino do professor.

POR QUE OS PROFESSORES ESCOLHEM USAR APRENDIZAGEM INVERTIDA

O restante deste livro irá expor a história e a teoria por trás da aprendizagem invertida, que, por sua vez, apoia o *design* da disciplina e a implantação das aulas que usam a aprendizagem invertida. Como você verá, e como pode imaginar, este é um trabalho árduo. É importante, antes de mergulhar nesse processo, ouvir relatos de professores reais que praticam a aprendizagem invertida sobre *por que* eles optaram por assumir o trabalho e usar esse estilo em suas aulas.

Eu postei um convite aberto no Twitter para responder a uma pesquisa que apenas perguntava o nome dos respondentes, as áreas acadêmicas e as instituições, além de pedir uma breve resposta à pergunta: "Por que você usa *aprendizagem invertida?*". Embora os respondentes representassem uma ampla variedade de áreas acadêmicas, incluindo disciplinas STEM, além de ciências humanas e sociais, e sem dúvida suas reais implementações da aprendizagem invertida parecessem diferentes umas das outras, suas respostas contam uma história coerente.

Todos os respondentes mencionaram que escolheram a aprendizagem invertida porque queriam mais tempo em aula para focar em atividades de nível superior em sua disciplina, particularmente aquelas atividades que envolvessem a aplicação de ideias básicas, pensamento crítico e solução de problemas. Lori Ramey, que leciona redação e inglês no Erskine College, diz:

> Para um estudante que realmente se aprofunda em um texto, precisamos prepará-lo para fazer esse trabalho sozinho para que possa trazer seus *insights* para a sala de aula. A inversão permite que os professores foquem a atenção do grupo em detalhes que verdadeiramente importam e dá aos alunos a oportunidade de trabalharem como especialistas naquela disciplina. Reunir dados, ler novidades, escrever respostas iniciais: esses são os tipos de atividades que os profissionais preparam para o trabalho colaborativo que impulsiona o conhecimento. Quando permitimos que os alunos trabalhem como profissionais, confiando neles para que se preparem previamente, maximizamos seu tempo na sala de aula com um especialista na disciplina.

A última frase de Ramey enfatiza outra razão pela qual os professores escolheram a aprendizagem invertida: ela exercita as competências que os alunos precisarão ter depois da faculdade, tais como a habilidade de autoensino, autoavaliação e autorregulação. Em outras palavras, a aprendizagem invertida lhes dá a prática para trabalhar como profissionais.

Um aspecto desse foco metacognitivo da aprendizagem invertida é simplesmente a habilidade de processar a informação. Em um comentário que demonstra melhor que a aprendizagem invertida não requer o uso de vídeos ou outra alta tecnologia, Justin Dunmyre, que leciona matemática na Frostburg State University, descreve seu uso da aprendizagem invertida:

> Meu gosto particular pela aprendizagem invertida é evitar as explanações em vídeo e privilegiar que os alunos leiam um livro-texto. Ler um livro-texto, especialmente um orientado matematicamente, é uma habilidade que é aperfeiçoada

com a prática. Os alunos adquirem uma competência que os auxiliará em todas as suas aulas futuras e que também os auxiliará a se desenvolverem como aprendizes permanentes autônomos.

Noel-Ann Bradshaw, que leciona matemática na University of Greenwich, leva o aspecto do desenvolvimento profissional da aprendizagem invertida um passo além, apontando que os alunos que experimentam ambientes de aprendizagem invertida têm evidências concretas de que eles e seus professores conseguem transmitir aos empregadores sua habilidade para trabalhar em um ambiente profissional:

> Descobri que se desenvolveu em meus alunos a habilidade de aprender sozinhos, o que aumentou sua confiança. Quando eles se candidatam a um emprego, conseguem dizer aos empregadores que têm a habilidade de aprender novas competências por conta própria, pois já fizeram isso sozinhos durante este ano.

Bryan McCabe, que leciona engenharia civil na National University of Ireland, reitera essa questão a respeito do desenvolvimento e da prática profissional:

> Cursos de engenharia são qualificações profissionais e, após, a graduação, não é suficiente que os engenheiros "saibam" as coisas; eles devem ser capazes de "fazer" as coisas. Estava tentando aumentar a quantidade de atividade dos alunos em minhas aulas ao longo dos anos, e a aprendizagem invertida permitiu que eu me comprometesse com isso integralmente. Os alunos realmente apreciam o ambiente ativo de *workshop* no tempo de aula programado e a oportunidade de estudar vídeos curtos e concisos previamente como preparação.

Theron Hitchman, que leciona matemática na University of Northern Iowa, amplia a ideia de desenvolvimento profissional para incluir ensinar aos alunos não só o conteúdo de uma disciplina, mas também a própria disciplina:

> Posso orientar meus alunos mais efetivamente em suas dificuldades e apresentá-los à cultura do trabalho matemático se estruturar nosso tempo de aula em torno do *trabalho deles* e de *suas ideias*. Isso significa que eles têm de fazer outro trabalho fora da aula para que possamos usar nosso tempo de aula em conversas mais profundas focadas na sua compreensão e no seu pensamento.

Esse comentário nos traz de volta a um dos principais benefícios da aprendizagem invertida, ou seja, a criação de tempo estendido para realizar aprendizagem ativa no espaço grupal e aumentar o engajamento dos estudantes com o conteúdo.

Matthew Winslow, que leciona psicologia na Eastern Kentucky University, destaca a importância do engajamento:

> "A pessoa que está fazendo o trabalho está aprendendo." Eu queria sair de cena e engajar meus alunos porque acredito que eles aprendem mais dessa maneira. Então a resposta decisiva [por que eu uso aprendizagem invertida] é porque acho que melhora sua aprendizagem.

Por trás de todos esses comentários sobre a criação de tempo e espaço para a aprendizagem ativa, de ensino de habilidades metacognitivas e de preparação dos alunos para seu trabalho futuro, está um sentimento profundo de que *a experiência na sala de aula no ensino superior deve estar centrada no aluno*. Por exemplo, Tiernan Henry, que leciona ciências da terra e oceanos na National University of Ireland, diz que usa aprendizagem invertida

> [...] para encorajar o engajamento dos alunos nas aulas e facilitá-lo encontrando-se com eles no meio do caminho. As disciplinas [são] agora ensinadas em blocos de seis semanas, portanto, há tempo para ir com calma. Inverter a aula inicialmente estava relacionado a dar-lhes controle da preparação prática e, gradualmente, foi mudando para mim, fazendo *upload* de vídeos... que demonstram técnicas de campo e métodos; contudo, os alunos podem acessá-los a qualquer momento para revisão e preparação para a aula.

Dar aos alunos controle sobre as fontes a partir das quais eles aprendem e sobre como utilizam esses recursos é um elemento-chave da aprendizagem invertida – o F no acrônimo FLIP – e promove um ambiente fortemente centrado nos alunos.

Os respondentes também observaram que a aprendizagem invertida promove *relações* entre os alunos e o professor que são positivas e pessoais, outro aspecto importante de um ambiente de aprendizagem centrado no aluno. Anne Gardner, que leciona engenharia civil na University of Technology em Sydney (Austrália), diz:

> Uso a aprendizagem invertida porque isso significa que o escasso tempo presencial que eu tenho com meus alunos pode ser empregado nas confusões, concepções erradas e no que eles ainda não sabem (os pontos interessantes do programa), em vez de no material que a maioria das pessoas consegue entender, o que significa que o tempo que tenho com eles pode ser um tempo em que eu realmente agregue valor ao seu conhecimento.

Finalmente, Carolina Buitrago, que leciona ensino da língua inglesa na Institución Universitaria Colombo Americana, observa que o ambiente centrado no aluno estimulado pela aprendizagem invertida inclui oportunidades otimizadas de aprendizagem ativa, desenvolvimento metacognitivo e profissional intencional, ambientes centrados no aluno e relações mais positivas na disciplina – e é libertador para os professores:

> Uso a aprendizagem invertida porque ela me permite facilmente criar ambientes centrados nos alunos e salas de aula com aprendizagem enriquecida. Também uso porque posso diferenciar a aprendizagem para meus alunos criando materiais criativos/curativos. Uso porque percebi que torno meus aprendizes pessoas mais autônomas e porque isso os engaja. Uso a aprendizagem invertida porque ela me permite ser eu mesma na sala de aula. Posso ser uma professora que se importa, posso facilitar, posso experimentar e aprender enquanto ensino.

Nas palavras desses professores de faculdades e universidades – que, mais uma vez, provêm de uma ampla variedade de contextos geográficos, disciplinas acadêmicas e tipos institucionais – começa a emergir uma imagem da aprendizagem invertida que é um modelo atraente para o ensino superior. Na aprendizagem invertida, abordamos todos os grandes objetivos pedagógicos do ensino superior ao longo da história: não só dominar competências do conteúdo, mas também desenvolver competências de pensamento de nível superior, comportamentos autorregulados, compreensão das culturas de áreas acadêmicas, prontidão para o trabalho profissional, relações pessoais com os professores e disposição para se tornarem aprendizes permanentes.

Este capítulo focou na descrição da aprendizagem invertida, apresentando suas partes componentes e suas ideias essenciais. Também vimos por que professores de faculdades e universidades escolheram a aprendizagem invertida em vez dos modelos tradicionais. Nesse ponto, é apropriado investigar mais a fundo e examinar a literatura sobre o corpo de pesquisa que apoia os conceitos da aprendizagem invertida que apresentamos. Faremos isso no próximo capítulo.

2
História e teoria da aprendizagem invertida

No capítulo anterior, apresentamos uma descrição detalhada da aprendizagem invertida. Vimos os contrastes entre a aprendizagem invertida e o modelo tradicional do *design* de disciplina; os componentes essenciais de tempo, espaço e atividade que fazem da aprendizagem invertida o que ela é; os problemas que a aprendizagem invertida tenta abordar; e por que professores de diferentes áreas acadêmicas escolheram usar aprendizagem invertida em uma variedade de contextos. Nesse ponto, você já deve ter uma boa ideia do que *é* a aprendizagem invertida e do que ela *não é* e começa a ver por que ela seria um modelo atraente para a aula no ensino superior.

No entanto, como profissionais do ensino superior, frequentemente queremos mais do que apenas boas explicações e histórias atraentes quando pensamos sobre uma ideia nova. Também queremos *evidências*, preferivelmente de pesquisas sólidas e respeitáveis. Afinal, estamos falando de um modelo pedagógico que parece ser experimental e novo. Na medida em que um professor pode *trocar* para a aprendizagem invertida a partir de uma abordagem tradicional de ensino, ele gostaria de ter alguma expectativa razoável de por que essa forma de coordenar uma aula deve funcionar tão bem ou melhor do que os métodos que o ensino superior adotou durante muito tempo. Por outro lado, um professor que já usou a aprendizagem invertida antes pode se beneficiar de saber *por que* certas coisas sobre ela são potencialmente transformadoras para a aprendizagem dos alunos.

Neste capítulo, iremos nos concentrar em fornecer essas evidências na forma de uma pesquisa histórica da aprendizagem invertida, de alguns resultados seminais e de um olhar no estado atual do que sabemos sobre ela. Este capítulo não pretende ser uma revisão de literatura abrangente. De fato, a literatura sobre a aprendizagem invertida está se expandindo em um ritmo crescente; uma pesquisa na base de dados da ERIC sobre artigos revisados pelos pares com "sala de aula invertida" ou "aprendizagem invertida" em seu título ou resumo retorna mais de 100 resultados só nos anos de 2015 e de 2016, comparados a apenas 43 em 2013 e 2014 combinados. A crítica comum de que a aprendizagem invertida carece de justificativa por parte da pesquisa está perdendo força mês a mês. Essa é uma boa notícia, mas a desvantagem é a de que, na verdade, é difícil manter-se atualizado com a grande quantidade de conhecimento que a aprendizagem invertida está produzindo. Assim, neste capítulo, iremos focar nas *estruturas* que apoiam a aprendizagem invertida e, em outras partes do livro, discutiremos como circular e contribuir para o conhecimento sobre esse método.

UMA BREVE HISTÓRIA DA APRENDIZAGEM INVERTIDA

Encontrando as origens da aprendizagem invertida

De onde se origina a aprendizagem invertida? E que problemas seus criadores estavam tentando resolver?

Para responder a essas perguntas, primeiramente precisamos recordar nossa definição do Capítulo 1:

> A aprendizagem invertida é uma abordagem pedagógica na qual a instrução direta se desloca do espaço de aprendizagem grupal para o espaço de aprendizagem individual, e o espaço grupal resultante é transformado em um ambiente de aprendizagem interativo e dinâmico, em que o educador orienta os alunos enquanto eles aplicam conceitos e se engajam criativamente no assunto. (FLIPPED LEARNING NETWORK, 2014).

Segundo essa definição, casos individuais de aprendizagem invertida podem datar de centenas de anos atrás, na forma de professores que individualmente organizavam suas aulas dessa maneira. Muitos desses nomes ficarão perdidos na história. Ao rastrearmos o tempo e o lugar em que a aprendizagem invertida se originou como um conceito intencional e organizado, estamos procurando exemplos em que a intenção era maior do que apenas a prática de um professor individual, épocas e lugares em que a aprendizagem era feita *com* propósito e *de* propósito, com a intenção de torná-la um programa de pedagogia que transcende as fronteiras de uma disciplina individual.

Essa é uma distinção importante, devido à falsa concepção de que aprendizagem invertida é apenas um nome moderno para a prática muito antiga de *dar aos alunos trabalho para fazer antes da aula e depois ter participação ativa em classe*. Os primeiros modelos pedagógicos, como o método tutorial de Oxford, os métodos de estudo de caso e os experimentos em laboratório, estão fundamentados nesse modelo. Eles frequentemente compartilham características da aprendizagem invertida, como a ênfase no debate para o espaço grupal e na discussão de leituras designadas para o espaço individual. Queremos enfatizar que esses métodos têm valor histórico significativo e benefícios mensuráveis para os alunos de hoje se o contexto estiver certo. No entanto, apesar dos seus aspectos positivos, eles não se encaixam exatamente em nossa definição, por pelo menos duas razões.

Primeiramente, os modelos em que os alunos simplesmente recebem leituras como tarefa antes da aula e depois são encorajados ou chamados a discuti-las em aula não estão enfatizando de verdade a *instrução direta* no espaço individual. O simples fato de dar a um aluno um texto para ler não é o mesmo que instrução direta. Na instrução direta, o professor *guia* os alunos em seu encontro com o material novo de uma forma sequenciada e organizada (ele não entrega meramente um livro para ser lido). Tampouco reservar um tempo para discussão é o mesmo que o "ambiente de aprendizagem dinâmico e interativo" guiado pelo professor que a aprendizagem invertida requer. Para ser mais claro, esses modelos *podem* se encaixar na descrição da aprendizagem invertida, mas eles não se encaixam meramente por definição. Muitos exemplos deles podem ser tão tradicionais quanto as classes planejadas unicamente em torno da aula expositiva. A diferença está na *orientação*.

Na aprendizagem invertida, o professor oferece orientação nos espaços individual *e* grupal. No espaço individual, essa orientação com frequência está na forma de instrução direta, a qual pode assumir muitos modelos. Por exemplo, o professor pode estruturar as leituras externas com atividades que os alunos realizam para mostrar evidências de um engajamento proveitoso nas leituras. Ele pode indicar não só uma leitura, mas também uma atividade (redigir um esboço ou resumo ou elaborar um mapa mental da leitura) ou apresentar perguntas metacognitivas, solicitando que os alunos descrevam como abordaram a leitura para auxiliá-los a se tornarem melhores leitores. A aprendizagem invertida não presume que todos os alunos simplesmente saibam, de forma natural, como tomar o conteúdo de uma disciplina e extrair informações significativas ou fazer boas perguntas. Em vez disso, ela assume que a orientação no primeiro contato dos alunos com o material novo é uma necessidade; ela se planeja para isso, e esses planos são intencionalmente parte do modelo instrucional. E, se o planejamento intencional não está presente em um modelo instrucional, este não é aprendizagem invertida, independentemente de quanta leitura ou discussão é feita.

Em segundo lugar, os modelos em que os alunos estão simplesmente reunidos para discutir leituras antes da aula não constituem necessariamente aprendizagem invertida. Discussões de leituras *podem* ser experiências de aprendizagem ativas e dinâmicas – mas somente se os alunos participarem. Como o professor irá assegurar que cada aluno participe? Se isso for deixado simplesmente ao acaso, somente alguns alunos mais falantes irão participar, e nem todos os aprendizes estarão incluídos no processo de aprendizagem. Nesse ponto, a promessa – e a definição – de *aprendizagem invertida* é deixada inconclusa. Em vez disso, nesse modelo de aprendizagem, precisamos ver uma abordagem *intencional* para deixar *todos* os alunos envolvidos nas atividades dinâmicas e criativas que apoiam a aprendizagem profunda. Uma discussão em aula, por exemplo, pode ser iniciada com um exercício *think-pair-share* ou um exercício *think-pair-share-square* (KOTHIYAL et al., 2013), que envolve pares de estudantes, gradualmente conduzindo a uma discussão com toda a turma. Ou as discussões podem ser iniciadas com o uso de tecnologia na forma de sistemas de resposta em sala de aula (comumente chamados de *clickers*), em que os alunos individual e anonimamente respondem primeiro a perguntas provocativas e depois compartilham suas respostas com os outros (BRUFF, 2009). Veremos mais exemplos de criação de um ambiente de aprendizagem ativo, social e dinâmico no espaço grupal ao longo do livro. A questão, por enquanto, é a de que um encontro da turma que simplesmente reúne os alunos em um local e tem a *expectativa* de uma discussão sem orientação intencional não se encaixa na nossa definição de *aprendizagem invertida*.

Portanto, ao buscar os primeiros exemplos organizados de aprendizagem invertida na literatura publicada, estamos procurando abordagens de aprendizagem *coerentes e intencionais* que inserem a exploração guiada do novo conteúdo no espaço individual e usam o espaço grupal para a aprendizagem ativa, e não implementadas meramente pelos docentes uma única vez, mas com a intenção de transformar a aprendizagem invertida em um programa de trabalho pedagógico coerente e de longo prazo.

Também vamos restringir nossa pesquisa àqueles casos em que a aprendizagem invertida foi implementada *pelos docentes em suas disciplinas*, e não por outros que podem ter sugerido ou relatado a ideia. Por exemplo, Barbara Walvoord e Virginia Johnson Anderson (1998) contrastaram um "modelo tradicional" e um "modelo alternativo" de ensino em sala de aula em que a aprendizagem da "primeira exposição" era feita durante a aula no modelo "tradicional" e, antes da aula, no "modelo alternativo". Elas descrevem o uso desse modelo em história, física e estatística, o qual foi promovido não só como um paradigma organizado para o *design* da disciplina, mas como um método para manter o controle da carga de trabalho de avaliação dos alunos. Essa também é claramente uma descrição do que agora identificamos como aprendizagem invertida. Talvez o livro de Walvoord e Anderson tenha motivado os docentes que iremos conhecer a seguir.

Mais uma vez, repetimos que casos isolados dessa abordagem de *design* e ensino das disciplinas podem ser encontrados ao longo da história do ensino superior. No entanto, nos registros de pesquisas publicadas, podemos associar as origens da aprendizagem invertida a três fontes principais.

Harvard University: Eric Mazur e a *peer instruction*

Eric Mazur é um físico na Harvard University que começou a lecionar a disciplina de física introdutória para a especialização em engenharia e ciências, em 1984. Durante anos, sua instrução, focando nas aulas expositivas complementadas por demonstrações, era decididamente tradicional, mas bem recebida pelos alunos em termos de avaliação da disciplina e desempenho nas provas. No entanto, em 1990, quando encontrou uma série de artigos dos pesquisadores no ensino de física Ibrahim Halloun e David Hestenes (1985, 1987), Mazur começou a se questionar sobre o quanto seu ensino era realmente efetivo. Os artigos de Halloun e Hestenes (1985, 1987) sugeriam que, embora os alunos pudessem ter boa compreensão nas aulas tradicionais de física introdutória, suas crenças pessoais sobre física permanecem essencialmente imutáveis pela instrução formal. Em consequência, um aluno pode ingressar na disciplina de física (mesmo um aluno de Harvard) com um conceito da noção de força firmemente situado nas ideias pré-newtonianas, sair-se bem na disciplina e terminá-la com as mesmas ideias ultrapassadas sobre o conceito fundamental de força.

Halloun e Hestenes desenvolveram um instrumento simples para avaliar a compreensão conceitual dos alunos sobre força, denominado Force Concept Inventory – FCI (HESTENES; WELLS; SWACKHAMER, 1992). As perguntas do FCI não requerem cálculo matemático nem conhecimento técnico de física; são perguntas de senso comum sobre ocorrências cotidianas que envolvem força. Mazur aplicou esse instrumento aos seus alunos de física introdutória na expectativa de que *estes* – a nata dos alunos universitários, altamente competentes e com excelente histórico intelectual – apresentariam menos concepções erradas do que os alunos do trabalho de Halloun e Hestenes. Porém, como Mazur (1997, p. 4) coloca:

> O primeiro alerta (de que alguma coisa estava errada) surgiu quando dei o teste de Halloun e Hestenes para a minha turma, e um aluno perguntou: "Professor, como devo responder a essas perguntas? De acordo com o que você nos ensinou ou da forma como eu *penso* sobre essas coisas?

Mazur descobriu que, embora esses estudantes de Harvard fossem aptos em problemas de física que envolviam memorização e cálculo, até mesmo aqueles muito complexos, sua compreensão conceitual permanecia, em muitos casos, presa à era aristotélica, apesar de todo um semestre de instrução direta qualificada em aula que era muito bem classificada nas avaliações de disciplina.

Mazur ficou compreensivelmente chocado e perturbado. Em resposta, fez o que um educador profissional acadêmico deve fazer: examinar sua forma de ensinar com base em evidências e fazer mudanças para auxiliar os alunos a aprenderem melhor o assunto de sua disciplina. O resultado do seu trabalho foi um sistema de *design* de disciplina e instrução que ficou conhecido como *peer instruction* (MAZUR, 1997).

Na *peer instruction*, o foco do tempo passado em aula está em expor e corrigir as concepções equivocadas dos alunos sobre ideias importantes de uma determinada lição. Para a preparação da aula, o professor identifica 3 a 5 conceitos essenciais da próxima lição. Ele então prepara, para cada conceito essencial (5 a 8 minutos de duração), uma breve "miniaula expositiva" ou uma demonstração que apresenta esse conceito de alguma maneira, o que é feito para preparar uma pergunta conceitual sobre esse conceito (uma que não requeira cálculo matemático), apresentada como uma questão de múltipla escolha, que Mazur denomina "Teste Conceitual", para os alunos em uma tela grande. Os estudantes são instruídos a pensar em silêncio por um curto período de tempo, cerca de 1 ou 2 minutos, para chegar a uma resposta para a pergunta.

Quando estão prontos, os alunos votam na sua resposta usando um dispositivo de resposta em sala de aula, ou *clicker*. O *software* conectado ao computador do professor registra os votos de todos os alunos. Ao final do período de votação, o professor observa os dados da votação. Se uma porcentagem significativa (Mazur usa 75% como ponto de corte) dos alunos escolhe a resposta certa à pergunta, então a resposta é revelada, e o professor dá uma explicação complementar e tempo para que sejam feitas perguntas. Se, por outro lado, não houver um consenso significativo quanto à resposta correta, os alunos são instruídos a formar duplas com outro aluno e se revezar para defender a sua resposta por 2 a 5 minutos; então, no final do debate, os alunos são instruídos a votar novamente na mesma questão, e o professor pode ver a partir dos dados se os alunos estão se voltando para a resposta correta. Muito frequentemente, os alunos convergem para a resposta correta na segunda rodada de votação depois de discutirem suas concepções erradas, ou então os votos ficam divididos entre a resposta correta e uma outra resposta errada, encorajando discussões de toda a turma sobre as respostas. Dessa forma, a *peer instruction* ocupa em torno de 10 a 15 minutos do tempo da aula ("espaço grupal") para as demonstrações, seguidas pelo tempo para perguntas/discussão de cada conceito essencial da aula.

A eficácia da *peer instruction* foi bem documentada em vários contextos acadêmicos (ver CROUCH; MAZUR, 2001, para uma visão geral dos primeiros 10 anos de pesquisa sobre *peer instruction*). Em seus estudos originais, Mazur descobriu que os alunos em aulas com *peer instruction* apresentavam ganhos em seus escores no FCI desde o início até o fim de um semestre, os quais eram 2 a 3 *desvios-padrão* maiores que os de estudantes em disciplinas com aula expositiva tradicional.

Mazur não utilizou nenhuma terminologia particular além de *peer education* para descrever essa técnica. No entanto, hoje a *peer instruction* é vista como um exemplo de aprendizagem invertida e certamente se enquadra na definição de *aprendizagem invertida* que apresentamos neste livro. O foco do espaço grupal está na aplicação dinâmica do conteúdo básico, especificamente uma interação dinâmica entre os colegas para isolar e corrigir concepções equivocadas comuns sobre conceitos fundamentais. Para que tenham tempo para fazer isso em sala de aula, os alunos nas aulas com *peer instruction* devem aprender o conteúdo básico de forma independente antes da aula. Nas aulas de Mazur, isso era feito simplesmente por meio da leitura de um livro-texto; a técnica precede em vários anos o surgimento do vídeo *on-line*. No entanto, conforme mencionado anteriormente, apenas solicitar que os alunos *leiam um livro de física* não é orientação suficiente para garantir que eles obtenham alguma coisa a partir da leitura. Em Harvard, Mazur desenvolveu um *software* para permitir que os alunos lessem o livro-texto *on-line* usando uma versão inicial do *software* de anotação social, de modo que os alunos possam comentar e fazer perguntas sobre o texto de uma forma que outros alunos e os professores pudessem ler e responder. Dessa maneira, os alunos podiam ajudar uns aos outros no espaço individual a aprenderem com o livro durante a sua leitura.

Pelo exemplo de Mazur, podemos ver que a aprendizagem invertida surgiu como uma solução para um problema pedagógico concreto associado à compreensão conceitual dos alunos de um tema complexo. Mas Mazur não foi a única pessoa na época a ter a ideia da aprendizagem invertida, e Harvard não foi o único local onde isso estava acontecendo.

Cedarville University: J. Wesley Baker e a sala de aula invertida

Enquanto isso, em 1995, na Cedarville University, uma pequena universidade de artes liberais* em Ohio, o professor de comunicação J. Wesley Baker tinha uma revelação (BAKER, 2015). Ele estava lecionando uma disciplina sobre *design* de tela para programas multimídia, um conteúdo que podemos hoje chamar de "*design* da interface do usuário". Não havia nenhum livro-texto escrito sobre esse assunto, então ele usou um livro impresso tradicional de *design* gráfico junto com as aulas expositivas que aplicava os conceitos ao *design* de telas de computador. Em 1995, não havia sistemas de projeção em Cedarville, nenhum computador instalado nas salas de aula e nenhuma rede de computadores no *campus* até o outono daquele ano. A cada vez que ensinava, Baker tinha de vir para a aula trazendo um computador e dois monitores em um carrinho.

---

* N. de R.T. São disciplinas transversais que o aluno pode escolher no início da sua graduação, antes de ingressar nas disciplinas específicas (técnicas e profissionalizantes). Essas disciplinas podem não ter relação direta com a carreira profissional e permitem a flexibilidade curricular.

Depois que a nova rede do *campus* foi instalada, no outono de 1995, ele pode colocar na rede os *slides* da sua aula e usar os novos sistemas em sala de aula para as apresentações. Ele percebeu algo logo depois que o novo sistema estava instalado:

> Recordo vividamente o dia naquela aula quando eu estava passando os *slides*, com os alunos obedientemente copiando as informações em seus cadernos. No meio da exposição, parei e disse: "Isso não faz sentido algum! As informações nos *slides* estão passando da tela diretamente para seus cadernos sem passarem pelos seus cérebros. A apresentação está na rede. Apenas as acessem *on-line* antes da aula e não vamos perder tempo em aula simplesmente copiando os *slides*". Meu escritório se localizava no outro lado do *campus* e consigo me lembrar de estar voltando, na metade do caminho, quando de repente me dei conta: "Eu simplesmente dei todo o conteúdo para a turma. O que eu vou fazer em aula no resto do semestre?". (BAKER, 2015, p. 1).

Ao voltar para seu escritório, Baker escreveu o memorando apresentado na Figura 2.1. Ele anunciou suas intenções para os alunos no encontro seguinte da turma e então reformulou suas aulas daquele ponto em diante colocando suas aulas expositivas na rede do *campus* e, em vez de fazer explanações sobre *design* gráfico, introduziu uma interface de usuário mal projetada e deixou que os alunos trabalhassem em grupos para melhorá-la.

Essa reestruturação da aula é a epítome da aprendizagem invertida. A instrução direta, por meio de aula expositiva, é deslocada do espaço grupal para o individual. Ela é verdadeiramente instrução direta porque as aulas expositivas são mais do que apenas recursos para ler; elas são tentativas organizadas e sequenciadas de instrução direta do professor para o aluno. O tempo em aula é, portanto, liberado

---

Esta é a minha visão do que eu gostaria de ver realizado durante o horário de aula:
- ESCLARECER por meio de discussão as perguntas que vocês têm a partir da leitura e dos *slides* da aula.
- AMPLIAR o material, acrescentando à "mistura" material da sua própria leitura ou coisas vistas em outras aulas, que informem o tema atual (p. ex., alguns dos alunos leram alguns artigos de pesquisa para a Pesquisa em Mídia Eletrônica, que tratam de experimentos em *design* de tela; deveríamos ter o benefício desses achados para nossa discussão).
- APLICAR o material, examinando e analisando amostras de telas, com base nos princípios discutidos no texto e nos *slides*.
- PRATICAR a aplicação, empregando o tempo em grupos de *design* trabalhando nos passos do projeto (isso será visto melhor depois que tivermos passado pela prova na metade do semestre).

Figura 2.1 Memorando de J. Wesley Baker.

para ser usado por inteiro para responder a perguntas, acrescentar as perspectivas dos alunos e fazer o que é eminentemente sensato de se fazer em uma disciplina de *design* – ou seja, coisas de *design*.

Baker continuou estruturando suas aulas dessa maneira e, em seu papel como docente de ligação com o Departamento de Serviços de Computação em Cedarville, conseguiu difundir suas ideias entre os colegas em sessões de treinamento, durante uma das quais um dos docentes comentou: "então, o que você está fazendo é invertendo a sala de aula e o dever de casa" (BAKER, 2015, p. 4). Embora uma primeira conferência de apresentação do modelo feita por Baker ao corpo docente na Northwest Nazarene University, em novembro de 1997, não tenha usado o termo *sala de aula invertida*, o nome acabou "pegando". Baker começou a se referir a esse método instrucional como a *sala de aula invertida* para descrevê-lo. Baker seguiu engajado em um trabalho ativo de *workshops* de envolvimento profissional focando na "sala de aula invertida", principalmente para docentes em pequenas faculdades independentes no centro-oeste dos Estados Unidos, até a metade da década de 1990, quando abandonou esse plano para retornar a um foco maior no ensino da sua matéria.

Posteriormente, em março de 2000, Baker deu uma conferência (BAKER, 2000) que apresentava sua visão integral da aprendizagem invertida, usando o termo *sala de aula invertida* para descrevê-la.

Miami University: a sala de aula invertida de Lage, Platt e Treglia

Quase na mesma época em que Baker estava reformulando suas disciplinas de *design* gráfico usando a sala de aula invertida em Cedarville, três professores do departamento de economia da Miami University – também em Ohio – estavam detectando problemas com a aprendizagem dos alunos em economia que eram diferentes, mas não menos sérios, do que os problemas que Mazur estava encontrando com seus alunos de física em Harvard.

Maureen Lage, Glenn Platt e Michael Treglia (2000) estavam percebendo que os alunos em suas disciplinas de economia introdutória na Miami University às vezes tinham dificuldades, porque seus *estilos de aprendizagem* não se adaptavam completamente à instrução tradicional baseada na aula expositiva; por outro lado, os professores ficavam limitados em suas possibilidades de variar os métodos instrucionais, devido ao tempo de aula disponível. Para servir a todos os alunos da melhor maneira, era preciso que fosse criado tempo suficiente para permitir que os professores fornecessem não só instrução direta tradicional, mas também tempo significativo para atividades que alcançassem uma gama mais ampla de estudantes.

Por "estilos de aprendizagem", Lage, Platt e Treglia estavam se referindo a uma grande variedade de ideias na literatura de psicologia educacional. Uma noção de aprendizagem identifica um aluno como um aprendiz *dependente, colaborativo* ou *independente*, dependendo se ele aprende melhor por meio, respectivamente, da instrução direta, do trabalho com outros ou do trabalho sozinho (REICHMAN; GRASHA, 1974). Outro tipo usa o Myers-Briggs Type Indicator – MBTI (BRIGGS; MYERS, 1977) para identificar quatro eixos de tipos de personalidade (introvertido-extrovertido, sensitivo-intuitivo, pensando-sentindo, julgando-percebendo) cuja combinação pode determinar – ou pelo menos afetar – como o indivíduo aprende. Finalmente, os alunos podem ser identificados em termos de como eles processam a informação, *assimilação versus convergência*, por um lado (descrevendo aprendizes que assimilam a informação por meio da conceituação abstrata) e *divergência* e *acomodação*, por outro lado (descrevendo aprendizes que assimilam a informação por meio da experiência concreta) (KOLB, 1981).

O que Lage, Platt e Treglia aprenderam não só com a experiência prática, mas também com a literatura de pesquisa existente sobre ensino e aprendizagem em economia (p. ex., CHARKINS; O'TOOLE; WETZEL, 1985) forneceu uma verdade básica sobre aprendizagem efetiva: a aprendizagem dos alunos pode ser melhorada com o uso de uma variedade de métodos de ensino que atingem os aprendizes de diferentes estilos de aprendizagem. No entanto, por trás dessa ideia sensata, encontra-se uma pergunta insistente: onde os professores vão encontrar tempo para abordar todo o conteúdo se estiverem ocupados variando os métodos de instrução?

A ideia que Lage, Platt e Treglia inventaram para abordar esse problema ocorreu pela primeira vez em suas disciplinas de economia introdutória, em 1996, e foi publicada no *Journal of Economic Education* em 2000 (LAGE; PLATT; TREGLIA, 2000). Ela é uma das imagens mais claras que temos da aprendizagem invertida em suas origens, e foi o primeiro artigo revisado pelos pares voltado para um público amplo, fornecendo uma estrutura formal para a aprendizagem invertida.

Com uma organização da disciplina que abranja um tema principal por semana (na qual a turma se encontrava por dois períodos de 75 minutos), os alunos se engajavam em um processo de duas fases, descrito a seguir.

1. Antes do primeiro dia de discussão, os alunos deviam completar uma leitura do livro-texto da disciplina. Eles também eram encorajados (embora não fosse exigido) a assistir a vídeos pré-gravados em VHS que podiam ser retirados na biblioteca ou por meio de *slides* em Power Point com gravações sonoras nos laboratórios de informática do departamento e na internet. Eles eram instruídos a chegar em aula com perguntas sobre o que leram e assistiram.
2. Em aula, haveria tempo (10 minutos) para as perguntas dos alunos sobre o que leram ou assistiram antes da aula. Uma ausência de perguntas era

interpretada como uma clara compreensão do conteúdo designado. Então, o restante do tempo de aula durante a semana era usado em uma variedade de atividades dinâmicas, incluindo experimentos de economia e tarefas de laboratório concebidas para engajar os alunos em questões e conceitos econômicos essenciais, junto com tempo para praticar em folhas de trabalho e perguntas de revisão.

Esse formato de aula foi apelidado de *sala de aula invertida* por Lage, Platt e Treglia. Ela é instantaneamente reconhecível como *aprendizagem invertida* segundo nossa definição. Seu artigo científico oferece uma discussão completa dos seus achados a partir da introdução, em 1996, da sala de aula invertida. Assim como com a *peer instruction* de Mazur e a sala de aula invertida de Baker, o tempo de aula ("espaço grupal") é focado na aprendizagem ativa para abordar ideias conceituais profundas, com a turma inteira e o professor presente, e, para reservar tempo para isso, os alunos, com orientação, se engajam no novo conteúdo fora da aula como uma atividade preparatória.

Interlúdio: conexões entre as origens

Então, quando começou a aprendizagem invertida como um modelo instrucional coerente e organizado? É impossível precisar um momento exato, mas Mazur, em Harvard, Baker, em Cedarville, e Lage, Platt e Treglia, em Miami, chegaram a conclusões semelhantes sobre o modelo tradicional de instrução em suas respectivas disciplinas e inventaram o que agora reconhecemos como aprendizagem invertida para resolver problemas pedagógicos específicos, todos mais ou menos na mesma época – ou seja, na última metade da década de 1990. Damos crédito aos três igualmente, porque seus métodos instrucionais se encaixam na definição de *aprendizagem invertida* e porque sua abordagem não era apenas o estilo instrucional insular de um professor, mas promovida como um paradigma instrucional coerente.

É interessante observar que, aparentemente, nenhum deles tinha conhecimento do trabalho nas outras universidades, apesar de inventarem e implementarem suas ideias quase ao mesmo tempo. Glenn Platt indicou (correspondência por *e-mail* pessoal, em 20 de maio de 2016) que ele, Lage e Treglia não tinham conhecimento dos experimentos de Eric Mazur com *peer instruction*. E, embora Baker estivesse tralhando com aprendizagem invertida simultaneamente a apenas 80 quilômetros de distância e publicado seu trabalho sobre aprendizagem invertida quase ao mesmo tempo em que Platt e seus colegas, nenhum deles sabia uns dos outros; o grupo de Miami somente teve conhecimento de Baker porque ocorreu que um quarto membro do corpo docente de Miami estava na plateia da conferência de Baker sobre a sala de aula invertida em março de 2000 e discutiu o assunto com outro docente de Miami ao retornar, quando então Platt mandou um *e-mail* para Baker para que tomasse conhecimento do trabalho que estava sendo feito com Lage e Treglia (BAKER, 2015). Esse quase acidente entre esses profissionais, todos trabalhando nas mesmas ideias ao mesmo tempo, mas sem ter conhecimento uns dos outros, deve motivar os praticantes da aprendizagem invertida de hoje a manterem contato e promoverem fortes comunidades de prática – um conceito ao qual retornaremos no Capítulo 8.

As três abordagens para aprendizagem invertida compartilham elementos comuns que impulsionaram seu desenvolvimento, conforme veremos a seguir.

- As três abordagens foram motivadas por problemas pedagógicos concretos que surgiram na prática cotidiana do modelo tradicional. No caso de Mazur, ele tinha evidências dos seus próprios alunos e dos alunos dos estudos de Halloun e Hestenes que indicavam sérios problemas com o conhecimento conceitual em física básica que permaneciam imutáveis com a aula expositiva tradicional. No caso de Lage, Platt e Treglia, em suas disciplinas de economia introdutória, os alunos estavam se deparando com divergências entre seus estilos de aprendizagem e a natureza "tamanho único" da aula expositiva tradicional. No caso de Baker, os alunos simplesmente não estavam obtendo a melhor prática possível em aula sobre *design* de páginas da *web* se tudo o que faziam era ouvir alguém falar sobre o *design* de páginas da *web*.
- As três abordagens da aprendizagem invertida foram motivadas pelo mesmo problema prático: encontrar tempo suficiente em aula para tratar seus respectivos problemas. Para Mazur, o conceito de *peer instruction* pressupõe que o tempo em aula deve ser liberado para se engajar no processo de *peer instruction*. No caso de Baker, era uma questão de encontrar tempo em aula para que os alunos trabalhassem em problemas reais de *design* e compartilhassem suas experiências. Para Lage, Platt e Treglia, era encontrar tempo em aula para incluir uma variedade ampla o suficiente de atividades que alunos de estilos de aprendizagem variados fossem plenamente incluídos.
- As três abordagens foram motivadas por inovações tecnológicas. Para Mazur, o sistema de respostas em sala de aula, ou *clicker*, abriu a possibilidade de votação eficiente e anônima em seus Testes Conceituais. Para Baker, a instalação de uma rede de computadores no *campus* rapidamente viabilizou a distribuição *on-line* das anotações da sua aula expositiva para que os alunos tivessem fácil acesso a ela fora da aula. Para Lage, Platt e Treglia, o advento da internet (inventada em 1989 e aberta ao público em 1991) possibilitou colocar recursos multimídia em uma grande rede. É possível que a aprendizagem invertida pudesse ter se desenvolvido fora da amplitude dessas inovações. Nossa discussão anterior de pedagogias de "legado" indica que alguma

coisa *como* aprendizagem invertida já estava em atividade há muito tempo, mas, historicamente, ela se desenvolveu com a assistência de novas tecnologias e possivelmente *por causa* dessas tecnologias.

Finalmente, é importante observar que, no caso de Lage, Platt e Treglia, a sala de aula invertida foi inventada para resolver o que era, em essência, um problema sobre *diversidade e inclusão*, e não apenas um problema de logística. A questão da diversidade que a sala de aula invertida abordava era especificamente a diversidade *intelectual* – ou seja, a diversidade de estilos de aprendizagem. No entanto, a ligação entre estilos de aprendizagem e outras formas de diversidade, que incluem a de gênero, racial e socioeconômica e outras formas é mais pronunciada do que em geral pensamos.

Visivelmente ausente da discussão até o momento é o termo popular *sala de aula invertida*. Este só surgiu anos mais tarde, no trabalho de dois professores de química do ensino médio no oeste dos Estados Unidos.

Ensino médio: Bergmann e Sams e a sala de aula invertida

Em 2007, Jon Bergmann e Aaron Sams estavam ensinando química no ensino médio em Woodland Park, Colorado. Entre os problemas cotidianos que enfrentavam como professores estavam os alunos que faltavam à aula e que precisavam ter o conteúdo reensinado. Sams encontrou um artigo em uma revista sobre um *software* que registrava as aulas em PowerPoint com um áudio associado e então o salvava em um arquivo de vídeo eletrônico. Imediatamente, eles souberam que tinham uma solução parcial para o seu problema de ensino. Como expressa Bergmann (2011b):

> Assim, começamos a gravar nossas aulas ao vivo usando *software* de captura de tela. Postamos nossas aulas *on-line* para que nossos alunos pudessem acessá-las. Quando fizemos isso, o YouTube estava recém começando, e o mundo do vídeo *on-line* ainda estava dando seus primeiros passos... com toda a sinceridade, gravamos nossas aulas por egoísmo. Estávamos perdendo um tempo excessivo reensinando as aulas para os alunos que faltavam, e as aulas gravadas se tornaram nossa primeira linha de defesa.

O que começou como uma forma simples e efetiva de simplificar a instrução em sala de aula se transformou em uma verdadeira revolução. Os alunos de Bergmann e Sams (aqueles que faltavam à aula e precisavam recuperar e aqueles que estavam em aula, mas precisavam de uma revisão) imediatamente aderiram às aulas em vídeo. Como os vídeos eram postados *on-line*, outros alunos e professores que não eram de Woodland Park os encontraram, e, logo, os vídeos estavam sendo usados para substituir aulas expositivas presenciais, inicialmente para os dias em que professores substitutos precisavam entrar em ação. Quando o interesse pelos vídeos cresceu, Bergmann e Sams foram convidados a apresentar seu trabalho em *workshops* de desenvolvimento profissional. Outros professores começaram a ver utilidade nos vídeos gravados e começaram a fazer seus próprios vídeos. Por fim, o trabalho de Bergmann e Sams chegou à mídia (BERGMANN, 2011a) e, em pouco tempo, sua ideia se alastrou como rastro de pólvora.

Inicialmente, seu método de uso de vídeos *on-line* pré-gravados para deslocar a instrução direta do tempo de aula não tinha um nome particular. Eles se referiam aos vídeos como *vodcasts* (um jogo de palavras com *vídeo* e *podcast*), e, no início, o método foi denominado *pre-vodcasting*. Bergmann e Sam viam o termo como muito técnico para um público geral de professores, então sugeriram o termo *instrução invertida*, o qual foi usado nos relatos desse método na época (p. ex., WALSH, 2012) e continua em alguns casos até os dias de hoje.

Entretanto, em 2010, Dan Pink, do jornal londrino *The Daily Telegraph*, escreveu um artigo *on-line* (PINK, 2010) que descrevia a instrução invertida, destacando especificamente o trabalho de outro professor do Colorado, Karl Fisch, que usava o método da instrução invertida em aulas de matemática. No artigo, Pink informalmente se referiu à técnica de Fisch como "a inversão de Fisch". Foi ali que esse método instrucional e o termo *invertido* se uniram pela primeira vez, e o termo *sala de aula invertida* nasceu (embora esse termo não apareça no artigo de Pink). Fisch, por sua vez, aprendeu o método instrucional inverso/invertido em um *workshop* de Bergmann e Sams, e, assim, o termo *sala de aula invertida* se tornou intimamente associado a esse método instrucional e ao trabalho original de Bergmann e Sams. De fato, dois anos mais tarde, Bergmann e Sams (2012) publicaram seu livro amplamente lido *Flip your classroom: reach every student in every class every day*, que resultou na produção de vários outros volumes e situa-se como uma das fontes mais amplamente usadas, se não a mais usada, de instrução invertida para professores dos ensinos fundamental e médio no mundo inteiro.

Antes do artigo de Pink, enquanto o conceito de instrução invertida estava ganhando popularidade rapidamente, Bergmann e Sams realizaram extensas pesquisas, para ver se uma ideia semelhante estava sendo usada em outro lugar e, não encontrando nada, em determinado momento até mesmo consultaram um advogado para investigar como registrar os direitos do termo *instrução invertida* (BERGMANN, 2011b). É interessante observar que a pesquisa de Bergmann e Sams não surgiu a partir do artigo seminal de Lage, Platt e Treglia discutido anteriormente, mesmo que este tenha aparecido quase uma década antes e tenha sido citado pelo menos 46 vezes em outros artigos entre os anos de 2000 e 2008 (em uma busca no Google Scholar para *inverted classroom*, "sala de aula invertida", em inglês; ver http://bit.ly/1Xg3dvg). Bergman (em correspondência pessoal por *e-mail*, em

16 de maio de 2016) declarou que ele e Sams só tomaram conhecimento do artigo de Page, Platt e Treglia quando seu livro *Flip your classroom* estava a caminho da impressão.

Podemos apenas especular por que a conexão entre o trabalho de Bergmann e Sam e o trabalho de outros não apareceu em seguida, mas duas explicações parecem plausíveis. Primeiro, havia, e ainda há, uma desconexão na terminologia. O que estamos chamando de *aprendizagem invertida* neste livro é conhecida pelos termos *sala de aula invertida, pre-vodcasting, instrução inversa* e *instrução invertida*, entre vários outros termos, e, em alguns casos (p. ex., Mazur), por nenhuma terminologia, ou, então, por termos localizados específicos que se referem a técnicas pedagógicas específicas (p. ex., *peer instruction*), em vez de estruturas gerais. Segundo, havia, e, mais uma vez, ainda há, uma desconexão entre o trabalho dos professores de ensino superior e o daqueles de ensino fundamental e médio. Vale a pena observar que, embora os primeiros casos de aprendizagem invertida tenham sido em universidades, o trabalho de Bergmann e Sam tem sido principalmente voltado para professores dos ensinos fundamental e médio. A literatura de pesquisa e as publicações profissionais (nas quais relatos de aprendizagem invertida tipicamente apareceriam) para o ensino superior e para o fundamental e o médio frequentemente têm pouca ou nenhuma sobreposição, de modo que é improvável que uma pessoa que faz pesquisas para os ensinos fundamental e médio encontre um resultado do ensino superior e vice-versa, a menos que o pesquisador tenha deliberadamente atravessado essa fronteira e feito buscas para ambos os públicos.

Ainda hoje existe uma distinção entre o trabalho de aprendizagem invertida feito para o ensino superior e aquele semelhante feito para as escolas de ensino fundamental e médio. Embora a aprendizagem invertida tenha surgido primeiramente no ensino superior e tenha uma longa história, ela decididamente foi adotada com mais entusiasmo entre professores dos ensinos fundamental e médio, e as comunidades de prática para aqueles que usam aprendizagem invertida são mais plenamente desenvolvidas nessa faixa de público.

APRENDIZAGEM INVERTIDA NO ENSINO SUPERIOR DESDE 2000

Já vimos que a aprendizagem invertida se desenvolveu em caminhos paralelos, originando-se no ensino superior entre, aproximadamente, 1996 e 2000 e depois sendo redescoberta independentemente nos ensinos fundamental e médio entre 2006 e 2008. A popularidade da aprendizagem invertida realmente começou a decolar com o trabalho de Bergmann e Sams, quando educadores dos ensinos fundamental e médio (e os sistemas escolares para os quais eles trabalhavam) abraçaram a ideia. Essa popularidade teve um efeito no seu uso também no ensino superior, e seus praticantes – sendo compreensivelmente mais orientados para metodologias de pesquisa do que aqueles nos ensinos fundamental e médio – produziram um corpo de literatura especializada em constante aprofundamento sobre a aprendizagem invertida.

Antes de 2011, no entanto, não estava acontecendo muita coisa em pesquisa sobre aprendizagem invertida. Uma das únicas exceções foi a tese de doutorado de Jeremy Strayer, na Ohio State University (STRAYER, 2007). (A conexão entre aprendizagem invertida e o estado de Ohio foi desse modo continuada.) A tese de Strayer foi um dos primeiros estudos (se não *o* primeiro) verdadeiramente científicos da aprendizagem invertida no sentido de usar um *design* experimental sistemático para estudar os efeitos dos ambientes de aprendizagem invertida nos estudantes. No estudo de Strayer, foram oferecidas duas versões de uma disciplina de estatística introdutória: uma delas usando o modelo tradicional e a aula expositiva e, a outra, um modelo invertido, com um sistema de tutoria inteligente para fornecer o conteúdo e alguma forma de instrução direta fora da sala de aula. O estudo de Strayer focou não no domínio que o aluno tinha do conhecimento de estatística, mas na satisfação deste e nas suas respostas afetivas por estar em um ambiente de aprendizagem invertida. Seus achados foram úteis, mas não inteiramente positivos; foi identificado que os alunos no ambiente de aprendizagem invertida estavam menos satisfeitos e mais instáveis em seu processo de aprendizagem do que aqueles no ambiente tradicional. Contudo, o estudo tira conclusões sobre como melhor configurar e manejar um ambiente de aprendizagem invertida.

Cinco anos mais tarde, Strayer (2012) publicou outro estudo, mais uma vez identificando que os alunos nos ambientes de aprendizagem invertida são mais inquietos e possivelmente menos satisfeitos do que seus colegas em uma sala de aula tradicional, embora aqueles em um ambiente de aprendizagem invertida gradualmente se tornem mais abertos à aprendizagem cooperativa e a inovações em métodos de ensino.

Desde 2011, e particularmente depois da rápida popularização da "sala de aula invertida" por Bergmann e Sams, em 2010 até 2012, houve um aumento acentuado na pesquisa feita sobre a aprendizagem invertida. Uma busca na base de dados do ERIC revela a tendência de aumento nas contribuições para a literatura acadêmica sobre essa abordagem. A Tabela 2.1 mostra o número de artigos revisados pelos

Tabela 2.1 Número de artigos publicados revisados pelos pares contendo referências à aprendizagem invertida por ano: 2011–2015

Ano	2011	2012	2013	2014	2015
Número de artigos	0	5	14	35	89

pares listados no ERIC que têm os termos *inverted classroom* (sala de aula inversa), *flipped classroom* (sala de aula invertida) ou *flipped learning* (aprendizagem invertida), no título ou no resumo, a cada ano desde 2011 até 2015.

Esses dados mostram um aumento aproximado de 250% *por ano* no número de artigos revisados pelos pares que estão sendo publicados sobre a aprendizagem invertida, os quais não incluem outras formas de escrita acadêmica, como dissertações de mestrado e teses de doutorado, nem um grande número de itens não revisados pelos pares, tais como artigos em revistas e editoriais que lançaram mais luz sobre a aprendizagem invertida. Isso sugere que a aprendizagem invertida não é apenas um modismo ou um termo pomposo, mas um modelo pedagógico que está sendo explorado com seriedade e examinado por um segmento rapidamente crescente da população acadêmica.

O QUE AS PESQUISAS NOS DIZEM SOBRE APRENDIZAGEM INVERTIDA?

Com esse significativo aumento no número de publicações acadêmicas sobre a aprendizagem invertida, está surgindo uma mensagem coerente que descreva o que em geral acontece quando os alunos estão envolvidos em ambientes de aprendizagem invertida ou que descreva as melhores práticas para promover os melhores ganhos na aprendizagem dos alunos? No momento em que escrevíamos este livro, a resposta era um indiscutível "ainda não". Embora a aprendizagem invertida seja um conceito e uma prática em sala de aula com quase duas décadas e tenha sido objeto de grande atenção pública e escrita informal, o corpo de literatura acadêmica sobre a aprendizagem invertida ainda está encontrando seu caminho, apesar da quantidade de publicações produzida nos últimos anos. Os artigos sobre a aprendizagem invertida publicados em 2016 foram primeiramente escritos e submetidos em 2013, em alguns casos, quando o número de publicações revisadas pelos pares existentes sobre o assunto ainda podia ser contado nos dedos.

Podemos, no entanto, tirar algumas conclusões sólidas sobre questões menos abrangentes, expostas a seguir.

- Muito já se conhece sobre implementações específicas da aprendizagem invertida. Por exemplo, a ideia de *peer instruction* de Eric Mazur tem sido objeto de ampla investigação. Um artigo publicado em 2001 para celebrar o aniversário de 10 anos da introdução da *peer instruction* em Harvard (CROUCH; MAZUR, 2001) resumiu muitos dos achados de pesquisa sobre esse tipo de instrução. Por exemplo, estudantes em aulas de física introdutória baseadas em *peer instruction* tiveram desempenho significativamente superior ao grupo-controle em uma aula estruturada de modo tradicional em uma variedade de instrumentos de avaliação validados e apresentaram melhoras significativas tanto no domínio conceitual quanto na solução de problemas computacionais. Outro estudo sobre *peer instruction* (LORENZO; CROUCH; MAZUR, 2006) mostrou que ela reduzia a "lacuna de gênero" no desempenho em física introdutória entre estudantes do sexo masculino e feminino. Há um corpo de pesquisa semelhante para métodos de ensino específicos, como aprendizagem em grupo liderada por pares (PLTL) e processo de aprendizagem orientado por inquérito guiado (POGIL), métodos de ensino frequentemente associados às ciências naturais.

- Sabemos agora que a aprendizagem ativa, em linhas gerais, pode produzir melhoras gigantescas no desempenho dos estudantes, pelo menos nas disciplinas STEM (em inglês, ciência, tecnologia, engenharia e matemática). Por exemplo, um metaestudo de referência (FREEMAN et al., 2014) do *Proceedings of the National Academy of Sciences* agregando os resultados de 225 outros estudos sobre a aprendizagem ativa nas disciplinas STEM constatou que os estudantes tendiam a uma probabilidade 1,5 vez maior de fracassar na disciplina com o ensino baseado na aula expositiva tradicional do que em uma disciplina focada na aprendizagem ativa e encontrou melhoras significativas no desempenho acadêmico usando uma variedade de avaliações. Esse estudo deu seguimento a um anterior (HAKE, 1998), que estudou 6 mil estudantes em 62 disciplinas diferentes de física introdutória e identificou que aqueles em disciplinas com "engajamento interativo" apresentaram ganhos no FCI de dois *desvios-padrão inteiros mais altos* do que os que estavam em disciplinas tradicionalmente estruturadas. Na medida em que a aprendizagem invertida pretende criar tempo e espaço para a aprendizagem ativa, um resultado sobre a aprendizagem ativa é realmente um resultado sobre a aprendizagem invertida.
- O fenômeno de que a aprendizagem ativa, em geral, e formas de instrução que a promovem, em particular, melhora a aprendizagem dos alunos não é exclusivo para as disciplinas STEM. Na verdade, há um amplo e profundo corpo de literatura sobre a aprendizagem invertida em ciências humanas, artes plásticas, ciências sociais e línguas, e também em treinamento vocacional e até mesmo fora do ambiente acadêmico nas áreas de treinamento da força de trabalho e educação religiosa.

Esse corpo de conhecimento mais limitado indica que a literatura acadêmica sobre a aprendizagem invertida baseia-se em princípios mais abrangentes que estão bem estabelecidos (p. ex., o que sabemos a respeito de aprendizagem ativa) e casos específicos que estão bem estudados.

ESTRUTURAS TEÓRICAS QUE APOIAM A PRÁTICA E A PESQUISA DA APRENDIZAGEM INVERTIDA

O que será útil para que o pensamento da aprendizagem invertida evolua, tanto como uma prática em sala de aula quanto como um objeto de estudo, é examinar algumas estruturas teóricas em maior profundidade no estudo da psicologia educacional e cognitiva que apoiam o conceito de aprendizagem invertida e fornecem uma sólida estrutura tanto para o seu uso quanto para seu estudo.

Os autores da aprendizagem invertida não a inventaram como o resultado de uma linha de raciocínio sobre construtos teóricos. Ao contrário, eles estavam interessados em resolver problemas pedagógicos práticos: encontrar formas de melhorar a compreensão conceitual dos estudantes sobre "força", encontrando tempo para variar a instrução de modo a se adequar aos estilos de aprendizagem dos alunos e dar atenção aos concomitantes problemas de diversidade em suas aulas, encontrando formas de aproveitar uma rede de computadores recentemente instalada para proporcionar mais tempo para o trabalho prático ou criando meios de entregar o conteúdo para os alunos que não puderam assistir à aula. Mais ainda, essas abordagens foram motivadas pelo trabalho acadêmico existente (p. ex., o conhecimento de Mazur dos estudos de Halloun e Hestenes), que, por sua vez, tem origem na teoria pedagógica. Atualmente, nosso conhecimento e prática da aprendizagem invertida podem ser igualmente reforçados pelo conhecimento da teoria existente por trás da prática.

Em uma pesquisa recente sobre a aprendizagem invertida, Lakmal Abeysekera e Phillip Dawson (2015) propõem o exame crítico da aprendizagem invertida através das lentes de duas teorias psicológicas importantes: a teoria da autodeterminação (TAD) e a teoria da carga cognitiva (TCC).

Teoria da autodeterminação

A primeira estrutura teórica é a TAD, uma teoria da motivação humana proposta pela primeira vez pelos psicólogos Deci e Ryan (1985). Na TAD, em vez de focar na *quantidade* de motivação que uma pessoa tem para aprender, o foco está no *tipo* de motivação que ela tem. Como o sucesso de um ambiente de aprendizagem invertida depende fortemente da motivação do aluno – para realizar as atividades preparatórias, para participar ativamente em aula, etc. – a TAD tem muito a dizer sobre aprendizagem invertida.

A TAD faz duas distinções diferentes entre os tipos de motivação: *intrínseca* e *extrínseca*, por um lado, e *autônoma* e *controlada*, por outro.

A *motivação intrínseca* é descrita por Ryan e Deci (2000, p. 70) como "[...] a tendência inerente a buscar novidade e desafios, a ampliar e exercer as próprias capacidades, explorar e aprender". Refere-se à motivação para buscar desafios e oportunidades de aprendizagem a partir de um desejo interno e de um prazer ou interesse no que está sendo buscado, independentemente de qualquer outra recompensa. Por outro lado, a *motivação extrínseca* "se refere à realização de uma atividade para obter algum resultado separável" (RYAN; DECI, 2000, p. 71). O contraste entre elas deve estar imediatamente claro e pessoalmente relevante para qualquer pessoa que esteja envolvida em ensinar e aprender. Quando aprendemos algo novo, em qualquer contexto, podemos estar motivados por recompensas externas que podem ser separadas da tarefa. Por exemplo, podemos estar motivados para trabalhar na realização de um artigo de pesquisa porque nosso desempenho profissional está particularmente fundamentado nos resultados da pesquisa; isso está separado das recompensas que são inerentes à tarefa em si, tais como quando concluímos o artigo porque gostamos de escrever ou porque a pergunta da pesquisa é interessante.

A *motivação autônoma* "abrange tanto a intrínseca quanto a extrínseca em que as pessoas se identificaram com o valor de uma atividade e, idealmente, a terão integrada ao seu senso de identidade" (DECI; RYAN, 1985, p. 182). Em outras palavras, a motivação autônoma se refere àquela que é endossada pelo indivíduo independentemente de ser intrínseca ou extrínseca. Por outro lado, a *motivação controlada*

> [...] consiste tanto na regulação externa, em que o comportamento é uma função de contingências externas de recompensa ou punição, quanto de regulação introjetada, em que a regulação da ação foi parcialmente internalizada e é estimulada por fatores como uma intenção de aprovação, evitar vergonha, autoestima contingente e envolvimento do ego. Quando as pessoas são controladas, sua experiência é de pressão para pensar, sentir ou se comportar de determinadas maneiras. (DECI; RYAN, 1985, p. 182).

Dessa forma, uma pessoa pode sentir motivação extrínseca que é autônoma, como quando realizamos um trabalho sobre um artigo de pesquisa porque precisamos terminá-lo para receber uma avaliação de desempenho positiva (a parte "extrínseca") e quando pessoalmente atribuímos um alto valor ao progresso profissional e a realizar bem nosso trabalho (a parte "autônoma"). No entanto, se estivermos escrevendo esse artigo não porque valorizamos o progresso profissional, mas porque nos sentiríamos inferiores perante nossos colegas se não o publicássemos, esta é uma motivação extrínseca que é de natureza controlada.

Deci e Ryan apontam que, embora os seres humanos sejam naturalmente inquisitivos e curiosos e muito motivados intrinsecamente desde o nascimento, a motivação intrínseca pode ser afetada por condições externas e pela satisfação de certas necessidades. Especificamente, para mantê-la, os humanos precisam satisfazer três necessidades cognitivas básicas: *competência*, *autonomia* e *relação*. Em um contexto educacional, a necessidade de competência simplesmente se refere à necessidade de acreditar que se tem o domínio do "conhecimento, competências e comportamentos necessários para ser bem-sucedido em um contexto social" (ABEYSEKERA; DAWSON, 2015, p. 4). A necessidade de autonomia se refere à necessidade de um sentimento de controle sobre o próprio conhecimento e de independência. A necessidade de relação, por outro lado, refere-se à necessidade de sentir que pertencemos a um grupo social em um determinado contexto. De acordo com a TAD, sob condições de satisfação dessas três necessidades básicas, a motivação intrínseca irá prosperar durante toda a vida do indivíduo; em contrapartida, se elas não forem satisfeitas, a motivação intrínseca irá se atrofiar (RYAN; DECI, 2000).

A TAD oferece uma forma útil de pensar no *design* de uma disciplina e no ensino, em geral, e na aprendizagem invertida em especial. Como mencionado anteriormente (e reiterado nas Partes Dois e Três deste livro), o sucesso da aprendizagem invertida depende, em grande parte, da motivação do aluno. Idealmente, gostaríamos que eles fossem motivados intrinsecamente pelos temas que lhes ensinamos. Acima de tudo, gostaríamos que experimentassem motivação *autônoma*, de modo que, se não estiverem intrinsecamente motivados a aprender, pelo menos estejam no controle do que os motiva. Em outras palavras, queremos que os estudantes sejam "engajados" em seu trabalho. Por outro lado, o que esperamos evitar são situações em que os alunos estejam "aprendendo" meramente por causa de uma recompensa externa à qual não atribuem nenhum valor pessoal significativo ou, pior ainda, devido a sentimentos de pressão ou vergonha. Por isso, devemos refletir sobre os tipos de *designs* que oferecem um ambiente de aprendizagem que facilite a satisfação das necessidades básicas de competência, autonomia e relação.

O modelo tradicional de educação *pode* proporcionar um ambiente assim nas mãos e condições certas, mas este não é o padrão. Como assinalam Abeysekera e Dawson (2015, p. 5):

> A aula expositiva tradicional é caricaturada como uma experiência transmissiva e passiva, efetivamente eliminando qualquer sentimento de autonomia ou competência nos alunos. De fato, sentimentos de autonomia e competência são mais prováveis de ser experimentados pelo professor dentro de um ambiente de aprendizagem criado por meio dessa abordagem.

Note a palavra *caricaturada*. Mais uma vez, ambientes de aula expositiva podem ser muito produtivos para os estudantes, mas a pesquisa citada por Abeysekera e Dawson indica que este não é o resultado natural.

Em compensação, a *aprendizagem invertida* conforme a definimos é estruturada precisamente de modo que o espaço grupal esteja focado no apoio aos alunos enquanto progridem nas tarefas difíceis e criativas trabalhando com outros alunos e com o professor. Dessa maneira, a aprendizagem invertida supre naturalmente as necessidades de competência e conectividade. E apresentar responsabilidades moderadas para os alunos adquirirem aprendizagem básica em seus espaços individuais também promove a satisfação da necessidade de autonomia. Abeysekera e Dawson propõem que os ambientes de aprendizagem invertida, por essas razões, promovem a motivação intrínseca e a extrínseca autônoma mais do que os ambientes fundamentados no modelo tradicional. (Observamos que Abeysekera e Dawson *propõem* essa afirmação, estruturando-a na forma de três perguntas de pesquisa que merecem estudo mais aprofundado. Seu trabalho foi publicado em 2015, mas escrito em 2013, antes que a explosão de trabalhos publicados sobre aprendizagem invertida começasse verdadeiramente; uma metanálise fechada das pesquisas publicadas desde 2013 até o presente pode revelar evidências a favor e contra essa proposição. Mas, enquanto isso, ela é plausível de ser afirmada, dada a estrutura da TAD.)

Teoria da carga cognitiva

A segunda estrutura teórica proposta por Abeysekera e Dawson (2015) para o estudo da aprendizagem invertida é a TCC. Esta se baseia na observação de psicólogos cognitivos como George Miller, que observaram que a memória de trabalho humana tem severas limitações. Miller, por exemplo, observou que a memória de trabalho humana pode reter entre cinco e nove "unidades" de informação em um determinado momento (MILLER, 1956).

Se a capacidade da memória humana é tão limitada, algumas abordagens de aprendizagem podem se tornar contraproducentes, sobrecarregando essa capacidade da memória e tornando impossível aprender em profundidade? Pesquisas psicológicas, especialmente o trabalho de John Sweller, investigaram essa ideia na década de 1980 e continuaram até a década de 1990. O trabalho de Sweller relacionava-se à aquisição de *esquemas*, ou um padrão de pensamento organizado que conecta pedaços de informação díspares, mas relacionados, a um todo sistematizado. O trabalho de Sweller, que se baseou em estudos da aquisição de esquemas entre jogadores de xadrez profissionais (GROOT, 1965), descobriu que certas formas de solução de problemas na verdade interferem na aquisição de esquemas. Especificamente, seu trabalho encontrou que a "análise de meios e fim" – uma abordagem para a solução de problemas em que um sujeito com um estado inicial de problema e um de objetivo escolhe uma ação procurando em meio a um espaço de respostas possíveis e selecionando aquela que reduz a distância entre o estado inicial e o do objetivo – impõe uma carga pesada à memória de trabalho. Esta ficou conhecida como "carga cognitiva", e o trabalho de Sweller formou a base para o que agora é conhecido como TCC.

Na TCC, as tarefas de aprendizagem podem ter três formas de carga cognitiva. A *carga intrínseca* de uma tarefa se refere ao esforço necessário para realizar a tarefa que é inerente a ela própria e não pode ser reduzido. As tarefas também têm uma *carga extrínseca*, que é a carga cognitiva que não é inerente à tarefa, mas que meramente se soma à sua dificuldade de realização, por exemplo, na forma como ela é apresentada. Finalmente, tem-se uma tarefa que contém uma *carga relevante*, que é a carga cognitiva que se soma à tarefa, mas que auxilia na formação de esquemas.

Por exemplo, se uma pessoa está aprendendo a fazer um bolo a partir do zero usando uma receita, certos aspectos desse processo fornecem uma carga cognitiva que a pessoa simplesmente não pode eliminar. Ela tem de saber quais são os ingredientes, ir até o mercado comprá-los e saber como medi-los e então seguir a receita. Isso faz parte da carga intrínseca de fazer um bolo. No entanto, o processo de fazer um bolo pode se tornar mais difícil do que isso sem um benefício correspondente. Por exemplo, se a receita for mal escrita ou apresentada apenas em imagens, sem as medidas, é colocada uma carga adicional no cozinheiro para concluir a tarefa, a qual não o auxilia a aprender a cozinhar. (O processo indiscutivelmente seria simplificado *acrescentando* informações – por exemplo, incluindo caixa de texto e imagens.) Uma receita pode, ainda, fornecer carga relevante, incluindo, por exemplo, não só instruções sobre como fazer o bolo, mas também observações sobre o tipo de farinha usada, a ciência por trás do crescimento de um bolo, etc. Essa é uma carga adicional, mas ajuda o cozinheiro a adquirir um esquema coerente e organizado sobre o preparo de um bolo além de unicamente a receita.

As implicações da TCC para o *design* e ensino de uma disciplina são imediatas. Como professores, queremos que os alunos não tenham meramente uma facilidade com os fatos e truques; queremos que eles desenvolvam esquemas em nossas áreas acadêmicas e demonstrem uma compreensão conectada e com nuances sobre o que aprenderam. Nosso *design* da disciplina e nossas escolhas instrucionais devem trabalhar em conjunto para guiar os alunos nessa direção. Como afirmam Sweller, van Merrienboer e Pass (1998):

> As implicações das limitações da memória de trabalho no *design* instrucional dificilmente podem ser superestimadas. Toda a atividade cognitiva em que os aprendizes se engajam ocorre em uma estrutura cujas limitações parecem impedir tudo, exceto os processos mais básicos. Qualquer coisa além das atividades cognitivas mais simples parece sobrecarregar a memória de trabalho. À primeira vista, qualquer *design* instrucional que desrespeite ou meramente ignore as limitações da memória de trabalho inevitavelmente será deficiente. É esse fator que fornece a alegação central da teoria da carga cognitiva.

Abeysekera e Dawson fornecem algumas proposições sobre a aprendizagem invertida e sobre a carga cognitiva semelhantes às que oferecem para a aprendizagem invertida e a TAD. Primeiro, eles propõem que ambientes de aprendizagem invertida que oferecem vídeo pré-gravado podem reduzir a carga cognitiva devido à possibilidade de os alunos pausarem e repetirem o vídeo em seu espaço individual. Particularmente entre os alunos com baixo rendimento que podem ter mais dificuldades com o manejo da carga cognitiva do que os de rendimento mais alto, os vídeos pré-gravados demonstraram auxiliar com os ganhos na aprendizagem (OWSTON; LUPSHENYUK; WIDEMAN, 2011), e, portanto, os ambientes de aprendizagem invertida podem oferecer apoio significativo para alunos com dificuldades. Em segundo lugar, Abeysekera e Dawson propõem que ambientes de aprendizagem invertida, com seu foco na utilização do espaço grupal para a aprendizagem ativa, podem proporcionar mais oportunidades para que os professores ofereçam instrução individualizada aos alunos, auxiliando-os, dessa forma, a administrar sua carga cognitiva mais eficientemente. Esse é oposto do modelo da sala de aula tradicional, que assume uma abordagem "transmissiva", elaborando uma única atividade centrada em torno da instrução direta, que está voltada para a turma inteira; conforme assinalam Lage, Platt e Treglia (2000) em seu trabalho, uma turma de graduação típica pode conter uma multiplicidade de estilos de aprendizagem, e, portanto, essa abordagem uniformizada sobrecarrega alguns dos alunos mais vulneráveis intelectualmente.

UMA TERCEIRA ESTRUTURA: APRENDIZAGEM AUTORREGULADA

Por fim, discutimos uma terceira estrutura teórica que apoia a aprendizagem invertida e que não foi mencionada explicitamente por Abeysekera e Dawson (2015) – ou seja, o conceito de *aprendizagem autorregulada*. A aprendizagem autorregulada é uma teoria psicológica bem estudada e desenvolvida por Barry Zimmerman (2002) e Paul Pintrich (2004), entre outros autores. Segundo Zimmerman (2002, p. 65):

> A autorregulação não é uma habilidade mental ou uma competência de desempenho acadêmico; ao contrário, é um processo autodiretivo pelo qual os aprendizes transformam suas habilidades mentais em competências acadêmicas. A aprendizagem é vista como uma atividade que os alunos fazem sozinhos de uma maneira proativa, em vez de como um evento oculto, que acontece a eles em reação ao ensino. A autorregulação refere-se a pensamentos, sentimentos e comportamentos autogerados que são orientados para a concretização dos objetivos.

A aprendizagem autorregulada refere-se ao comportamento de aprendizagem que exibe as características apresentadas a seguir (NILSON, 2013):

- *Conhecimento estratégico.* Um aprendiz autorregulado tem conhecimento sobre estratégias e heurística para certos tipos de tarefas, procedimentos e fluxos de trabalho para vários tipos de situações de solução de problemas e estratégias efetivas para o monitoramento e a execução do ato de estudar – por exemplo, estratégias de gerenciamento da tarefa e do tempo, métodos para memorização e ensaio e diferentes métodos de organização e conexão das informações.
- *Conhecimento sobre tarefas cognitivas.* Um aprendiz autorregulado tem a habilidade de compreender as orientações de uma tarefa, avaliar sua dificuldade e exigências de tempo e escolher o momento e o contexto corretos para diferentes comportamentos de aprendizagem.
- *Autoconhecimento.* Um aprendiz autorregulado tem consciência dos próprios pontos fortes e fracos como aprendiz e tem a habilidade de monitorar e ajustar sua resposta efetiva aos sucessos e fracassos no estudo; ele sabe o que funciona pessoalmente em uma determinada situação e consegue modificar seu comportamento para tornar o estudo mais efetivo.

A aprendizagem autorregulada envolve mais do que apenas conhecimento, envolve ter uma mentalidade de *tomar a iniciativa* em relação a vários outros aspectos da aprendizagem e um grau de *controle* sobre eles. Por exemplo, um aprendiz autorregulado estudando para uma prova de matemática precisa ter conhecimento não só do conteúdo que está sendo abordado, ele também deve ter objetivos razoáveis estabelecidos para si mesmo, meios para saber se seu conhecimento é suficiente para alcançar os objetivos (p. ex., por meio de problemas práticos e suas soluções), a habilidade de praticar, quando viável, e a iniciativa para fazer isso, junto com a habilidade de monitorar e controlar suas respostas afetivas de modo a não perder a motivação quando a prática é deficiente (ou se tornar superconfiante quando vai bem).

Pintrich (2004) apresenta uma rubrica (ver Tab. 2.2) para a autorregulação na forma de quatro *áreas* de autorregulação – cognição, motivação/afeto, comportamento e contexto – além de quatro *fases* de autorregulação – previsão/planejamento/atividade ("Fase 1"), monitoramento ("Fase 2"), controle ("Fase 3") e reação/reflexão ("Fase 4"). O desempenho em uma tarefa de aprendizagem pode ser caracterizado pelas 16 combinações de áreas e a fases que essa rubrica cria.

Tabela 2.2 Áreas e fases da aprendizagem autorregulada

Fases e escalas relevantes	Áreas para regulação			
	Cognição	Motivação/ afeto	Comportamento	Contexto
Fase 1				
Previsão, planejamento e ativação	Estabelecimento do objetivo	Adoção de orientação para o objetivo	Planejamento do tempo e esforço	Percepções da tarefa
	Ativação do conhecimento de conteúdo prévio	Julgamentos da eficácia	Planejamento para auto--observações do comportamento	Percepções do contexto
	Ativação do conhecimento metacognitivo	Percepções da dificuldade da tarefa		
		Ativação de valor de tarefa		
		Ativação de interesse		
Fase 2				
Monitoramento	Consciência metacognitiva e monitoramento da cognição	Monitoramento da motivação e do afeto	Consciência e monitoramento do esforço, uso do tempo, necessidade de auxílio	Monitoramento da tarefa de mudança e condições do contexto
			Auto--observação do comportamento	

(Continua)

(Continuação)

Tabela 2.2 Áreas e fases da aprendizagem autorregulada

Fases e escalas relevantes	Áreas para regulação			
	Cognição	Motivação/afeto	Comportamento	Contexto
Fase 3				
Controle	Seleção e adaptação das estratégias cognitivas para aprendizagem, pensamento	Seleção e adaptação de estratégias para gerenciamento, motivação e afeto	Aumentar/reduzir o esforço	Mudar ou renegociar a tarefa
			Comportamento de persistir, desistir, busca de auxílio	Mudar ou sair do contexto
Fase 4				
Reação e reflexão	Julgamentos cognitivos	Reações afetivas	Comportamento de escolha	Avaliação da tarefa
	Atribuições	Atribuições		Avaliação do contexto
Escalas MSLQ Relevantes	Ensaio	Objetivos intrínsecos	Regulação do esforço	Aprendizagem em pares
	Organização da elaboração	Objetivos extrínsecos	Busca de ajuda	Tempo/ambiente de estudo
	Pensamento crítico	Valor da tarefa	Tempo/ambiente de estudo	
	Metacognição	Controle das crenças		
		Autoeficácia		
		Testar ansiedade		

Por exemplo, atividades na Fase 1 (previsão, planejamento e ativação) podem incluir as seguintes:

- *cognição* – revisar pré-requisitos para o conhecimento; relembrar o que funcionou bem para o estudo em conteúdo anterior; estabelecer objetivos para o que é preciso saber;
- *motivação/afeto* – pensar sobre por que os objetivos cognitivos são importantes para o aprendiz, pessoalmente; autoexaminar as dificuldades que podem ser encontradas e os pontos fracos que são relevantes para a tarefa; perceber o quanto a tarefa é difícil inerentemente (i.e., julgar a carga cognitiva intrínseca à tarefa);
- *comportamento* – planejar uma programação para estudar; fazer planos de como examinar o próprio comportamento;
- *contexto* – revisar a eficácia do espaço físico usado para estudo.

Um aprendiz plenamente autorregulado passará por cada fase em todas as áreas da tarefa em questão – primeiro planejando e refletindo antecipadamente; depois monitorando aspectos da cognição, comportamento, afeto e contexto enquanto a tarefa prossegue; exercendo controle sobre as tarefas, fazendo mudanças informadas na cognição, comportamento, afeto e contexto com base no *feedback* da fase de monitoramento; e, por fim, refletindo sobre a tarefa para determinar o que funcionou bem e o que não funcionou tão bem em todas as áreas.

A aprendizagem invertida e a autorregulada andam lado a lado, devido à posição privilegiada das atividades de aprendizagem independentes na aprendizagem invertida. Cada vez que um estudante se engaja em um ambiente de aprendizagem invertida, os "músculos" da autorregulação ganham experiência. Durante as atividades no espaço individual que os alunos fazem para se preparar para atividades posteriores, eles têm a oportunidade, em uma pequena escala segura, de praticar as quatro fases nas quatro áreas do modelo de Pintrich de autorregulação. O estudante é o responsável pela aprendizagem em seu espaço, não o professor, como frequentemente é o caso em estruturas de aula tradicional em que o primeiro contato com o material é feito de uma forma transmissiva. O aluno, para ser eficaz no espaço individual, deve prever e planejar a cognição, a motivação e o contexto; prestar atenção a essas quatro áreas enquanto a atividade guiada é realizada; fazer mudanças com base no *feedback* do automonitoramento e outras fontes (p. ex., perguntas feitas ao professor); e, por fim, refletir sobre o quanto a tarefa se desenvolveu bem, para estar certo de se sair bem ou melhor na próxima vez. Durante o espaço grupal, o mesmo progresso pode ocorrer em tarefas mais difíceis com *feedback* aumentado presente por parte dos colegas e do professor.

Ambientes de aprendizagem invertida encorajam e apoiam o desenvolvimento de competências e comportamentos de aprendizagem autorregulada e, talvez, de uma aprendizagem mais completa do que qualquer outro tipo de modelo instrucional. Veremos, na Parte Dois deste livro, que, para maximizar o crescimento na autorregulação, é preciso um foco intencional na aprendizagem autorregulada ao planejar experiências de aprendizagem; não podemos esperar que a autorregulação aconteça espontaneamente em um ambiente de aprendizagem invertida, embora haja algumas evidências de que isso possa ocorrer. Entretanto, os ambientes de aprendizagem invertida preparam o cenário para pensar sobre a autorregulação de modos que outros métodos instrucionais não o fazem.

OLHANDO PARA O FUTURO

Já vimos que, longe de ser um modismo, um chavão ou um entusiasmo passageiro em educação, a aprendizagem invertida tem uma longa história, está bem fundamentada em uma sólida teoria psicológica e está desfrutando de um crescimento prodigioso no meio acadêmico sério, que aponta para a sua eficácia. A seguir, veremos como a ideia de aprendizagem invertida está sendo colocada em prática por meio do trabalho de professores reais em diferentes disciplinas.

3

Modelos de aprendizagem invertida

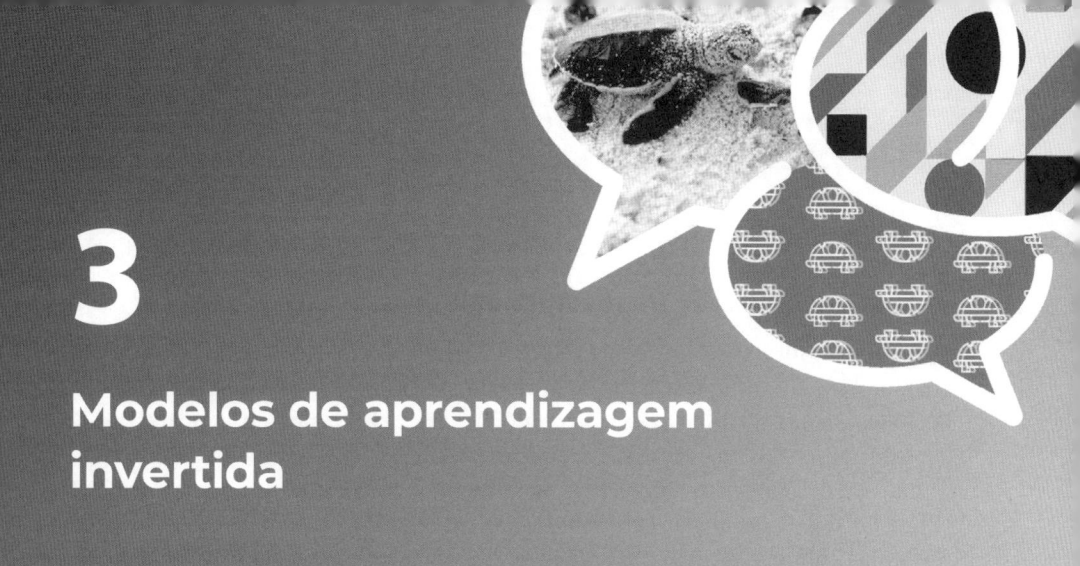

Nos capítulos anteriores, demos uma boa olhada no que define a *aprendizagem invertida*, como e por que ela foi inventada e as estruturas teóricas que podemos usar para entendê-la. Embora esse corpo de conhecimento por si só forme um caso convincente para considerar os ambientes de aprendizagem invertida, é ainda mais convincente ver exemplos da sua utilização, especialmente por professores comuns de faculdade e universidade de diferentes áreas e contextos institucionais que operam nas mesmas condições que a maioria de nós.

Neste capítulo, examinaremos vários estudos de caso de implementações de aprendizagem invertida e faremos as perguntas a seguir a cada um deles.

- Qual é o contexto dessa disciplina?
- Por que a aprendizagem invertida foi empregada nessa disciplina?
- O que os alunos fazem quando participam dessa disciplina? O que o professor faz quando participa dela?
- Por que essa implementação particular se encaixa em nossa definição de *aprendizagem invertida*?
- Quais são os benefícios para os alunos nesse ambiente?

Começaremos com duas das minhas disciplinas em matemática e depois continuaremos examinando outras implementações em outras áreas acadêmicas.

ESTUDO DE CASO: CÁLCULO

Qual é o contexto da disciplina?

A Grand Valley State University (GVSU) é uma universidade pública com 26 mil alunos, localizada no lado oeste de Michigan, nos Estados Unidos. Na GVSU, a disciplina-padrão no primeiro semestre em cálculo é assistida por uma ampla gama de estudantes, sendo frequentada por aqueles que estão se especializando em engenharia, com os alunos de ciências da vida formando outro grande grupo. A disciplina satisfaz uma exigência do currículo geral em educação na GVSU e é a porta de entrada para muitas disciplinas de nível mais avançado em matemática e ciências. Como tal, Cálculo 1 é uma disciplina que constitui uma importante plataforma de atividade para o departamento de matemática, com ofertas de 8 a 12 turmas a cada semestre e 2 turmas (incluindo uma integralmente *on-line*) durante o verão.

Sobretudo, o Cálculo 1 também serve como ponto de entrada para programas acadêmicos *major* e *minor* em matemática na GVSU. O programa de graduação em matemática é o lugar não só para aqueles que aspiram ser matemáticos, mas também para todos os que desejam se tornar professores de matemática em escolas de nível fundamental e médio. Uma porcentagem significativa desses estudantes não inicia sua carreira universitária em cálculo; muitos precisam fazer disciplinas preparatórias em álgebra e trigonometria antes de conseguirem satisfazer os pré-requisitos para cálculo. Mais ainda, Cálculo 1 é o lugar onde a maioria dos graduados em matemática, mais uma vez incluindo professores de matemática pré-serviço para escolas de ensino fundamental e médio, têm sua primeira impressão da matemática de nível universitário – uma que inevitavelmente colore e informa todos os encontros posteriores com a disciplina.

Por que foi usada aprendizagem invertida nessa disciplina?

Antes de ensinar cálculo na GVSU, lecionei cálculo dezenas de vezes em outras faculdades e universidades, sempre usando uma abordagem decididamente tradicional. O tempo em aula era focado na comunicação de explanações normativas de ideias e na modelagem dos passos para a solução dos problemas, por meio de aula expositiva. Embora eu sempre tenha incluído o trabalho em grupo significativo em aula, aquele trabalho em grupo era contingente na minha exposição – eu dava a aula expositiva e então dividia os alunos em grupos para trabalharem em problemas baseados no que haviam visto na aula expositiva. Fora da sala de aula, os alunos eram responsáveis por trabalhar em problemas no dever de casa e também por comparecer à minha sala nos horários de atendimento, caso precisassem discutir seu trabalho. Na linguagem da nossa discussão anterior do modelo tradicional, o espaço grupal dos alunos (minhas aulas) estava focado preponderantemente na comunicação das informações e na modelagem de algumas aplicações muito básicas, enquanto o espaço individual (pós e pré-aula) era focado nos alunos tomando o material básico do tempo em aula e fazendo mais coisas avançadas com ele.

Lecionei cálculo dessa maneira por mais de 15 anos, para centenas de alunos e em uma grande variedade de tipos institucionais, antes de ter considerado o uso do modelo da aprendizagem invertida. Cada vez que lecionava a disciplina no formato tradicional, encontrava os mesmos problemas, expostos a seguir.

- Os alunos assistiam às aulas expositivas, mas a participação no trabalho em grupo era instável, porque, naquele momento, eu estava pedindo que trabalhassem com conceitos que haviam visto alguns momentos antes. O que tinha a pretensão de ser uma configuração da pirâmide da taxonomia de Bloom, com os alunos aplicando conceitos básicos a novos problemas, frequentemente se tornava meramente reensino do material que eu havia acabado de ensinar na aula expositiva – ou, pior ainda, apenas grupos de estudantes olhando uns para os outros sem trabalhar.
- Se um aluno *não* assistia à aula expositiva, ele ficava para trás e tinha apenas o livro-texto para usar como recurso para recuperar a matéria. Às vezes, um aluno vinha até a minha sala pedindo que eu lhe reensinasse o material; isso não é ruim, mas quando *vários* alunos fazem o mesmo regularmente, isso se torna problemático. Ou, se houver um aluno que faltou à aula dias seguidos e quer que todo aquele material seja reensinado um por um, fica muito difícil ser prestativo.
- Mesmo os alunos que assistiam à aula regularmente e participavam de forma ativa desenvolveram uma espécie de vício pelo meu ensino, e não de uma boa maneira: eles passaram a acreditar que não eram capazes de sozinhos darem início à solução de um problema sem que eu estivesse ali para lhes dar um empurrão. Mesmo depois de dar instrução direta sobre técnicas de solução de problemas comprovadamente eficazes para iniciar uma resolução do problema (POLYA, 2014), eles pareciam relutantes ou incapazes de tomar a iniciativa de aplicar essas técnicas, iniciar sozinhos e tentar resolver novos problemas relacionados, mas não idênticos, aos que haviam visto na exposição. Na linguagem das nossas estruturas teóricas do capítulo anterior, os alunos não estavam apresentando sinais de autorregulação e demonstravam poucos sinais de serem capazes de transferir sua aprendizagem dos exemplos da aula expositiva para novos problemas.

Depois de lecionar cálculo por tanto tempo e ver os mesmos problemas repetidamente, ano após ano, seja em uma grande universidade de pesquisa situada entre as 20 melhores ou em uma pequena faculdade de artes liberais, comecei a perceber que meu ambiente de aprendizagem naquelas disciplinas não estava servindo bem aos alunos. Eles até podiam estar recebendo muitos "As" na disciplina, mas não eram proficientes com as disciplinas de ciências, matemática e outras que requerem a habilidade de aplicar cálculo a novos e difíceis problemas no contexto. Pior ainda, eles estavam desenvolvendo dependência de mim como professor, o que os afastava da sua própria agência pessoal para mostrar iniciativa, correr riscos e avaliar os próprios resultados ao resolver problemas.

A maior preocupação era o efeito que meu ambiente de aprendizagem estava tendo nos futuros professores. Se os alunos acharem que cálculo tem a ver com a repetição mecânica da exposição do professor e se cálculo for a disciplina que informa as experiências futuras de todos esses alunos com matemática, então o que necessariamente irá acontecer é que eles se tornarão professores que transmitirão essa compreensão falha da matemática para a próxima geração.

Com base nessas preocupações e descobertas, decidi reformular a disciplina de cálculo usando um *design* de aula invertida. A intenção era a de que os alunos obtivessem instrução direta por meio de vídeo pré-gravado, a ser assistido antes do horário da aula, e, então, o tempo em aula seria usado *inteiramente* respondendo a perguntas e resolvendo tarefas de solução de problemas mais difíceis. Minha esperança era a de que os alunos começassem a aprender o que matemáticos profissionais já sabem sobre nossa área: que ela não se limita a cálculos manuais básicos, que ela envolve assumir riscos e ter iniciativa para explorar os problemas antes de desenvolver as soluções e que ela é inerentemente social e deve ser realizada na companhia de outros.

O que os alunos fazem na disciplina? O que o professor faz?

Cálculo 1 na GVSU é uma disciplina de quatro créditos, significando que cumpre 200 minutos por semana durante um semestre de 14 semanas. Em geral, isso ocorre quatro dias por semana em blocos de 50 minutos, embora outras configurações equivalentes sejam possíveis. Desses quatro blocos, um é designado como um período "de laboratório", dedicado a fazer os alunos trabalharem em duplas em problemas aplicados em cálculos que envolvem o uso de tecnologia da computação.

No espaço individual

Antes de um encontro presencial (incluindo os dias de laboratório), os alunos realizavam uma tarefa denominada *Prática Guiada*, na qual se deparavam com material novo pela primeira vez de uma forma estruturada. As tarefas da Prática Guiada consistiam nas partes apresentadas a seguir.

- Uma *visão geral* que fornece uma descrição geral do que os alunos irão aprender na aula seguinte, junto com descrições breves de como o novo conteúdo irá se conectar com o conteúdo prévio e com problemas da vida real.
- Uma lista dos *objetivos de aprendizagem* para a aula, ou tarefas de aprendizagem específicas, que estão divididas em duas sublistas: uma lista de objetivos de aprendizagem *básicos* que descrevem o que os alunos devem ser capazes de fazer quando chegam ao encontro presencial e uma lista de objetivos de aprendizagem *avançados* descrevendo tarefas que eles devem ser capazes de fazer no longo prazo depois do final da aula e com trabalho adicional.
- Uma seção de *recursos* para aprendizagem, em geral envolvendo uma parte do livro-texto (BOELKINS; AUSTIN; SCHLICKER, 2014) para ler e uma seleção de vídeos para assistir (uma coleção de 93 vídeos feitos especificamente para esta disciplina estava acessível em uma *playlist* no YouTube, em http://bit.ly/GVSUCalculus), em conjunto com outros recursos opcionais em vídeo quando a instrução direta ou a apresentação de exemplos fossem consideradas úteis (p. ex., quando um novo tópico fosse baseado em uma disciplina anterior e uma revisão pudesse ser necessária).
- Uma coleção de *exercícios* que proporcionavam aos alunos formas de praticar as tarefas descritas na lista dos objetivos de aprendizagem básicos.
- Um conjunto de *instruções* sobre como submeter seu trabalho, tipicamente alimentando as informações básicas (nome, número da turma) e as respostas aos exercícios em um Formulário no Google.

O modelo da Prática Guiada será discutido amplamente no Capítulo 6. Uma tarefa típica da Prática Guiada é apresentada na Figura 3.1.

As tarefas da Prática Guiada eram postadas pelo menos 10 dias antes do encontro presencial ao qual estavam associadas. A expectativa era de que os alunos trabalhassem nelas pelo menos com 24 horas de antecedência, e as submissões tinham o prazo (via Formulário no Google) de pelo menos 1 hora antes do horário da aula. Antes da aula, eu (o professor) abria a planilha criada pelas submissões do formulário e procurava padrões – respostas incorretas e concepções errôneas comuns, diferentes abordagens para as soluções, etc. – que informariam o que eu faria em aula. Trabalhando com as tarefas da Prática Guiada, os alunos teriam estruturado o primeiro contato com o novo conteúdo tendo claramente expressos os objetivos de aprendizagem, um conjunto confiável de recursos para aprendizagem sobre esses objetivos e exercícios simples para avaliar sua compreensão antes de seguir com a aula.

Como professor, meu papel era dar apoio aos alunos enquanto aprendiam, os quais eram encorajados a me consultar durante o horário em que eu estava disponível na minha sala ou por *e-mail*, para alguma pergunta que tivessem sobre a leitura, vídeo ou exercícios; em algumas turmas, era criado um fórum de discussão com o fim de fazer aquelas perguntas de forma assíncrona.

Prática Guiada para 1.8: aproximação da reta tangente

Visão geral
Esta seção é um pouco diferente, porque iremos fazer a maior parte do trabalho em sua sessão de laboratório, com computador. Mas isso é apropriado, já que esta é uma seção informatizada. Examinaremos uma aplicação comum da derivada para fazer previsões acuradas sobre uma função quando não tivermos informações completas sobre ela. Esta é a ideia básica por trás de tais aplicações, como previsões do tempo, financeiras, laboratoriais e afins. Sabemos, no momento, que a derivada $f(a)$ no ponto $x = a$ dá a inclinação da reta tangente ao gráfico de f em $x = a$. Essa reta tangente também é chamada de **linearização local** de f em $x = a$, e aprenderemos a calcular linearizações locais e usá-las para estimar os valores de uma função.

Objetivos de aprendizagem
Objetivos de aprendizagem BÁSICOS
Cada aluno será responsável pela aprendizagem e demonstração de proficiência nos seguintes objetivos ANTES da aula. **O teste introdutório para a aula irá abranger estes objetivos:**
- *(revisão de álgebra)* dada a inclinação de uma reta e um ponto (não necessariamente o intercepto *y*) nessa reta, defina uma equação para ela em um formulário para *ponto-inclinação* e um formulário para *reta-intercepto*;
- dado o valor da derivada f em um ponto $x = a$ (isto é, dado $f[a]$), escreva a *equação da reta tangente* do gráfico de f em $x = a$;
- explique o que significa *linearização local* de uma função f no ponto $x = a$;
- use uma linearização local de uma função em $x = a$ para aproximar os valores de f perto de $x = a$.

Objetivos de aprendizagem AVANÇADOS
Os objetivos a seguir devem ser dominados por cada aluno DURANTE e DEPOIS da aula por meio de trabalho ativo e de prática:
- dada uma função f, encontre sua linearização local em $x = a$;
- se $L(x)$ for a linearização local de uma função $f(x)$ em $x = a$, e se b for algum ponto perto de a, determine se $L(b)$ é maior, menor ou igual a $f(b)$ e explique.

Recursos
Leitura: leia a Seção 1.8, páginas 71–77 em Cálculo Ativo. Vamos trabalhar algumas das atividades em aula, mas você também pode trabalhar nelas extraclasse, para melhor compreensão.

Visualização: assista aos seguintes vídeos na *playlist* no YouTube MTH 201. Eles têm um tempo total de exibição de 18 minutos e 34 segundos:
- Revisão rápida: aproximação da reta tangente (2:18)
- Cálculo de uma reta tangente (5:42)
- Utilização de uma reta tangente (3:27)
- Utilização da linearização local (7:07)

(Continua)

(Continuação)

> **Exercícios**
> Estes exercícios podem ser feitos durante ou depois da leitura e visualização do vídeo. Sua intenção é ajudá-lo a criar exemplos dos conceitos que você está lendo e assistindo. Trabalhe neles em papel rascunho, e depois deverá submeter os resultados em um formulário na *web* no final.
> 1. Uma reta tem uma inclinação igual a -3 e vai até o ponto (4,6). Indique a equação dessa reta no formulário para ponto-inclinação e depois no formulário para inclinação-intercepto.
> 2. A função *f* tem as seguintes características: sabemos que *f(2)* = -3. Indique a equação da reta tangente no gráfico de *f* em *x* = 2 no formulário para ponto-inclinação e depois no formulário para inclinação-intercepto.
> 3. A reta tangente do gráfico de *f* em *x* = 2 que você calculou na questão 2 é chamada de linearização local de *f* em *x* = 2. Use a linearização local para prever o valor de *f(2,1)* e explique brevemente o que você fez.
> 4. Que perguntas matemáticas específicas você tem sobre a leitura e os vídeos que gostaria de discutir na aula?
>
> **Instruções para entrega**
> Acesse o formulário no seguinte *link* e digite suas respostas: http://bit.ly/14FjsHH.
>
> As respostas devem ser dadas até **uma hora antes do horário da aula da sua turma**. Se você não tem acesso à internet onde mora, por favor, me avise com antecedência e organizaremos de uma forma alternativa.

Figura 3.1 Tarefa de Prática Guiada para Cálculo 1.

No espaço grupal

Na chegada aos encontros presenciais, os primeiros cinco minutos eram reservados para os alunos formarem grupos de três ou quatro e discutir suas respostas à tarefa da Prática Guiada daquele dia; depois, outros cinco minutos eram reservados para fazer um balanço daquela tarefa, focando nos padrões das concepções errôneas que podiam ter aparecido na planilha de respostas.

Depois dessa sessão de balanço, em geral restavam 30 a 40 minutos de tempo de aula para o engajamento em alguma forma de aprendizagem ativa que se adequasse ao conteúdo em questão. Geralmente incluiriam atividades em duplas ou em grupos, como as seguintes:

- atividades de *peer instruction* usando *clickers* e testes conceituais (MAZUR, 1997) para material conceitual;
- trabalho em grupo sobre aplicações do conteúdo básico a cálculos mais avançados e aplicações na vida real;
- grupos resolvendo a derivação ou a prova de uma ideia importante.

Incluída e implícita em todas essas atividades, havia, potencialmente, a necessidade de dar instruções diretas a indivíduos ou grupos específicos em momentos determinados. Se um grupo estivesse emperrado em um problema envolvendo uma aplicação da derivada, por exemplo, devido ao fato de não serem fluentes na noção básica de uma derivada, eu conseguia reservar alguns momentos para lhes dar um breve tutorial e colocá-los de volta no caminho. Na verdade, tudo o que beneficiasse os alunos podia ser feito durante o tempo em sala de aula sem a pressão de primeiro ter de dar uma aula expositiva.

Por que isso é aprendizagem invertida?

Esse foi um exemplo de ambiente de aprendizagem invertida porque o primeiro contato dos alunos com novos conceitos em cálculo ocorreu principalmente em seus espaços individuais, trabalhando nas tarefas da Prática Guiada. Esse contato foi a combinação de instrução direta (por meio dos vídeos) e de uma atividade de investigação estruturada (por meio de exercícios da Prática Guiada). Os alunos não receberam simplesmente o livro e uma seção para ler, receberam uma *atividade estruturada* que forneceu *orientações* quando se depararam com o material novo pela primeira vez.

Esse também é um exemplo de aprendizagem invertida porque o espaço grupal estava reorientado para a aprendizagem ativa por meio de trabalho interativo e desafiador em tarefas de mais alto nível que normalmente teriam sido relegadas para um momento fora da aula, quando os alunos estão separados do professor e muitos dos seus colegas. No espaço grupal, pude ouvir as conversas dos alunos; intervir, quando necessário, com perguntas minhas; dar sugestões, fazer observações e recorrer a um ocasional tutorial breve; e orientar os alunos enquanto se engajavam em um trabalho criativo, rigoroso e dinâmico com os conceitos básicos.

Quais são os benefícios para os alunos?

Depois da primeira vez que lecionei essa disciplina com um ambiente de aprendizagem invertida, percebi que aquela era a primeira vez em 15 anos de ensino de cálculo em que os alunos tinham tempo e espaço adequados para explorar os conceitos da matéria com níveis suficientes de apoio. Em vez de estarmos constantemente cuidando do relógio e tendo de correr para fazer uma atividade em grupo em 10 ou 15 minutos, tínhamos três vezes mais tempo para trabalhar juntos, fazer perguntas, eliminar as concepções errôneas e resolver nossos problemas.

Ensinar a turma em um formato invertido também me permitiu conhecer individualmente as tendências e as preferências de aprendizagem dos alunos de uma maneira que jamais conseguiria fazer antes. Todos os dias eu podia conversar cara a cara com cada aluno, ou pelo menos com um pequeno grupo de alunos. Conseguia adequar minhas interações às suas necessidades específicas, me comunicar pessoalmente sem ter de esperar que eles viessem à minha sala e auxiliá-los a trabalhar juntos para impulsionar a produtividade do grupo.

Também comecei a observar mudanças sutis nas percepções dos alunos em relação a seu papel como aprendizes. No início do semestre, eles perguntavam: "Você poderia me mostrar como começar este problema?" como nas aulas antigas em que os alunos se sentiam impotentes para dar um passo para tentar uma solução por conta própria. À medida que o semestre avançava, as perguntas mudaram para: "Tentei o seguinte para começar, mas acho que estou emperrado. Você pode me ajudar?". E, melhor ainda, eles perguntavam: "Você pode me indicar bons recursos que me dariam mais prática?". Gradualmente, eles deixaram de ser dependentes de mim para conseguirem ser bem-sucedidos na tarefa e se tornaram aprendizes autorregulados.

O maior benefício de um ambiente de aprendizagem invertida para os alunos foi o apoio que eles receberam enquanto trabalhavam no conteúdo mais difícil, e não sendo forçados a trabalhar em casa, sozinhos. Isso se refletia nas próprias palavras dos alunos nas avaliações que fizeram da disciplina. Um aluno disse: "Se, em algum momento, eu precisasse de auxílio durante o trabalho em aula, havia muito tempo para o professor Talbert conseguir atender a todos os alunos". Outro deu uma declaração similar: "Faz muito mais sentido praticar os problemas na presença de um especialista no conteúdo do que em casa, sozinho".

ESTUDO DE CASO: COMUNICAÇÃO EM MATEMÁTICA

Outra disciplina que ocupa um lugar central no programa de matemática na GVSU é Comunicação em Matemática, uma disciplina de segundo ano em métodos de prova matemática.

Qual é o contexto da disciplina?

Enquanto o Cálculo 1 é a porta de entrada para os alunos que estudam matemática no nível básico na GVSU, a Comunicação em Matemática é a porta de entrada para todas as disciplinas de matemática de nível mais avançado. O foco da disciplina é nos *métodos de prova matemática* e na *escrita da matemática* (daí o nome). A disciplina exige o Cálculo 1 como pré-requisito e é voltada para alunos do segundo e algumas vezes terceiro ano que pretendem fazer disciplinas mais avançadas, tais como álgebra abstrata e análise real, matérias que estão fundamentadas na abstração e na solução de problemas baseada em provas.

Devido à sua forte ênfase na escrita, satisfaz uma exigência de disciplina universitária de "habilidades de escrita suplementar". Para ser designada como uma disciplina de habilidades de escrita suplementar, esta deve basear no mínimo um terço da nota do semestre na escrita do aluno (avaliada pela qualidade), requerer pelo menos 3 mil palavras de escrita, conter instrução explícita sobre a escrita e permitir que os alunos se engajem em um processo de revisão da sua redação. O Departamento de Matemática desenvolveu seu próprio livro-texto para a disciplina (SUNDSTROM, 2013), que inclui diretrizes para a escrita matemática.

Essa é uma disciplina de quatro créditos, o que significa que (como no Cálculo 1) ela cumpre 200 minutos por semana durante um semestre de 14 semanas. Os 200 minutos são divididos de diferentes maneiras para turmas distintas. No entanto, a disciplina, na época em que eu a lecionava, era de três créditos, significando 150 minutos de tempo de encontro, em geral organizados em reuniões de 75 minutos por semana.

A disciplina tinha, na época, o recorde da maior porcentagem de reprovação entre todas de matemática no catálogo da GVSU, incluindo disciplinas de matemática remediadora, com uma ampla margem. De fato, historicamente, quase 40% dos alunos que a cursavam a abandonavam ou recebiam notas D ou F. Uma pesquisa interna entre os alunos revelou padrões que sugeriam por que isso acontecia. Muitos manifestaram que a metodologia da disciplina – trabalhar com ideias abstratas, experimentar com fenômenos matemáticos e procurar padrões e formulá-los na forma de conjecturas matemáticas bem formadas e depois fornecer um argumento convincente e bem escrito para elas – não era sua ideia do que a "matemática" deveria ser. Ao contrário, a concepção prevalente entre os alunos da matemática como disciplina permanecia firmemente em um nível muito mais básico: especificamente, que a matemática ocupa-se de cálculos que têm um método para solução e uma resposta correta, e fazer cálculos à mão o mais rapidamente e com menos erros possível. Além do mais, a forma de determinar se uma resposta está correta é o professor lhes dizer ou usando uma chave de respostas. Os matemáticos profissionais discordam disso totalmente, afirmando, em vez disso, que a matemática é um processo de obtenção de conhecimento sobre abstrações (e a comunicação desse conhecimento aos outros), e essa é a essência filosófica da disciplina de Comunicação em Matemática. Esse conflito de "normas sociomatemáticas" (YACKEL; COBB, 1996) é uma fonte importante de tensão e estresse para os alunos, pois muitos têm dificuldade não só com a significativa carga de trabalho da disciplina, mas também com a necessidade de modificar um paradigma sobre a própria matéria na qual estão se especializando.

Segundo uma perspectiva da teoria da carga cognitiva, a disciplina também requer recursos significativos e compromisso dos estudantes com os quais muitos não estão acostumados. Muitos estudantes, quando questionados sobre por que escolheram estudar matemática, diriam que "é fácil para mim", principalmente porque o processo da "matemática" para eles não envolve muito mais do que cálculos com graus de dificuldade fácil a médio envolvendo manipulação simbólica ou numérica. A *carga intrínseca* de estudo para essa disciplina, no entanto, é muito pesada; os alunos precisam aprender sobre lógica simbólica, teoria numérica e outros conceitos abstratos, além dos padrões profissionais para escrita e comunicação envolvendo regras matemáticas para escrita e regras gerais para a boa escrita em qualquer contexto. Além disso, a *carga relevante* da disciplina (aquela adicional que auxilia os alunos a formar esquemas coerentes sobre o tema) também é significativa: eles precisam se engajar em metacognição quase constantemente para determinar se suas provas são claras e corretas o suficiente, descobrir como fazer correções dos rascunhos de provas com base no *feedback* do professor, etc. Tampouco isso explica a *carga extrínseca* que pode ser uma parte da instrução.

Muitos estudantes (possivelmente uma fatia significativa dos 40% que acabam abandonando a disciplina ou reprovando) simplesmente estão despreparados para lidar com esse nível de carga cognitiva, e a evadem ou tentam abordá-la usando os paradigmas de suas experiências prévias com disciplinas de matemática. Especificamente, muitos estudantes não tentam construir esquemas para o assunto de uma forma que veja todas as partes como um todo coeso, e, assim, o encaram como mil peças diferentes, quando, na verdade, em vez disso, é um construto com mil partes. Como não há um esquema coerente estabelecido, os alunos precisam investir muito mais tempo e energia para acompanhar a disciplina (porque 1.000 peças requerem muito mais esforço para manter do que um construto), e os resultados são previsíveis: reprovação ou abandono por parte de quase metade dos alunos – e exaustão e confusão disseminada mesmo entre a outra metade que passa.

Por que foi usada aprendizagem invertida nessa disciplina?

Fui designado para essa disciplina pela primeira vez em 2011, quando era novo na GVSU como membro do corpo docente. Já havia lecionado uma versão similar da disciplina em outro local, usando em aula um formato tradicional associado a um trabalho em grupo estruturado, com o qual continuei quando lecionei pela primeira vez na GVSU. A turma se reunia às terças e quintas durante 75 minutos cada dia.

Antes da aula, os alunos recebiam tarefas de leitura do livro-texto e deviam desenvolver algumas das *Atividades Prévias* que introduziam as seções do livro. Também recebiam *Perguntas para a Leitura*, para direcionar a leitura dos alunos. Tanto as Atividades Prévias quanto as Perguntas para a Leitura eram adotadas e avaliadas com notas. Junto com essas avaliações, eles realizavam as tarefas do dever de casa fora da aula, tinham quatro testes cronometrados e uma prova final e completavam um portfólio de provas que consistia de problemas ampliados com base em provas com um sistema de revisão instalado que lhes permitia que submetessem muitos rascunhos. Também havia uma nota pela participação. A aula começava com comunicados e depois uma aula expositiva sobre o conteúdo do dia, com tempo para perguntas durante a exposição, e então eram passadas atividades estruturadas com o objetivo de aplicar o que havia sido ensinado na aula expositiva. Depois disso, após a aula, os alunos trabalhavam no dever de casa e em seus portfólios de prova e estudavam para os exames.

Os resultados que obtive foram exatamente como o que foi descrito anteriormente. A disciplina demanda uma mudança de paradigma para os alunos, muitos dos quais são pegos de surpresa pelos rigores e pelas demandas da matéria. Para muitos, era como se eu estivesse fazendo propaganda enganosa, anunciando a disciplina como "matemática", mas não dando aos alunos a "matemática" à qual estavam acostumados. Apesar da excelente qualidade do livro-texto e a natureza envolvente das Atividades Prévias, muitos alunos completavam as Atividades Prévias somente por obrigação e não compreendiam realmente o que estavam fazendo, e muitos nem mesmo as completavam. Embora eu considerasse claro e organizado o material da aula expositiva (incluindo a apresentação prévia de *slides* para a exposição) e envolvesse os alunos em um trabalho ativo com base em evidências (usando uma variante da *peer instruction* para a parte expositiva de 75 minutos), quando começavam a trabalhar nas atividades de grupo para aplicar o que sabiam, eles simplesmente não sabiam *o suficiente* para fazer uma tentativa razoável das atividades. Eu lhes solicitava, por exemplo, que aplicassem o que acabaram de ouvir sobre indução matemática para estabelecer uma prova por indução matemática; enquanto isso, eles ainda estavam tendo dificuldade com as noções básicas da matéria. Por fim, o meu índice de evasão/reprovação/abandono se aproximou muito da histórica cifra de 40%.

Aquele não era um resultado aceitável para mim, e decidi redesenhar a aula usando um modelo de aprendizagem invertida com os objetivos que apresento a seguir.

- *Ter dados acionáveis sobre o conhecimento dos alunos de conceitos básicos antes de virem para a aula.* Os alunos estavam entregando as Atividades Prévias e as Perguntas para a Leitura *em papel, no início da aula* na minha organização tradicional, e eu examinava aquele trabalho geralmente depois que a aula havia terminado. Mas isso não estava fazendo bem nem a mim nem aos alunos, porque, quando examinava seu trabalho preliminar, era tarde demais para abordar suas concepções errôneas. Usando a estrutura da aprendizagem invertida, o primeiro contato com o conteúdo novo não só seria mais estruturado, como também teria

uma forma de obter dados de avaliação formativa sobre seu contato inicial *antes* da aula, para que eventuais concepções errôneas pudessem surgir explicitamente *na* aula.
- *Liberar o máximo de tempo possível para os alunos trabalharem em exercícios de provas e de escrita durante a aula.* A atividade mais importante na disciplina é formar – e depois provar – conjecturas matemáticas. Depois da primeira repetição da disciplina, descobri que retirar algum tempo dessas atividades era seriamente prejudicial a todas as facetas da aprendizagem dos alunos na disciplina. Minha aula expositiva era a principal culpada por aquele tempo que estava sendo roubado. O ambiente de aprendizagem em aula precisava estar focado no trabalho conjunto nas atividades que eram mais importantes: fazer e provar conjecturas matemáticas. A aula expositiva estava se colocando no caminho – ela precisava ser removida.
- *Auxiliar o desenvolvimento de comportamentos de autorregulação nos alunos de uma maneira concreta.* Na época, eu não havia ouvido falar de "aprendizagem autorregulada", mas os comportamentos e as competências que ela descreve são uma precondição para o sucesso dos alunos nessa disciplina (e provavelmente em muitas outras). Muitos deles tinham a expectativa de que o professor (eu) fizesse a maior parte do trabalho: dizer-lhes se estão no caminho certo, trabalhar os exemplos para eles e até mesmo, em alguns casos, dizer o que fazer em suas provas. Isso não é preparar os alunos para o sucesso nas disciplinas que usam Comunicação em Matemática como um pré-requisito. Em vez disso, além de aprenderem o conteúdo técnico da matéria, eu precisava que os estudantes se fortalecessem para tomar a iniciativa, verificar o próprio trabalho, avaliar a qualidade não só do seu trabalho, mas também da sua abordagem deste em relação a tarefas cognitivas e de afeto e contexto – e todas as outras fases e áreas de autorregulação que discutimos neste livro. Centralizar a disciplina de forma consistente na aula expositiva em sala de aula estava privando os alunos das oportunidades de trabalhar nessas competências de importância crucial.

O que os alunos fazem na disciplina? O que o professor faz?

Para organizar o ambiente de aprendizagem invertida para a disciplina, criei uma *playlist* de vídeos no YouTube (www.youtube.com/playlist?list=PL2419488168AE7001) que refletia muito o que eu iria abordar em uma aula expositiva em sala de aula. Aquelas curtas exposições, na verdade, substituíram a aula expositiva formal. Elas, mais o livro-texto que normalmente usamos para a disciplina, formaram o principal corpo de recursos de aprendizagem para os alunos.

No espaço individual

Antes da aula, os alunos deviam fazer os exercícios de Prática Guiada com estrutura similar aos usados em Cálculo 1. Eles continham uma visão geral do novo conteúdo, objetivos de aprendizagem específicos para a aula, uma lista de recursos (livro-texto e vídeo), exercícios e instruções para a submissão. Essas Práticas Guiadas eram essencialmente as Atividades Prévias e Perguntas para a Leitura que eu havia usado previamente na disciplina, embaladas dentro de "regras para engajamento" estruturadas que deram aos alunos os resultados de aprendizagem explícitos para os quais eles deveriam se voltar, uma lista variada de recursos a serem usados e exercícios que eram especificamente direcionados para itens existentes nas listas dos objetivos de aprendizagem. Para tratar um dos problemas mencionados anteriormente (só ver as atividades pré-aula dos alunos mais tarde), os alunos submetiam seu trabalho usando um Formulário no Google. Assim como com o Cálculo 1, o Formulário no Google organiza as respostas dos alunos em uma planilha, e, antes da aula, eu a analisava em busca de padrões e pontos problemáticos.

No espaço grupal

Na chegada aos encontros presenciais, os alunos faziam um teste de cinco minutos usando os *clickers* em perguntas retiradas diretamente dos exercícios da Prática Guiada. Isso possibilitava a verificação do nível de qualidade e da responsabilidade para assegurar que eles tinham se engajado plenamente nos exercícios da Prática Guiada. Então revelávamos as soluções do teste e as respostas às perguntas. Isso normalmente ocupava cerca de 10 a 15 minutos de um período de 75 minutos. Todo o tempo restante – mais de uma hora na maioria dos casos – era usado em tarefas de aprendizagem ativa destinadas a formar e provar conjecturas matemáticas, a atividade essencial da disciplina (e da matéria). Meu papel durante esse tempo era assegurar que cada grupo estivesse sendo ativo e progredindo, responder às perguntas, dar exercícios adicionais para aqueles que terminavam cedo e fornecer alguns tutoriais muito curtos e direcionados para os grupos que estivessem emperrados nos conceitos básicos. Encerrávamos o tempo com perguntas e respostas, e então os alunos recebiam a tarefa de concluir o trabalho do seu grupo individualmente e entregá-lo. Aqueles que o concluíam em sala de aula, poderiam entregá-lo ali mesmo.

Por que isso é aprendizagem invertida?

Por que a iteração *original* da disciplina *não era* aprendizagem invertida? Afinal de contas, os alunos receberam Perguntas para a Leitura e atividades fora da aula e, então, fizeram o trabalho de grupo em sala de aula. Isso não é aprendizagem invertida?

A minha resposta é "quase". De fato, devemos dizer que a primeira iteração foi "um pouco invertida", porque, na verdade, os alunos estavam fazendo trabalho preparatório antes da aula e, depois, trabalho ativo em aula. O que impede que essa estrutura se encaixe inteiramente em nossa definição de *aprendizagem invertida* é o foco do período *em aula*. As atividades em sala de aula estavam focadas em duas coisas: aula expositiva e então trabalho em grupo. No entanto, na verdade, a explanação era o principal ponto focal. Nem uma única vez deixei de dar uma aula expositiva para dar mais tempo para o trabalho em grupo; com muito mais frequência foi o contrário, reduzindo o tempo do trabalho em grupo para que pudesse continuar fazendo a explanação. Embora minha estrutura corresponda, de certa maneira, a uma *parte* do que faz da aprendizagem invertida o que ela é (ou seja, o primeiro contato com conceitos novos era deslocado do espaço de aprendizagem grupal para o espaço de aprendizagem individual na forma de atividade estruturada), a outra parte não estava claramente em vigor, ou seja, meu espaço grupal não estava plenamente transformado em um tempo para trabalho interativo dinâmico, feito pelos alunos e guiado por mim, sobre conceitos difíceis. Aquele era principalmente um tempo para explanação, e, com sorte, havia tempo suficiente para as atividades em grupo restantes.

A iteração revisada reparou essa deficiência. O trabalho pré-aula que os alunos faziam não havia de fato mudado muito; havia meramente uma estrutura adicional somada ao que já estava ali, e foi introduzido o vídeo como parte da "dieta" que os alunos consumiam para preparação. No entanto, o período em sala de aula se tornou muito mais intencional quanto ao trabalho em grupo dos alunos na essência da disciplina – fazendo e apresentando conjecturas matemáticas. A filosofia era a de que qualquer coisa que roubasse significativamente tempo do trabalho em tais atividades deveria ser deslocada para antes ou depois da aula, ou eliminada. Assim, o espaço grupal da segunda versão da disciplina estava focado, como deveria ser, no trabalho conjunto dos alunos em problemas difíceis e com a minha orientação.

Quais são os benefícios para os alunos?

Dar início a um ambiente de aprendizagem invertida não resolveu completamente o problema de normas sociomatemáticas conflitantes ou do manejo de uma alta carga cognitiva, nem reverteu completamente a alta taxa de abandono/evasão/reprovação. No entanto, a distribuição das notas era um pouco melhor do que a média histórica, com 32,5% dos alunos (13 de 40) evadindo ou recebendo notas D ou F. Isso não é motivo para orgulho, mas sugere algum progresso.

Os comentários dos alunos nas avaliações da disciplina contam uma história de crescimento nas habilidades autorreguladas, conforme um aluno indicou na citação a seguir.

> Essa disciplina me ensinou mais sobre como resolver problemas sozinho, porque trabalhamos muito fora da sala de aula por nossa conta; não tínhamos o professor nos dando aulas expositivas e depois fazendo o dever em casa. Trabalhávamos a explanação sozinhos, e isso nos deu a oportunidade de abordar nossos problemas primeiro, sem que fôssemos socorridos instantaneamente. Às vezes, era frustrante, mas acho que, de um modo geral, me beneficiou.

Outro aluno observou um sentimento melhorado de autoeficácia, um componente crítico do modelo de autorregulação de Pintrich: "Estou muito mais confortável com o fato de não ter uma receita exata de como resolver um problema. Esse tipo de pensamento era difícil inicialmente, mas agora me sinto mais capaz".

Um terceiro estudante fez uma afirmação semelhante, junto com o que parece ser uma conciliação com as normas sociomatemáticas da disciplina:

> Agora percebo o quanto a matemática é complexa. Esta disciplina é um tipo de matemática diferente. Não é trabalhar com álgebra básica. Não é aprender fórmulas e conectá-las. É diferente. No começo, achei que realmente fosse ser muito difícil, mas tudo correu bem e tudo foi baseado em outras coisas que estávamos aprendendo, que é como são outras disciplinas de matemática.

Finalmente, um quarto aluno observou não apenas melhora na confiança, mas também satisfação com o processo: "No começo do semestre, eu estava muito tenso e preocupado com a disciplina, mas, com o passar do tempo, fiquei muito mais confiante e, na verdade, gosto desse novo tipo de pensamento que a disciplina me desafiou a ter".

ESTUDO DE CASO: BIOLOGIA MATEMÁTICA

Nosso próximo estudo de caso trata da disciplina de Biologia Matemática, que foca na construção de modelos matemáticos de processos biológicos. Uma disciplina sobre esse tema foi dada na Wisconsin University, em LaCrosse (UW-LaCrosse), pelos professores Eric Eager, James Peirce e Patrick Barlow (EAGER; PEIRCE; BARLOW, 2014).

Qual é o contexto da disciplina?

A Biologia Matemática 201 é oferecida como uma disciplina de segundo nível na UW-LaCrosse, indicando um nível adequado para estudantes no final do primeiro ou no início do segundo ano. A disciplina em geral admite 25 alunos dos cursos de ciências da vida (bioquímica, microbiologia, fisioterapia, etc.), junto com outros cursos em matemática. Estes devem concluir o primeiro semestre de Cálculo 1 antes de se matricularem, e a disciplina serve como um substituto para Cálculo 2 no segundo semestre. A disciplina é dada no departamento de matemática e tem um forte foco matemático, mas seu público é de cientistas, e a ciência desempenha um papel no mínimo tão importante quanto a matemática.

Por que foi usada aprendizagem invertida nessa disciplina?

O *design* dessa disciplina em torno do modelo de aprendizagem invertida foi motivado pelas necessidades das suas disciplinas específicas nas ciências da vida, além dos objetivos de aprendizagem percebidos para a disciplina pelos docentes do departamento de matemática, refletidos nas perguntas que os professores fizeram quando planejaram a disciplina:

> O que os membros do corpo docente nas ciências da vida querem que seus alunos tragam das disciplinas de matemática para suas disciplinas e que requerem como parte da sua especialização? Ou, possivelmente o que é mais importante, de que competências e experiências matemáticas/quantitativas os alunos precisam depois que se formam e embarcam na carreira de ciências da vida?

Uma resposta segundo a perspectiva das ciências da vida foi encontrada em um relatório de 2004 feito pela Mathematical Association of America – MAA (GANTER; BARKER, 2004), no qual várias disciplinas específicas de matemática foram pesquisadas a respeito dessa questão. O relatório da MAA constatou que os docentes nas ciências da vida valorizam imensamente a compreensão dos conceitos, além da habilidade de construir modelos matemáticos, resolver problemas de modo efetivo e interpretar o significado dos dados. A experiência em trabalhar fora das fronteiras da disciplina e a síntese e análise das informações que conectam os conceitos de diferentes assuntos também são consideradas importantes.

Da mesma forma, os professores da disciplina também tinham uma ideia clara do que gostariam que os alunos aprendessem em sua disciplina, os quais deveriam ser capazes de identificar quando um problema biológico particular poderia se beneficiar com um modelo quantitativo. Eles deveriam então ser capazes de construir um modelo conceitual aproximado para o problema, identificar estruturas matemáticas potenciais integradas ao modelo conceitual e então analisar um modelo quantitativo para fazer previsões sobre o sistema biológico que está sendo modelado. Os estudantes também deveriam ser capazes de raciocinar sobre a incerteza inerente aos modelos quantitativos dos processos biológicos e analisar os resultados de um modelo matemático com um olhar crítico, propondo, quando apropriado, melhorias para o modelo.

Essa é uma longa lista de atividades cognitivas bastante complexas nas quais os alunos se engajam. Os professores escolheram um modelo de aprendizagem invertida para a disciplina porque simplesmente achavam que os alunos não podem aprender essas competências por meio de uma aula expositiva, e a quantidade de tempo necessário para praticar e finalmente atingi-las impede a possibilidade de despender tempo de classe em aula expositiva.

O que os alunos fazem na disciplina? O que o professor faz?

No espaço individual

Os professores criaram uma coleção de 75 aulas expositivas em vídeo, com a duração variando de 5 a 25 minutos, para os estudantes usarem na preparação para a aula. Os vídeos abrangiam todo o conhecimento matemático básico necessário para as próximas atividades em aula no contexto de modelos biológicos. Embora não houvesse meios formais de fazer com que os alunos estivessem comprometidos a assistir os vídeos (p. ex., por meio de testes no começo da aula), os professores fizeram com que a participação nas atividades em sala de aula ficasse difícil ou impossível sem primeiro assistir inteiramente às aulas gravadas. As aulas eram feitas com o uso de ferramentas tecnológicas simples, como o *software screencasting*, que é executado em um iPad.

No espaço grupal

Os encontros presenciais eram o destaque da disciplina, durante os quais, em todo o semestre, os alunos trabalhavam em grupos de dois ou três em uma série de 35 estudos de casos biológicos de tamanhos variados. Alguns eram muito curtos e podiam ser feitos em 15 a 20 minutos; outros eram tão complexos que muitos encontros presenciais eram dedicados a eles, e, a partir deles, os alunos eram apresentados a problemas de biologia e deviam construir e analisar modelos quantitativos para esses problemas. O processo de modelagem combinava elementos de comunicação (tanto interpessoal, dentro de um grupo, quanto a comunicação técnica dos resultados), matemática e programação de computadores. Durante esse tempo, o professor desempenhava vários papéis. O professor simplesmente avaliava o progresso dos alunos no processo de construção do modelo e ficava alerta a problemas com esses trabalhos. Se necessário, o professor podia intervir para responder a perguntas, dar incentivo a algum grupo que estivesse emperrado ou mesmo reunir toda a turma para uma curta sessão de *breakout* para tratar de um problema comum por meio de uma explanação guiada breve. (Observe que essa implementação mostra que o espaço grupal em um ambiente de aprendizagem invertida não precisa ser *despro-*

vido de aula expositiva ou instrução direta; ele só não é mais *focado* nesse tipo de instrução.)

Os alunos podiam terminar seu estudo de caso em sala de aula ou concluí-lo fora dela, se necessário. Para verificar a participação dos alunos dentro dos grupos, a cada semana um estudo de caso era escolhido aleatoriamente como um "teste em grupo" e valendo nota. Também fora da sala de aula, os alunos se engajavam no dever de casa a partir do livro-texto e de projetos de escrita.

Alguns encontros presenciais eram dedicados a tarefas de avaliação. Havia dois tipos de avaliações dadas. Testes individuais eram agendados regularmente, os quais consistiam de três perguntas envolvendo pequenos problemas de modelagem, e os alunos escolhiam dois e trabalhavam neles usando suas anotações, programas, dever de casa e as aulas em vídeo. Outra forma de avaliação era uma "competição de modelagem", a qual tinha o objetivo de substituir os testes cronometrados e na qual eram dados aos alunos problemas de modelagem com final aberto e 24 horas para que a completassem em grupos. Os alunos com a melhor solução de modelagem recebiam notas excelentes no dever de casa até a próxima competição de modelagem.

Por que isso é aprendizagem invertida?

A disciplina de Biologia Matemática da UW-La Crosse é um ótimo exemplo da nossa definição de *aprendizagem invertida*. Os alunos têm o primeiro contato com o novo conteúdo – métodos matemático e quantitativo para modelagem de processos biológicos – na forma de instrução direta fornecida por vídeo *on-line* feito pelos professores. Então, o espaço grupal é transformado em um lugar de trabalho criativo e intenso com problemas difíceis de modelagem biológica. Os alunos estão trabalhando na parte mais difícil da disciplina – a real construção de modelos quantitativos de sistemas biológicos – em um lugar e um contexto no qual têm maior acesso ao suporte por parte do professor e uns dos outros.

É importante observar que, como os exemplos originais de aprendizagem invertida que discutimos no Capítulo 2, a aprendizagem invertida na disciplina de Biologia Matemática da UW-La Crosse foi instituída para resolver um problema pedagógico específico, não simplesmente porque a aprendizagem invertida era um "modismo" a ser experimentado ou porque um administrador disse que isso deveria ser feito. Isto é, os professores tinham uma visão do que queriam que os alunos fizessem em sua disciplina e percebiam que seguir intencionalmente essa visão significava liberar o tempo em aula. Simplesmente deslocando a experiência do "primeiro contato estruturado" para o espaço individual, períodos de tempo relativamente grandes foram liberados e postos em uso. É provável que as disciplinas específicas para a disciplina também apreciassem isso.

Quais são os benefícios para os alunos?

Além dos claros benefícios para os alunos com a oferta de tempo e espaço dedicado ao trabalho nas partes mais importantes e difíceis da disciplina, os docentes da UW-La Crosse encontraram vários outros efeitos positivos do uso da aprendizagem invertida.

Os professores administraram o Class-Level Survey of Student Engagement (CLASSE) aos seus alunos (OUIMET; SMALLWOOD, 2005), um instrumento que avalia o engajamento e a metacognição, e chegaram às constatações apresentadas a seguir a respeito da oferta mais recente da disciplina (em 2014).

- "Organizar as ideias ou conceitos de diferentes disciplinas ao realizar as tarefas ou durante discussões em aula" foi citado por 77% dos alunos mais de cinco vezes (EAGER; PEIRCE; BARLOW, 2014, p. 148). Observe que esse é um dos resultados desejados das disciplinas de matemática da disciplina específica do curso.
- "Aplicar teorias ou conceitos a problemas práticos ou a novas situações" foi "muito" enfatizado no trabalho da disciplina, sendo citado por 62% dos alunos (EAGER; PEIRCE; BARLOW, p. 148).
- Disseram participar de um grupo de estudos para um teste ou para uma prova pelo menos duas vezes 77% dos alunos, com 54% relatando que isso aconteceu mais de duas vezes (EAGER; PEIRCE; BARLOW, 2014, p. 148).

Embora não possamos concluir que o ambiente de aprendizagem invertida tenha *causado* esses resultados, ao ser criado pelo professor, certamente possibilitou e apoiou os comportamentos subjacentes.

Os comentários dos alunos sobre a disciplina nas avaliações do semestre foram em geral positivos (ver EAGER; PEIRCE; BARLOW, 2014). Eles comentaram que o ambiente de aprendizagem fez com que se sentissem melhor em relação à matemática e que aprenderam mais do que em qualquer outra disciplina de matemática que já fizeram. De fato, um dos professores relata (comunicação pessoal por *e-mail* de Eric Eager, em 22 de junho de 2016) que 5 de 65 alunos que haviam participado da disciplina decidiram, após o término, especializar-se em matemática, apesar de terem de voltar e fazer Cálculo 2 e estender sua formação por mais um ano. Muitos comentaram que tinham não só a expectativa de fazer mais disciplinas usando um ambiente de aprendizagem invertida, mas também desejavam que *todas* as disciplinas que fizessem pudessem ser ensinadas dessa maneira.

ESTUDO DE CASO: APRENDIZAGEM INVERTIDA EM DISCIPLINAS RELACIONADAS COM ADMINISTRAÇÃO

A College of Westchester, localizada em White Plains, Nova York, é uma faculdade que atende cerca de mil estudantes, com ênfase em administração e tecnologia da informação (TI) em um contexto focado na carreira. A faculdade oferece certificado associado de dois anos em ciência aplicada, além de bacharelado de quatro anos em administração de empresas em uma variedade de áreas relacionadas com administração e com TI.

Depois de ver os indícios crescentes da eficácia dos ambientes de aprendizagem invertida que começaram a se acumular em 2012 e 2013, a diretora de TI, Kelly Walsh, contatou o diretor Warren Rosenberg para discutir a introdução desse estilo de ensino na faculdade por meio de um programa-piloto estruturado, fomentado por um programa competitivo de bolsas de estudos. A Flipped Classroom Competitive Grant ofereceu duas bolsas de mil dólares para cada professor que propusesse reformulações com aprendizagem invertida das disciplinas existentes. Das candidaturas recebidas, os professores Christopher Nwosisi e Alexa Ferreira foram selecionados, e suas disciplinas foram então reformuladas usando os princípios da aprendizagem invertida (NWOSISI et al., 2016).

Qual é o contexto das disciplinas?

As duas disciplinas envolvidas eram Cisco Networking Basics, ministrada por Nwosisi, e Desenvolvimento Adulto no Ambiente de Trabalho, ministrada por Ferreira.

Cisco Networking Basics é a primeira de uma sequência de quatro disciplinas no curso da Cisco Networking Academy, um programa que prepara alunos para fazer o exame da Cisco Certified Network Associate (CCNA), que fornece uma certificação inicial para o programa de certificado profissional Cisco para aqueles que se tornam administradores de rede de computadores. A disciplina também é concebida para auxiliar os alunos a se prepararem para o exame de certificação para o Cisco Certified Network Technician (CCENT), é pré-requisito para várias outras disciplinas de administração de redes na College of Westchester e é requerida para o diploma em administração de rede. A outra disciplina, Desenvolvimento Adulto no Ambiente de Trabalho, é muito diferente em seu foco. É uma disciplina de educação geral que faz parte dos programas de contabilidade e administração de empresas, focando na psicologia e na sociologia dos desenvolvimentos físico e cognitivo e da personalidade do adulto.

Embora essas disciplinas sejam diferentes em sua abordagem e público-alvo, iremos tratá-las juntas porque foram desenvolvidas simultaneamente como parte de uma bolsa competitiva na College of Westchester e reformuladas segundo princípios semelhantes. Em particular, uma característica que as distingue das outras neste capítulo é a de que apenas uma parte de cada uma delas foi convertida em um ambiente de aprendizagem invertida. Em ambas as disciplinas, apenas encontros presenciais em *semanas alternadas* foram realizados usando um modelo invertido. Estas são as duas primeiras disciplinas "parcialmente invertidas" que encontramos até agora; a pergunta se uma disciplina pode ser "parcialmente invertida" será retomada em um capítulo posterior, mas essas duas servem como uma introdução útil para a ideia.

Por que a aprendizagem invertida foi usada nessas disciplinas?

Já mencionamos a principal razão por que a aprendizagem invertida foi considerada na College of Westchester, ou seja, os indícios rapidamente acumulados da sua eficácia. Para essas duas disciplinas em particular, os motivos para querer introduzir a aprendizagem invertida refletem muito a natureza e a demografia das disciplinas.

Christopher Nwosisi, professor da disciplina de redes da Cisco, declarou que observou fragilidade nas competências para a solução de problemas em alguns alunos, com dificuldades na compreensão de conceitos de redes e, portanto, com problemas para acompanhar as aulas expositivas em sala de aula o tanto que poderiam; ele queria criar um ambiente de aprendizagem invertida para oferecer mais treinamento em tarefas de solução de problemas que envolvessem redes de computadores reais. As razões de Nwosisi lembram as de Wes Baker, um dos autores da aprendizagem invertida, que desejava dar aos alunos mais tempo e experiência real com *design* de interface do usuário, em vez de ouvirem explanações sobre o assunto.

Alexa Ferreira, professora da disciplina de Desenvolvimento Adulto, queria ver seus alunos mais engajados e participativos durante a aula. Assim como acontece com as disciplinas de educação geral em inúmeras faculdades, os alunos às vezes têm dificuldades em perceber a relevância e a importância dessa matéria. Por meio da criação de um ambiente de aprendizagem invertida, Ferreira conseguiu usar múltiplas modalidades de ensino e atividades ativas e envolventes em sala de aula livremente e sem tantas preocupações com o término do tempo de aula.

O que os alunos fazem nas disciplinas? O que o professor faz?

No espaço individual

Em ambas as disciplinas, o modelo de aprendizagem invertida foi usado em semanas alternadas, durante as quais a turma de redes de Nwosisi acessou aulas expositivas com recursos em vídeo e áudio, participou de um fórum de discussão *on-line* e fez testes *on-line* para avaliar sua compreensão (e prestar contas sobre a realização do trabalho). Na disciplina de Desenvolvimento Adulto de Ferreira, o novo tópico foi rapidamente introduzido *em aula*, e depois os alunos aprenderam mais por meio da instrução direta fora da sala de aula e pela participação em atividades de aprendizagem que incluíam *games* e demos interativos. Os professores, em ambos os casos, deram apoio segundo a demanda dos alunos enquanto aprendiam.

No espaço grupal

As atividades dos alunos no espaço grupal eram muito variadas. Os estudantes de *networking* de Nwosisi trabalharam em atividades de laboratório envolvendo redes de computadores planejadas para que levassem para casa uma compreensão dos conceitos. Eles trabalharam de forma independente ou em grupos, com o professor disponível como um recurso e um guia. Os estudantes de Desenvolvimento Adulto de Ferreira participaram de atividades realistas semelhantes a um estudo de caso, tais como a elaboração de programas de intervenção educacional para adultos idosos.

Por que isso é aprendizagem invertida?

Mesmo que tenha sido apenas uma *inversão parcial*, a estrutura durante as *semanas invertidas* foi claramente identificada como aprendizagem invertida. O primeiro contato com conceitos novos foi deslocado do espaço grupal para o individual na forma de uma atividade estruturada. Observe que, no caso de Ferreira, fazer uma introdução ao novo conteúdo no espaço grupal em vez de no individual não negou os critérios da aprendizagem invertida; de fato, dar aos alunos um *teaser* antes das atividades no seu espaço individual os auxiliou a circular por essas atividades e pode ser considerado como parte da "estrutura" para a atividade feita fora da sala de aula. Da mesma maneira, o espaço grupal foi modificado de um momento para transferir a informação e "contar" para um momento de realizar atividade e "fazer", no qual os alunos se engajaram em atividades valiosas em que aplicaram conceitos e se engajaram criativamente no conteúdo com a orientação do professor.

Quais são os benefícios para os alunos?

Houve pequena melhora geral nas notas nas duas disciplinas – uma melhora de 2,6% em uma e 3,5% na outra – mas nenhuma foi estatisticamente significativa. Isso é típico de muitos estudos de aprendizagem invertida que medem as melhoras por notas: frequentemente, não há *melhora* significativa nem sinal de uma *queda* significativa nas medidas numéricas.

Entretanto, ao examinar as notas globalmente, ou seja, a porcentagem de estudantes que receberam conceitos D, F ou W (abandono) *versus* a daqueles que não receberam, começamos a ver resultados expressivos. Quando examinamos todas as turmas de ambas as disciplinas durante o ano acadêmico de 2012–2013, 24,1% dos alunos receberam um conceito D, F ou W. Durante o piloto com aprendizagem invertida, em todas as turmas, esse número caiu para 20,6%. Além disso, a porcentagem de D, F e W foi praticamente eliminada na disciplina de Desenvolvimento Adulto na versão com aprendizagem invertida (NWOSISI et al., 2016).

Além disso, os alunos tiveram uma resposta positiva quanto a seus sentimentos em relação à aprendizagem invertida. Uma sondagem foi dada aos estudantes dessas disciplinas, com 94% deles concordando com "Gosto dessa abordagem de aprendizagem" e 72% concordando com "Essa abordagem me auxiliou a aprender melhor o material". Apenas cerca da metade (55%) achou que a abordagem invertida requeria mais trabalho do que a tradicional, e aproximadamente metade (55%) indicou que gostaria que mais conteúdo na disciplina fosse ensinado dessa forma.

ESTUDO DE CASO: APRENDIZAGEM INVERTIDA EM DISCIPLINAS *ON-LINE* E HÍBRIDAS

As disciplinas *on-line* e híbridas são cada vez mais comuns em todo o espectro do ensino superior e suscitam questões interessantes para a aprendizagem invertida. Um ambiente de aprendizagem invertida pode ser aplicado a uma disciplina *on-line* assíncrona na qual não existem encontros em tempo real? Você pode criar uma "sala de aula invertida" quando não existe sala de aula? Por outro lado, em uma disciplina híbrida – que tem encontros presenciais ocasionais associados a um componente *on-line* significativo – a aprendizagem é *automaticamente* invertida devido à porção *on-line* da disciplina, ou é preciso ocorrer planejamento adicional ou premeditação?

Esse estudo de caso aborda essas questões (Também as discutiremos melhor no Cap. 7).

Qual é o contexto da disciplina?

Mark Hale é professor associado de ensino superior na Dallas Baptist University, uma instituição perto de Dallas, Texas, com aproximadamente 5.500 alunos, incluindo quase 2 mil estudantes de pós-graduação. Hale também é diretor-assistente e diretor de programas híbridos e leciona disciplinas híbridas no ensino superior para estudantes da pós-graduação. Estes têm em geral encontros presenciais em semanas alternadas por duas horas e meia, com atividades *on-line* durante as semanas restantes. As reuniões presenciais eram realizadas de uma forma tradicional, com aulas expositivas seguidas de discussão e apresentação. Durante as semanas *on-line*, os alunos faziam leituras para a disciplina ou assistiam às aulas e depois se engajavam em um fórum de discussão *on-line* entre eles e o professor.

Por que foi usada aprendizagem invertida nessa disciplina?

Depois de ouvir falar sobre a técnica da *peer instruction*, desenvolvida por Eric Mazur, a qual discutimos no Capítulo 2, Hale ficou interessado em converter suas disciplinas híbridas em um ambiente de aprendizagem invertida e começou a achar que faltava aos alunos preparo para se engajarem em discussões profundas durante as aulas presenciais porque estavam tendo discussões e apresentações muito pouco tempo depois de verem o conteúdo pela primeira vez. Os alunos se engajavam em alguma aprendizagem independente durante as semanas *on-line* e tinham oportunidades de mostrar seu aprendizado durante as aulas presenciais, mas às vezes não tinham habilidade para analisar os conceitos em profundidade ou aplicar seu conhecimento a novos contextos. Nas palavras de Hale (2016):

> O real motivo para eu querer experimentar o método era encorajar, se não forçar, meus alunos a entrar na aula mais preparados para um ambiente de aprendizagem ativo e envolvente. Foram tantas as vezes em que senti que eles estavam chegando despreparados para nossa aula tradicional. Eles esperavam que eu entregasse o conteúdo e então se engajavam na discussão com base em seu conhecimento limitado sobre o tópico. Eu queria ir mais a fundo. Queria que eles chegassem na aula com perguntas significativas e importantes sobre o tema que estivéssemos planejando tratar naquele dia. Também gostaria de me afastar de um espaço grupal pesado de aula expositiva com a entrega do conteúdo da disciplina e partir para uma experiência de aprendizagem mais colaborativa. (Comunicação pessoal por *e-mail* do professor Hale, 25 de junho de 2016).

As disciplinas selecionadas por Hale para reformulação eram Questões Legais e Finanças no Ensino Superior e História e Filosofia do Ensino Superior. Como primeiro passo para a criação de um verdadeiro ambiente de aprendizagem invertida, a organização dos encontros foi modificada de modo que, em vez de haver encontros presenciais alternados com atividades *on-line* quinzenais, *cada* semana continha *ambos* os componentes, presencial e *on-line*. Os alunos agora se encontravam cara a cara por 75 minutos todas as semanas, com esse encontro presencial precedido de atividades *on-line* todas as semanas.

O que os alunos fazem na disciplina? O que o professor faz?

Hale dividiu o cronograma semanal da disciplina em "quadrantes". Os dois primeiros aconteciam *on-line*, enquanto os dois segundos ocorriam durante as aulas presenciais.

- O quadrante 1 consistia no acesso e processamento do conteúdo *on-line* por parte dos alunos. O tipo do conteúdo dependia do assunto. Havia um livro-texto para as duas disciplinas que era usado junto com leituras complementares como fonte primária. A partir disso, Hale fornecia recurso em vídeo para apoiar outros tópicos, quando aplicável, sendo que alguns deles eram criados por Hale, enquanto outros provinham de fontes *on-line*. Por exemplo, os alunos assistiam a um documentário sobre os tiroteios na Kent State University como um vídeo complementar. Note que estes não eram *requeridos* para todas essas aulas e, quando o eram, não eram necessariamente criados pelo professor.
- O quadrante 2 tinha os alunos se engajando em uma avaliação inicial, ainda *on-line*. Esta era uma avaliação formativa curta a ser feita no dia anterior à aula presencial semanal. Como ela era feita antes da aula, Hale podia examinar as respostas dos alunos e identificar áreas nas quais podia ser empregado tempo adicional para fortalecer a compreensão e áreas em que os planos para a aula presencial poderiam precisar ser alterados.
- O quadrante 3 mudava para a aula presencial. Hale não gastava quase nenhum tempo ministrando uma aula expositiva. Este quadrante estava focado na discussão, em vez de na exposição, talvez se engajando em sessões de pergunta/resposta com os alunos sobre questões dos dois primeiros quadrantes, mas, em outros aspectos, com uma visão voltada para o engajamento ativo.
- O quadrante 4 consistia em atividades de aprendizagem colaborativas, as quais incluíam debates de ponto/contraponto, estudos de caso e exercícios de desenvolvimento do processo. A maioria das atividades envolvia uma breve introdução feita por Hale, seguida por um tempo para os alunos trabalharem na atividade e relatarem, discutirem e debaterem seus achados. Durante esse tempo, Hale visitava cada grupo para orientar seu trabalho, certificar-se de

que toda a turma estava progredindo bem e registrava os resultados dos relatos dos grupos.

Por que isso é aprendizagem invertida?

Antes de considerar por que esse é um exemplo de um ambiente de aprendizagem invertida eficiente, é importante observar que *simplesmente ter um componente on-line antes de um encontro presencial não constitui um verdadeiro ambiente de aprendizagem invertida*, a qual envolve muito mais do que simplesmente colocar recursos *on-line*, dizer aos alunos para lerem ou assistirem a um vídeo antes da aula e então esperar pela discussão em sala de aula. Mesmo que os alunos cumpram essas orientações (o que está muito longe de ser uma suposição segura), se o primeiro contato com conceitos novos não for guiado e estruturado de alguma forma, os alunos frequentemente podem não ter a profundidade da compreensão necessária para prosseguir com sua aprendizagem em aula. E, na verdade, muitos deles podem não se engajar nos novos conceitos da leitura ou do vídeo se souberem que o professor vai fazer uma explanação a esse respeito quando forem para a aula.

Ao contrário, um verdadeiro ambiente de aprendizagem invertida requer que o primeiro contato com o novo conteúdo seja transportado para o espaço individual dos alunos, *agrupado em uma atividade estruturada* para que seja "ensinado" – ou, então, para dar apoio aos alunos enquanto aprendem por conta própria os aspectos básicos. A atividade estruturada serve como modelo para a aprendizagem autorregulada enquanto os alunos aprendem a estabelecer objetivos de aprendizagem, identificar recursos de aprendizagem e autoavaliar se estão aprendendo bem e fazer escolhas informadas se devem buscar ajuda ou fazer mudanças em seu processo de aprendizagem.

Essa atividade estruturada pode ser algo tão simples quanto uma avaliação *on-line*, como Hale fazia para seus alunos, que serve como um guia durante a leitura e visualização ocasionais, bem como um *stick* para garantir que os alunos a completem. A avaliação também fornece a Hale dados úteis sobre a aprendizagem dos alunos antes dos encontros presenciais. Sobretudo, a leitura e a visualização estruturadas não eram opcionais; era um primeiro contato necessário com os novos conceitos que não seriam "reensinados" em uma aula expositiva mais tarde. Hale enfatizava para os alunos que, se não completassem o trabalho preparatório, não conseguiriam participar ativamente das atividades presenciais.

Igualmente, mesmo que o espaço grupal nas aulas de Hale já incluísse tempo para discussão, isso por si só não cria um ambiente de aprendizagem invertida. Ao contrário, as experiências estruturadas no primeiro contato dos alunos permitiam que o espaço grupal fosse transformado de um ambiente de aprendizagem do tipo explanação-mais-discussão para um verdadeiramente ativo e dinâmico. Hale descreve as aulas presenciais como "rápidas e animadas", com tantas atividades que chegava a ser necessário um cronograma rigoroso para garantir que todas as atividades tivessem uma conclusão satisfatória.

Quais são os benefícios para os alunos?

Hale relata que, de acordo com as avaliações da disciplina, os alunos tiveram uma resposta "esmagadoramente positiva" à mudança no *design* da disciplina de um ambiente de aprendizagem tradicional (embora híbrido) para um de aprendizagem verdadeiramente invertida. Muitos deles solicitaram que tivessem outras oportunidades de experimentar o modelo. (Esse é um tema dos nossos estudos de caso até o momento: depois que os alunos têm a chance de aprender em um ambiente de aprendizagem invertida, sua tendência é não querer voltar para o modelo tradicional.) Os estudantes expressaram apreciação pelo fato do tempo presencial limitado não ter sido usado para repetir conceitos básicos que poderiam e deveriam ser aprendidos no contexto *on-line*, mas para aprofundar os tópicos que requerem reflexão adicional e áreas nas quais as atividades estruturadas pré-aula indicavam uma necessidade de maior exploração.

ESTUDO DE CASO: APRENDIZAGEM INVERTIDA EM DISCIPLINAS DE ENGENHARIA NA SUÉCIA

Todos os nossos estudos de caso até aqui focaram em disciplinas de faculdades e universidades nos Estados Unidos. Entretanto, como este estudo de caso indica, a aprendizagem invertida não é um fenômeno exclusivamente norte-americano. De fato, vem ocorrendo um envolvimento crescente com essa metodologia em universidades pelo mundo afora.

Lennart Svensson é professor associado no Departamento de Sinais e Sistemas na Chalmers University of Technology em Gothenburg, na Suécia. Entre as disciplinas que Svensson leciona, estão disciplinas avançadas especializadas em sinais e sistemas, incluindo uma denominada Fusão de Sensores e Filtragem Não Linear. Esta, como muitas outras disciplinas STEM (em inglês, ciência, tecnologia, engenharia e matemática), envolve a aquisição de competências não só com computação, mas também com a compreensão conceitual. Svensson constatou que seus alunos estavam se tornando competentes em computação, mas não tinham a compreensão conceitual da matéria para aplicá-la significativamente à pesquisa ou a problemas industriais aplicados. Nesse aspecto, sua situação era semelhante à de Eric Mazur ensinando física em Harvard na década de 1990. E, como Mazur e baseado no trabalho prévio do autor, Svensson voltou-se para a aprendizagem invertida para fazer uma mudança.

Qual é o contexto da disciplina?

Fusão de Sensores e Filtragem Não Linear é uma disciplina avançada da graduação, ministrada em um programa de mestrado e que, normalmente, recebe matrículas de alunos do doutorado, bem como participantes da indústria. Há 70 vagas, devido ao *design* do espaço de aprendizagem usado, mas as inscrições frequentemente ultrapassam essa quantidade, em função da presença de alunos do doutorado e da indústria na disciplina.

A disciplina era tradicionalmente realizada com aulas expositivas em aula, seguidas de tarefas como o dever de casa e projetos fora da sala de aula e sem provas escritas.

Por que foi usada aprendizagem invertida nessa disciplina?

Svensson inicialmente gostou da ideia da aprendizagem invertida porque permitia que ele criasse um conjunto de vídeos com curadoria para seus alunos usarem sempre e como quisessem, com a possibilidade de pausar e repetir, liberando tempo em aula para outras atividades. Para ele, no entanto, o verdadeiro ponto forte do modelo de aprendizagem invertida não era a mera existência de conteúdo fora da sala de aula, mas a sua implicação no seu uso do tempo em sala de aula. Seu objetivo geral era direcionar o foco do tempo em aula para a construção da compreensão conceitual do assunto, em vez de na transmissão da informação. No modelo tradicional, ele afirma: "A maioria dos meus alunos acabava sabendo como resolver os problemas, mas frequentemente pareciam ter apenas uma ideia vaga sobre o que estavam fazendo" (comunicação pessoal por *e-mail* do professor Svensson, 26 de junho de 2016).

De acordo com esse plano, Svensson criou um conjunto de vídeos para os alunos da disciplina (um exemplo pode ser encontrado em http://goo.gl/nQHme4), junto com atividades em sala de aula que buscavam enfatizar a compreensão conceitual.

O que os alunos fazem na disciplina? O que o professor faz?

No espaço individual

Antes dos encontros da turma, os alunos assistiam a uma coleção de vídeos que eram postados no YouTube. Svensson usava uma plataforma chamada Scalable Learning (www.scalable-learning.com), que permite que os usuários façam *upload* de vídeos e testes inseridos nos vídeos, de modo que aqueles que os assistem têm de parar nos intervalos e checar sua aprendizagem. A plataforma Scalable Learning também coleta dados dos testes, e os dados eram usados como informações para ajustar os planos para as atividades em aula e para verificar se os alunos haviam de fato assistido aos vídeos.

No espaço grupal

Os vídeos pré-aula estavam presentes principalmente para preparar os alunos para experiências produtivas na aula. Estas assumiam três formas diferentes, relatadas a seguir.

1. Os alunos se reuniam em grupos de 3 a 5 e trabalhavam em exercícios de "aquecimento", tais como em testes que apresentavam indícios de concepções errôneas ou falta de compreensão. Outros envolviam o que Svensson denominava atividades de "recuperação", em que os alunos primeiro se sentavam em silêncio por alguns minutos e resumiam sozinhos, no papel, ao que assistiram antes da aula e, então, se alternavam explicando o conteúdo para os outros do seu grupo e escolhendo alguma coisa que acharam interessante ou confusa e, depois, circulavam entre os grupos para ver o que eles selecionaram. Aproximadamente 10 minutos eram dedicados em cada aula para essa atividade. O conceito de recuperação é bem conhecido como um método de estudo efetivo (BJORK, 1975; KARPICKE; BLUNT, 2011) e serve ao propósito não só de permitir que os alunos processem ao que assistiram antes da aula, mas também os prepara para se engajarem em outras atividades em sala de aula.
2. Os alunos frequentemente também se engajavam em atividades de *peer instruction*, conforme descrevemos no Capítulo 2. A *peer instruction* foi inventada especificamente para melhorar a compreensão conceitual dos alunos sobre um tópico e era introduzida em especial para grandes disciplinas com aula expositiva em física. Portanto, esse tipo de instrução encontra sua origem natural nas aulas de Svensson.
3. Além da *peer instruction* (ou, às vezes, em vez dela), os alunos trabalhavam em grupos de 3 a 5 para resolver uma sequência de pequenos problemas e ilustrar e refletir sobre os resultados que obtiveram.

Posteriormente, nos espaços individuais depois que as atividades no espaço grupal eram feitas, os alunos ainda trabalhavam nas tarefas do dever de casa e nos projetos (assim como faziam na configuração tradicional da disciplina).

Por que isso é aprendizagem invertida?

Esse *design* de disciplina se encaixa em nossa definição de *aprendizagem invertida* porque o primeiro contato dos alunos com o novo conteúdo vem na forma de uma experiência estruturada em seus espaços individuais, como uma atividade preparatória, na forma de vídeos com testes incluídos. Essa estrutura é o equivalente eletrônico da aula expositiva com pausas estratégicas incluídas. A vantagem aqui é a de que os alunos podem acessar o material expositivo em seus próprios dispositivos e horários, com a possibilidade de pausar e rever o vídeo de acordo com a sua vontade. E ressaltamos mais uma vez que isso não era simplesmente dizer aos alunos para assistirem aos vídeos; havia uma *estrutura* formada em torno da atividade na forma de testes incluídos, os quais forneciam dados práticos sobre a aprendizagem dos alunos em tempo real e também serviam para identificar quem estava assistindo aos vídeos e quando.

No entanto, a principal razão para que a disciplina de Svensson seja aprendizagem invertida é o que aconteceu no espaço grupal, o qual, anteriormente reservado para aula expositiva, tornou-se um laboratório para os alunos encontrarem e repararem concepções errôneas sobre o conteúdo por meio de atividades colaborativas guiadas que sabidamente eram valiosas para a aprendizagem. Em nossa linguagem, o espaço grupal foi transformado em um espaço de aprendizagem interativo e dinâmico no qual os alunos trabalhavam nas ideias cognitivas mais avançadas – isto é, a aquisição da compreensão conceitual correta e a aplicação de material altamente técnico – guiados pelo professor. O trabalho no espaço individual tinha o objetivo principal de preparar os alunos para participarem de forma produtiva desse ambiente de aprendizagem.

Quais são os benefícios para os alunos?

Em um estudo dos efeitos desse *design* da disciplina de Svensson (SVENSSON; ADAWI, 2015), os alunos foram pesquisados acerca das suas percepções do ambiente de aprendizagem invertida. Embora seja apenas uma medida indireta dos reais ganhos de aprendizagem (diferente, por exemplo, dos métodos do estudo clássico de Hake (1998) de estudantes de física), esse tipo de pesquisa fornece uma indicação do engajamento dos alunos e se eles estão emocional e psicologicamente prontos para aprender nesse ambiente.

Os resultados da pesquisa foram bastante sólidos. Mais de 95% dos alunos pesquisados (todos, exceto um aluno) responderam "concordo" ou "concordo plenamente" à afirmação "Prefiro assistir a um vídeo com testes a uma aula expositiva ao vivo". Mais de 86% responderam "concordo" ou "concordo plenamente" à afirmação "Ter sessões em aula em que focamos na compreensão conceitual foi útil". Por fim, mais de 91% responderam "concordo" ou "concordo plenamente" à afirmação "O ensino na sala de aula invertida levou a uma melhora na aprendizagem e a melhor compreensão dos conceitos".

Quando feitas perguntas com respostas livres de final aberto sobre suas percepções do ambiente de aprendizagem invertida, os alunos expressaram opiniões fortemente positivas, com uma apreciação particular por poderem assistir a aulas expositivas no seu próprio ritmo e com a opção de pausar e repetir (e poder revisar durante o trabalho do dever de casa e projetos). Eles também acharam valiosas as atividades no espaço grupal reformulado, citando maior interação com o professor e os colegas como um dos principais benefícios.

Encerramos observando que Svensson converteu outra disciplina (SVENSSON; HAMMARSTRAND, 2015), em nível de doutorado, chamada Modelos Gráficos Probabilísticos, em um ambiente de aprendizagem invertida com uma estrutura e resultados similares, mas, em vez de fazer seus próprios vídeos, usou aulas expositivas já prontas para um curso *on-line* aberto e massivo (MOOC) desenvolvido pela Stanford University (KOLLER, 2018). Isso indica que, se um ambiente de aprendizagem invertida tiver de ser construído com base em vídeos *on-line*, o professor não precisa necessariamente *criar* os vídeos, mas, em vez disso, pode fazer uma *curadoria* deles.

Até agora, vimos uma variedade de exemplos de ambientes de aprendizagem invertida usados ao longo do espectro do ensino superior: disciplinas introdutórias e avançadas, altamente especializadas e generalistas, em grandes e pequenas faculdades, em universidades tradicionais de quatro anos e faculdades privadas focadas na carreira, em universidades nos Estados Unidos e fora dos Estados Unidos, presenciais e *on-line*/híbridas, nas áreas STEM e fora delas. De fato, nenhum desses ambientes de aprendizagem invertida é exatamente igual. E isso só abrange um tamanho de amostra muito pequeno – todas as indicações sugerem que a aprendizagem invertida está sendo usada de uma forma ou outra em muitos mais lugares e contextos.

No entanto, todos esses ambientes de aprendizagem invertida são exemplos da mesma ideia básica: que o primeiro contato com novos conceitos foi deslocado do espaço grupal para o individual na forma de atividades estruturadas, e o grupal foi transformado em um ambiente de aprendizagem dinâmico e interativo, com os alunos trabalhando de forma ativa nas tarefas mais exigentes cognitivamente enquanto o professor está totalmente presente para guiá-los.

Assim como fazemos com nossos alunos, agora queremos passar das ideias básicas, conceitos e exemplos para a aplicação do que aprendemos a uma situação nova – ou seja, nossas próprias disciplinas. Na próxima parte, examinaremos mais demoradamente como planejar ou redesenhar suas próprias disciplinas em torno do modelo da aprendizagem invertida, para transformá-las no próximo grande estudo de caso de aprendizagem invertida.

PARTE II

Design da aprendizagem invertida

4
Planejando uma disciplina em torno da aprendizagem invertida

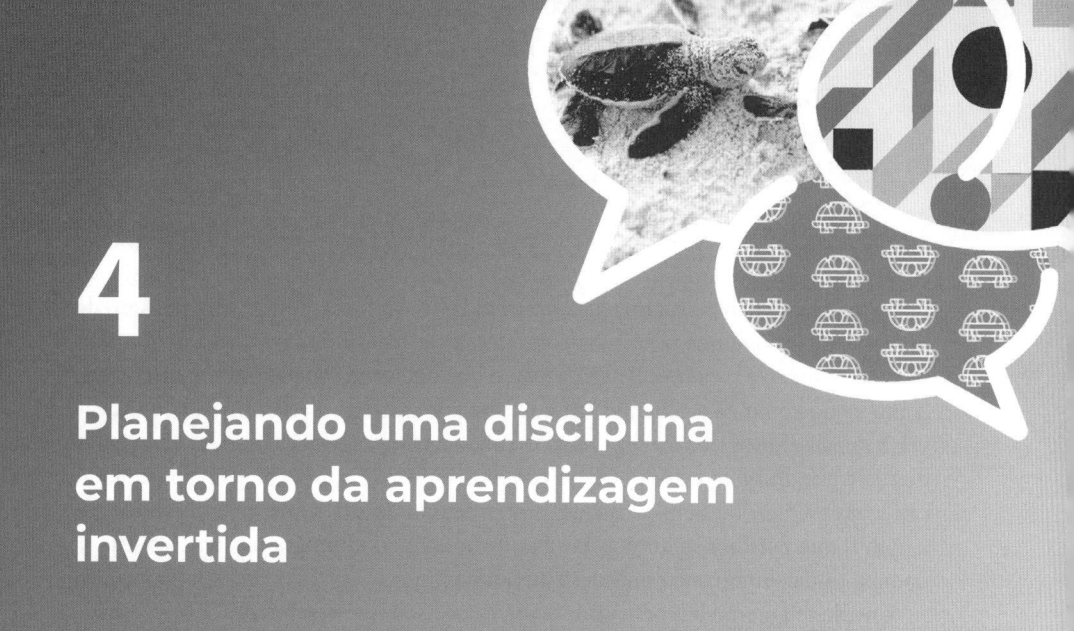

Vimos até agora uma definição de *aprendizagem invertida* e exploramos a história e a teoria por trás dela, além de diversos exemplos de professores comuns em uma ampla variedade de contextos construindo e conduzindo disciplinas usando-a com ótimos resultados. Nessa altura, espero que a sua curiosidade tenha sido instigada e que você esteja se perguntando como pode planejar ou reformular algumas das suas disciplinas para também usar essa metodologia. Se for assim, então a pergunta natural é: *como faço isso?*

Neste capítulo, apresentaremos algumas ideias básicas sobre o *design da disciplina* – fluxos de trabalho estruturados para preparar uma disciplina começando pelos fatos básicos sobre ela desde o primeiro dia de aula e muito além. Focaremos, em particular, em um modelo de planejamento de disciplina proposto por Dee Fink que enfatiza a "aprendizagem significativa" na sua essência e veremos como este pode ser adaptado para o planejamento de um ambiente de aprendizagem invertida. Terminaremos com uma visão prévia dos dois próximos capítulos, os quais descrevem um modelo de sete passos para o *design* desse estilo de aprendizagem no nível da aula individual.

DESIGN DA DISCIPLINA EM GERAL E POR QUE É IMPORTANTE

Uma das grandes tradições do trabalho no ensino superior é preparar as disciplinas para o semestre seguinte. Aqueles como nós que trabalham no ensino superior fazem isso no mínimo duas vezes por ano. Pensamos nas leituras que queremos recomendar, no número de testes que queremos dar e em como distribuir as notas e o calendário para o semestre. No entanto, às vezes, mesmo o educador universitário mais experiente não pensa no *planejamento* das disciplinas durante esse período de preparação, ao que nos referimos como a *infraestrutura das escolhas que fazemos sobre a natureza e estrutura da disciplina*: o que queremos que os alunos aprendam, como vamos criar os ambientes em que essa aprendizagem seja possível ou provável, o que os alunos irão fazer para construir sua compreensão e mostrar evidências da sua aprendizagem e como iremos avaliar o nível de aprendizagem apresentado por essas evidências. Sem uma clara compreensão do *design* de uma disciplina, as escolhas que fazemos quanto às tarefas, às notas e ao cronograma serão confusas, na melhor das hipóteses, e autodestrutivas, na pior.

Um planejamento bem estruturado de uma disciplina geralmente envolve vários passos, que são determinar:

- os *fatos* sobre uma disciplina, incluindo aqueles sobre os alunos (quantos estão inscritos, quais são suas áreas de estudo, por que estão fazendo a disciplina, que necessidades têm, que competências trarão, etc.), sobre a própria disciplina (é pré-requisito para algo mais, tem um pré-requisito, onde se encaixa no currículo, ela se encaixa em alguma designação especial – como a escrita – ao longo de todo o currículo, etc.) e sobre o contexto físico (a tecnologia disponível, como é a configuração da sala de aula, as cadeiras são fixas ou móveis, a disciplina é presencial ou *on-line*, etc.);
- os *objetivos de aprendizagem* para a disciplina – ou seja, o que os alunos devem ser capazes de fazer depois que ela terminar – incluem uma mistura de objetivos da disciplina de alto nível e os do tema de baixo nível;
- as *atividades* em que os alunos irão se engajar na disciplina para gerar evidências se os objetivos de aprendizagem estão sendo alcançados – incluem atividades cotidianas no espaço grupal e, para nossos fins, aquelas que acontecem no espaço individual, bem como as avaliações que serão feitas para gerar informações sobre a extensão em que ocorreu aprendizagem;
- a *estrutura da aula*, incluindo quando os tópicos serão introduzidos e como se interligam e como as atividades nos espaços individual e grupal serão conduzidas;
- o *sistema de notas* para a disciplina, ou seja, como as evidências que os alunos apresentam sobre sua aprendizagem, por meio do seu trabalho, serão traduzidas em notas para tarefas no curto prazo e em conceitos no longo prazo;
- *planos de contingência*, que podem ser necessários para a disciplina, os quais podem incluir encontrar brechas nos planos de avaliação; fazer planos para trabalho atrasado, condições climáticas rigorosas e similares; fazer um plano para considerações sobre honestidade e desonestidade

acadêmica, etc. – especialmente incluídos aqui estão levar em consideração problemas de *acessibilidade* (p. ex., garantir que os alunos com deficiências visuais tenham o mesmo acesso ao conteúdo da disciplina que aqueles sem essa condição).

Somente depois de feito o *design* completo de uma disciplina dessa maneira é que estamos prontos para redigir um plano de ensino e preparar as aulas individualmente. Isso requer tempo e esforços consideráveis. No entanto, também há uma vantagem significativa. Tendo um *design* da disciplina consistente, você economizará tempo mais tarde (p. ex., você pode criar testes mais curtos e mais efetivos se tiver uma ideia clara dos objetivos de aprendizagem da disciplina), e os alunos vão considerá-la um ambiente de aprendizagem mais rico e prazeroso.

Contudo, como o *design* apropriado da disciplina requer tempo e esforço, seria conveniente ter alguns padrões estabelecidos para o *design* da disciplina que possamos usar para nos orientar. Vamos examinar duas estruturas bem estabelecidas que são especialmente apropriadas para a aprendizagem invertida.

WIGGINS/MCTIGHE E O *DESIGN* RETROATIVO

Em seu livro *Understanding by design*,* Grant Wiggins e Jay McTighe (2005) propõem o processo de *design retroativo*. Para entendê-lo, considere o método estereotípico do *design* de disciplina que muitos de nós que lecionamos no ensino superior podemos ter usado no passado (ou estamos usando atualmente):

- primeiro, determinamos o que iremos incluir na disciplina, por exemplo, podemos decidir quais seções do livro iremos ensinar ou as leituras com as quais queremos que os alunos trabalhem, e também determinamos como iremos abordá-las, embora isso frequentemente não envolva muita premeditação, porque nosso modo básico de ensinar é a aula expositiva;
- segundo, decidimos quantas avaliações (testes, provas, trabalhos, etc.) daremos na disciplina e quando elas irão ocorrer;
- terceiro, preparamos o plano de ensino, que é principalmente um registro dos dois primeiros passos, junto com um calendário (se for um bom plano de ensino) e um sistema de notas e, talvez, algumas políticas adicionais sobre trabalhos atrasados e outros itens.

---

* N. de E. O livro *Planejamento para a compreensão* será publicado pela Penso Editora e em breve estará disponível para os leitores em língua portuguesa.

Em outras palavras, é comum os professores começarem primeiro pela *abrangência*, depois pela *avaliação* e, somente no final do processo, há alguma forma de determinação do que os alunos realmente aprenderam – a não ser que não haja nenhuma determinação, mas, em vez disso, uma totalização de pontos, o que é considerado como uma aproximação confiável dos resultados de aprendizagem.

O *design retroativo*, por outro lado, é assim denominado porque inverte esse processo, conforme pode ser visto a seguir.

- Primeiro, o professor *identifica os resultados desejados* da disciplina. O que os alunos devem saber, entender e ser capazes de fazer durante e após a disciplina?
- Segundo, o professor *determina evidências aceitáveis*. Como vou saber se – e até que ponto – os alunos atingiram os resultados que eu disse que desejo? O que aceitarei como evidências suficientes de que a aprendizagem ou o domínio do assunto ocorreu ou está ocorrendo?
- Terceiro, o professor *planeja experiências de aprendizagem e instrução*. Considerando a lista dos resultados desejados, que atividades posso e devo planejar para que os alunos gerem essas evidências? Que atividades criam um ambiente de aprendizagem no qual é possível, até mesmo provável, que ocorram evidências reais do progresso na direção dos resultados desejados?

No *design* retroativo, a *compreensão do aluno* é o ponto principal – não meramente a abrangência do conteúdo. O livro-texto é um recurso de aprendizagem, não um plano de ensino secundário (ou primário!). E todas as atividades que ocorrem na aula têm um propósito – todas elas se encaixam em uma estrutura coesa, com objetivos e resultados claramente identificáveis, os quais foram criteriosamente selecionados pelo seu valor para o aluno no longo prazo.

O modelo *understanding by design* se adapta bem à aprendizagem invertida porque ambos são abordagens de *design* de disciplina e instrução profundamente *centrados no aluno*. Tanto no *design* retroativo quanto na aprendizagem invertida, desenvolvemos a aula em torno da noção de construção do que Ken Bain (2011), em seu livro *What the best college teachers do,* denomina um "ambiente de aprendizagem crítica", no qual os alunos têm muitas oportunidades para a aprendizagem profunda e para a autorreflexão.

Embora o *design* retroativo por si só possa ser um excelente ponto de partida para planejar um ambiente de aprendizagem invertida, a principal razão para mencioná-lo é motivar outro modelo de *design* de disciplina que combine as melhores ideias do *design* retroativo com uma abordagem estruturada e intencional para desenvolver uma disciplina que se aplique particularmente bem à aprendizagem invertida: o modelo de "*design* para a aprendizagem significativa" de Dee Fink.

DESIGN DE DEE FINK PARA A APRENDIZAGEM SIGNIFICATIVA

Intimamente relacionada em espírito com o *design* retroativo está a estrutura do *design para a aprendizagem significativa*, proposto por Dee Fink (2013) em seu livro *Creating significant learning experiences: an integrated approach to designing college courses*. Um manual resumido surgiu com o título de *A self-directed guide to designing courses for significant learning* (FINK, 2003) e está disponível gratuitamente on-line.

O conceito-chave do modelo de Fink que o diferencia do *design* retroativo é a ideia de *integração*. No modelo de Fink, as disciplinas universitárias têm três componentes principais: os *objetivos de aprendizagem*, os *mecanismos de* feedback *e de avaliação* e as *atividades de ensino e aprendizagem*. O modelo de Fink para o *design* de disciplina enfatiza que esses três componentes devem estar integrados durante toda a disciplina.

Modelo de Fink

O modelo de Fink para o *design* de uma disciplina integrada envolve 12 passos, apresentados a seguir.

1. *Identificar fatores situacionais importantes.* Estes incluem a demografia dos alunos inscritos na disciplina, desafios instrucionais especiais que a disciplina pode apresentar, o contexto no qual a disciplina se encaixa no currículo mais amplo, expectativas que os alunos e a comunidade profissional mais ampla colocam na disciplina e as características do professor.
2. *Identificar objetivos de aprendizagem importantes.* Como com o *design* retroativo, queremos identificar o que os alunos devem saber, entender e ser capazes de fazer durante e após a disciplina. Fink divide ainda mais os objetivos de aprendizagem em *conhecimento básico, aplicação, integração, dimensão humana, dedicação* e *aprender a aprender os objetivos*. Em geral, estamos familiarizados com os dois primeiros tipos de objetivos, porém, menos com os outros quatro. Um objetivo de "integração" é aquele que envolve conexões entre ideias, pessoas e "áreas da vida". Os objetivos da "dimensão humana" envolvem aprender sobre si mesmo e sobre os outros. Os de "dedicação" são aqueles que envolvem o desenvolvimento de novos sentimentos, interesses e valores sobre o assunto. Por fim, os de "aprender a aprender" são aqueles em que os alunos aprendem a ser melhores aprendizes, como investigar um assunto e como se tornar autodirigido – em resumo, aqueles objetivos

da aprendizagem autorregulada que discutimos no Capítulo 2. Para Fink, *aprendizagem significativa* se refere ao tipo de aprendizagem que ocorre na conexão de todos esses objetivos de aprendizagem.
3. *Formular* feedback *apropriado e procedimentos de avaliação.* Nesse caso, "apropriado" significa não só para o nível dos alunos e da disciplina, mas também no sentido de que a avaliação promova aprendizagem significativa. Por exemplo, um modelo de avaliação que consiste apenas de um punhado de testes simples de múltipla escolha abrangendo somente informação factual básica provavelmente não será considerado um procedimento de *feedback* e avaliação apropriado por si só. Ao contrário, avaliações com múltipla escolha podem fazer parte de um sistema "apropriado" maior, que promova aprendizagem significativa, e algumas formas de avaliações de múltipla escolha bem estruturadas demonstraram avaliar níveis superiores de pensamento com maior eficácia (p. ex., ver HUNTLEY; ENGELBRECHT; HARDING, 2011).
4. *Selecionar atividades de ensino e aprendizagem efetivas.* No Capítulo 2, vimos que uma preponderância de evidências de pesquisa – no alto de uma massa de experiências factuais – sugere que a *aprendizagem ativa* é um paradigma altamente efetivo para atividades de ensino e aprendizagem na universidade. Também vimos que esse é um termo amplo, que abrange muitos tipos distintos de aprendizagem, com muito espaço para que os professores utilizem diferentes técnicas para adequar seus estilos, seus alunos e o conteúdo. Fink descreve aprendizagem ativa pormenorizadamente para incluir atividades voltadas para *experiências, informações e ideias* e para o *diálogo reflexivo.*
5. *Garantir que os componentes principais (nos passos 1–4) estejam integrados.* No guia autodirigido de Fink, isso assume a forma de uma lista de perguntas a serem respondidas, tais como: *até que ponto os fatores situacionais estão incluídos nas decisões sobre os objetivos de aprendizagem? Existem algumas atividades inusitadas que não servem a algum objetivo de aprendizagem mais importante?* A ideia é a de que as principais partes da disciplina devam se apoiar entre si sem redundância improdutiva.
6. *Criar uma estrutura temática para a disciplina.* Determinar como os temas, tópicos ou conceitos importantes da disciplina irão se desenvolver durante o semestre. Fink recomenda dividir a disciplina em 4 a 7 segmentos, focando em questões-chave ou blocos temáticos e organizando-os em uma sequência lógica e, então, determinar quanto tempo de aula será empregado a cada um.
7. *Selecionar ou criar uma estratégia de ensino.* Fink distingue entre uma *técnica* de ensino, que é uma atividade única, discreta e específica relacionada

com a instrução (p. ex., aula expositiva, *peer instruction* ou trabalhar em grupo nos problemas) e uma *estratégia* de ensino, que se refere a um conjunto de atividades de aprendizagem feitas em uma sequência particular que cria energia acumulada quando os alunos trabalham voltados para um objetivo de aprendizagem. Sobretudo para nossos propósitos, Fink propõe uma sequência alternada de atividades em classe e extraclasse organizadas que ele chama de um diagrama *castle-top* (em forma de torres de um castelo) (ver Fig. 4.1). Para a aprendizagem invertida, o diagrama *castle-top* se torna um ponto focal do planejamento da disciplina, conforme iremos explorar em seguida.

8. *Integrar a estrutura da disciplina e a estratégia instrucional para criar um esquema geral das atividades de aprendizagem.* Como uma estratégia de ensino envolve uma sequência de atividades de aprendizagem, o processo de planejamento claramente requer que se faça com que essa sequência se encaixe dentro da estrutura da disciplina a partir do passo 6. Cada bloco temático principal da disciplina tem sua própria sequência de atividades de aprendizagem, portanto, o produto final dessa etapa pode ser visualizado como uma sequência de diagramas *castle-top* que facilita a criação de uma programação semanal e promove a integração das atividades de aprendizagem e seu desenvolvimento ao longo do tempo.

9. *Desenvolver o sistema de notas.* Depois de identificar as principais características e objetivos da disciplina e planejar a estrutura temática e as atividades para a disciplina de uma forma integrada, o passo seguinte é desenvolver um sistema de notas que "reflita toda a gama de objetivos e atividades de aprendizagem" (FINK, 2003, p. 31), mas isso deve ser o mais simples e mínimo possível, entendendo que nem tudo precisa receber uma nota.

10. *Depurar possíveis problemas.* Fazer repetidamente a pergunta: *o que pode dar errado?* Determinar antecipadamente planos de contingência para resolver esses problemas.

11. *Escrever o plano de ensino.* Fink (2003, p. 32) descreve essa etapa como: "[...] informar os alunos sobre o que você está planejando". O plano deve fornecer informações gerais sobre a disciplina, a estrutura e a sequência das atividades da aula planejadas nos passos 6 a 8, o sistema de notas do passo 9 e as políticas da disciplina (possivelmente influenciadas pelo passo 10).

12. *Planejar uma avaliação da disciplina e do ensino.* Junto com as avaliações comuns da disciplina no fim do semestre, o professor precisa reunir dados em avaliações informais no meio do semestre sobre como está o andamento da disciplina, além de planejar o uso dos dados reunidos nas avaliações da disciplina (tanto formais quanto informais).

| Atividades em classe | Atividade | | Atividade | | | | | |
| Atividades extraclasse | | Atividade | | Atividade | | | | |

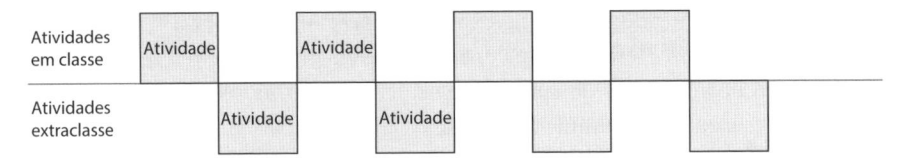

Figura 4.1 Diagrama *castle-top* de Fink.

Os passos 1 a 5 são considerados a "fase inicial" do planejamento da disciplina, os passos 6 a 8 formam a "fase intermediária", e os passos 9 a 12, a "fase final". O que acabamos de apresentar é meramente um esboço do modelo de 12 passos, que pode ser encontrado na íntegra no livro de Fink ou no manual resumido; não daremos todos os detalhes aqui, iremos meramente resumir e indicar aos leitores trabalhos de Fink para mais detalhes.

O modelo de 12 passos de Fink para o planejamento da disciplina fornece um método ricamente detalhado para criar uma disciplina que leve em consideração o ambiente de aprendizagem como um todo e forneça um *design* integrado e focado como resultado. Usar esse modelo não é garantia de que irá acontecer aprendizagem significativa ou de que os alunos ficarão felizes, mas o uso de um modelo como o de Fink ajudará os professores a criarem ambientes de aprendizagem onde é mais provável que aconteça aprendizagem significativa do que se a disciplina for simplesmente preparada com pouca antecedência.

Como o modelo de aprendizagem significativa se adapta à aprendizagem invertida

O modelo de Fink tem a intenção de ser aplicado a qualquer disciplina e é agnóstico no que diz respeito à aprendizagem invertida. De fato, já que o livro original de Fink foi publicado em 2003, é improvável que a aprendizagem invertida estivesse no radar quando o método foi desenvolvido. Entretanto, focamos no processo de Fink porque ele é muito conhecido e apoiado.

Vamos dar uma olhada em cada passo no modelo de Fink e ver como cada um se aplica à aprendizagem invertida especificamente. Em um ambiente de aprendizagem invertida, muitos dos pontos do modelo de Fink permanecem os mesmos, mas alguns contêm novos fatores a considerar ou adaptações particulares.

Passo 1 – Fatores situacionais

A aprendizagem invertida requer que consideremos fatores situacionais que são especialmente importantes para um ambiente de aprendizagem invertida, mas que podem não ser tão aplicáveis a um modelo de disciplina tradicional, conforme visto a seguir.

- Se estivermos usando vídeos *on-line* para apoiar o trabalho no espaço individual, os alunos terão acesso 24 horas por dia, 7 dias por semana, a computadores ou *tablets* que lhes permitirão assisti-los? Os alunos têm fácil acesso a uma conexão de alta velocidade para transmissão em vídeo?
- Se a disciplina for presencial ou híbrida (não completamente *on-line*), o espaço para os encontros é adequado para a aprendizagem ativa? Ou, por exemplo, tem assentos fixos como em uma arena, o que tornaria a formação de pequenos grupos mais difícil do que se as cadeiras pudessem ser movimentadas?
- Há aspectos das situações de vida dos aprendizes que interfeririam particularmente nas atividades de aprendizagem invertida – por exemplo, um trabalho diferente ou muito sobrecarregado ou agenda familiar que tornaria o espaço individual problemático? Os alunos têm noções preconcebidas sobre como a disciplina deve ser dada, e isso posteriormente poderia levar a conflitos ao introduzir a aprendizagem invertida? Há aspectos no histórico dos aprendizes que podem tornar mais difíceis as experiências de aprendizagem independente no espaço individual – por exemplo, limitações no conhecimento pré-requisitado ou falta de experiência com autorregulação?

Esses tipos de fatores precisam ser incorporados a essa etapa, junto com os outros fatores comuns a qualquer disciplina.

Passo 2 – Objetivos de aprendizagem

Ao considerar os objetivos de aprendizagem para a disciplina, consulte a taxonomia dos seis *tipos* de objetivos de aprendizagem neste método (ver Fig. 4.2). As disciplinas com aprendizagem invertida ainda têm o benefício de ter os objetivos selecionados ao longo desse espectro, mas um foco particular da aprendizagem invertida é o desenvolvimento de competências de aprendizagem autorreguladas. Dessa forma, é importante uma ênfase nos objetivos de *dimensão humana*, *dedicação* e *aprender a aprender* e a exploração dos potenciais que a aprendizagem invertida proporciona. Por exemplo, o objetivo de uma disciplina de ser capaz de extrair informações relevantes de um vídeo e demonstrar a habilidade de aprender de forma independente se enquadraria na categoria de *aprender a aprender* e poderia ser avaliado quase que diariamente. A autorregulação é uma característica distintiva do ambiente de aprendizagem invertida porque pode ser praticada e avaliada regularmente; portanto, faz sentido incluir objetivos específicos de autorregulação nessa etapa.

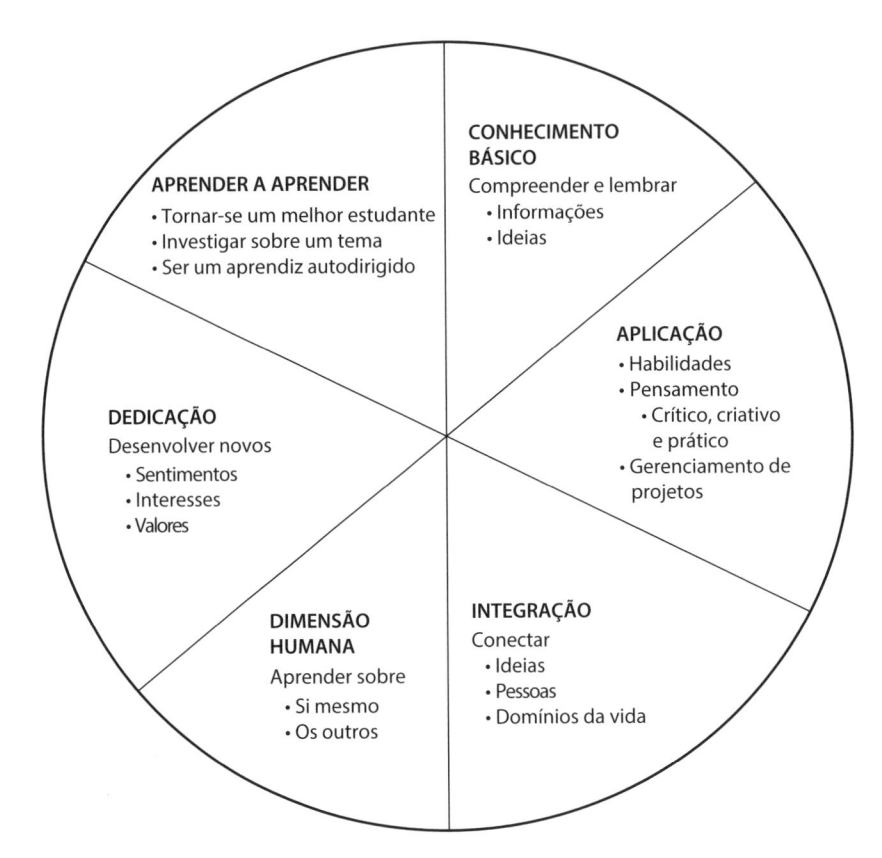

Figura 4.2 Objetivos de aprendizagem de Fink.

Passo 3 – Procedimentos de *feedback* e avaliação

Fink faz uma distinção entre a avaliação educativa e a auditiva. Esta última se refere a avaliações cujo único propósito é auditar a aprendizagem dos alunos e fornecer a base para uma nota – ou seja, a *avaliação auditiva* simplesmente cataloga o que os alunos fizeram certo e o que fizeram errado. Por outro lado, a *avaliação educativa* visa a dar *feedback* aos alunos que os auxilie a aprender e melhorar. Fink resume as principais características da avaliação educativa usando o acrônimo FIDeLity: ela deve ser frequente (F), imediata (I), discriminadora (D) (deixando claro as diferenças entre trabalho ruim, aceitável e excelente) e amável (em inglês, *loving*) (L) (mantendo a empatia na forma como o *feedback* é dado). Particularmente, deve haver amplas oportunidades para os alunos se autoavaliarem.

O que muda na avaliação para ambientes de aprendizagem invertida é a quantidade e a qualidade da *avaliação formativa* que pode ser feita. Avaliação formativa

(SCRIVEN, 1967) se refere a avaliações dadas aos alunos enquanto um conceito ainda está se "formando", com o objetivo de reunir dados sobre a compreensão do aluno e fazer modificações nas atividades de ensino e aprendizagem antes que a instrução sobre o conceito tenha terminado. Embora todas as disciplinas devessem incluir uma mistura de avaliação formativa e *somativa* (esta última se referindo a avaliações feitas para medir a aprendizagem do aluno no final de um processo de aprendizagem), os ambientes de aprendizagem invertida têm uma ênfase particular na avaliação formativa, devido ao papel valorizado do trabalho do aluno no espaço individual. Esse trabalho, que prepara os alunos para o trabalho produtivo no espaço grupal, deve ser avaliado e convertido em *feedback* tanto para o aluno quanto para o professor. As aulas no modelo tradicional não têm essa fase de pré--aula na essência do *design* da disciplina. Portanto, ao planejar as avaliações e os procedimentos de *feedback* para um ambiente de aprendizagem invertida, a avaliação formativa para o espaço individual deve ser cuidadosamente pensada. Isso inclui o *feedback*. Como os alunos irão receber *feedback* do seu trabalho resultante do primeiro contato com os conceitos novos antes da aula? Além disso, como você, na posição de professor, fará uso desses dados de avaliação?

Finalmente, o planejamento do *feedback* e procedimentos de avaliação em um ambiente de aprendizagem invertida pode ser um meio de ser intencional a respeito da aprendizagem autorregulada. É nessa fase do *design* que o professor pode criar oportunidades de autoavaliação para os alunos que focam na autorregulação. Estas podem incluir:

- redigir, no início de uma disciplina, uma redação intitulada "Como recebi um A nesta disciplina", com a intenção de focar nas especificações para o trabalho dos alunos e fazê-los refletir antecipadamente sobre como irão trabalhar para atingir os objetivos da disciplina;
- realizar uma autoavaliação do conhecimento da disciplina e competências e/ ou suas competências de autorregulação existentes;
- pedir aos alunos para fazerem uma redação reflexiva sobre as tarefas de leitura e vídeo, focando em seu processo cognitivo durante o processo de leitura e visualização do vídeo;
- passar os primeiros cinco minutos de aula (presumindo um encontro presencial) resumindo seu trabalho no espaço individual e o que foi fácil, difícil ou surpreendente para eles;
- escrever trabalhos de um minuto no final de um encontro grupal para resumir os pontos principais da aula.

Essas e muitas outras ideias para a avaliação formativa que é tanto educativa quanto fortemente focada na aprendizagem autorregulada são detalhadas em Nilson (2013).

Passo 4 – Atividades de ensino e aprendizagem

Nessa etapa, Fink enfatiza a importância da aprendizagem ativa na seleção das atividades de ensino e aprendizagem, e isso não muda quando pensamos no ambiente de aprendizagem invertida *versus* tradicional. A visão *holística* da aprendizagem ativa que Fink propõe – uma fusão da experiência, diálogo reflexivo e informação (ver Fig. 4.2) – ainda se aplica. No entanto, para ambientes de aprendizagem invertida, o conceito de trabalho ativo no espaço individual assume uma importância maior. Aqui, as atividades na área da "informação e ideias" em geral ocorrem no espaço individual. Em um ambiente de aprendizagem invertida, durante essas atividades no espaço individual, os alunos estão entrando em contato com conceitos novos pela primeira vez *por meio de atividades estruturadas*. Não queremos simplesmente dar aos alunos um livro ou vídeo e dizer-lhes para o lerem ou assistirem; damos aos alunos uma *estrutura* para guiá-los durante o processo, extraímos desses recursos informações utilizáveis e então as incorporamos a esquemas coerentes por meio de exercícios e atividades estruturadas. Também queremos ter os resultados dessa atividade no espaço individual quando estivermos no espaço grupal, portanto, a avaliação é importante. Tudo isso significa que as atividades de ensino e aprendizagem destinadas para o espaço individual (um contexto cuja qualidade é única de um ambiente de aprendizagem invertida) requerem mais estrutura e cuidado do que em uma aula tradicional.

Passo 5 – Integração dos passos 1 a 4

Para ambientes de aprendizagem invertida, não ocorre muita mudança nessa etapa. Ainda fazemos os mesmos tipos de perguntas que o modelo de Fink faz para qualquer disciplina, conforme colocado a seguir.

- O quanto nossas escolhas sobre objetivos de aprendizagem, *feedback*, avaliação e atividades de aprendizagem refletem as realidades dos fatores situacionais da disciplina? Que conflitos potenciais podem surgir?
- O quanto os procedimentos de avaliação (especialmente as avaliações formativas) para um ambiente de aprendizagem invertida tratam de toda a gama dos objetivos de aprendizagem? Os planos para *feedback* dão aos alunos informações sobre seu progresso em todos os objetivos de aprendizagem?
- As atividades de aprendizagem que foram selecionadas (incluindo aquelas que visam a reforçar as competências de aprendizagem autorregulada) apoiam os objetivos de aprendizagem?
- O quanto o *feedback* dado aos alunos os prepara para entenderem os critérios de avaliação e para as próprias avaliações?

Passo 6 – Estrutura da disciplina

As diferenças nessa etapa para o ambiente de aprendizagem invertida *versus* tradicional são, mais uma vez, mínimas. Aqui ainda queremos identificar os principais bloqueios temáticos de uma disciplina e organizá-los em uma sequência lógica. Essa etapa foca mais no *conteúdo* de uma disciplina e suas principais questões temáticas do que na metodologia específica para a instrução ou ambiente de aprendizagem.

Passo 7 – Estratégia instrucional

Essa etapa, em contraste, é talvez a adaptação mais visível desse modelo para a aprendizagem invertida. Fink (2003, p. 27) descreve uma "estratégia instrucional" como

> um conjunto de atividades de aprendizagem, organizadas em uma sequência particular de modo que a energia para a aprendizagem aumenta e se acumula à medida que os alunos percorrem a sequência. Em geral, requer, entre outras coisas, que você estabeleça algumas atividades que (a) aprontem ou preparem os alunos para o trabalho posterior, (b) lhes propiciem oportunidades de praticar – com *feedback* imediato – seja o que for que você queira que eles aprendam, (c) avaliem a qualidade do seu desempenho e (d) permitam que reflitam sobre a própria aprendizagem.

Fink então ilustra essa sequência de atividades alternadas em classe e extraclasse usando o que ele denomina um *diagrama castle-top* (Fig. 4.3).

As células dentro de cada um dos quadrados desse diagrama devem ser preenchidas com atividades de formas variadas, todas elas baseadas uma na outra. Observe que, no diagrama, a primeira célula é uma atividade *em aula*. Para a aprendizagem invertida, esse diagrama é, literalmente, invertido. A Figura 4.4 mostra como ele seria no caso da aprendizagem invertida, junto com uma pequena mudança na terminologia, para melhor se adequar às nossas definições.

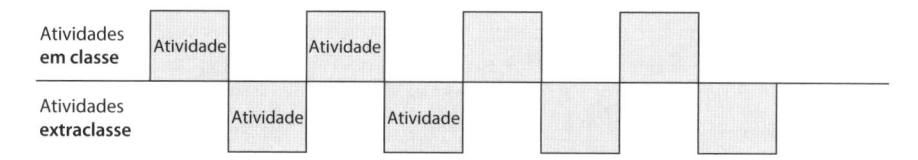

Figura 4.3 Diagrama *castle-top* de Fink.

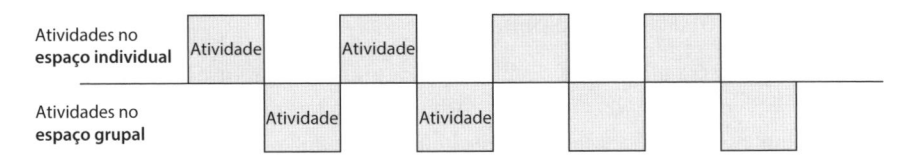

Figura 4.4 Diagrama *castle-top* invertido de Fink.

Um ambiente de aprendizagem invertida começa no primeiro contato dos alunos com os conceitos novos, e isso acontece "fora da aula" ou no espaço individual. A isso segue o trabalho no espaço grupal e, depois, o trabalho no espaço individual, que se baseia no espaço grupal, e assim por diante. O que poderíamos usar em cada uma das células para as atividades é o tópico dos Capítulos 5 e 6.

Passo 8 – Esquema geral das atividades de aprendizagem

A construção de um esquema geral das atividades de aprendizagem no qual as várias atividades e estratégias instrucionais se encaixam em uma estrutura coerente não é muito diferente para a aprendizagem invertida do que é para uma aula tradicional – apenas a estratégia instrucional realmente mudou. Em Fink, o esquema geral é ilustrado como uma sequência de diagramas *castle-top*, conforme mostra a Figura 4.5. Para a aprendizagem invertida, os *castle-tops* são invertidos, conforme mostra a Figura 4.6.

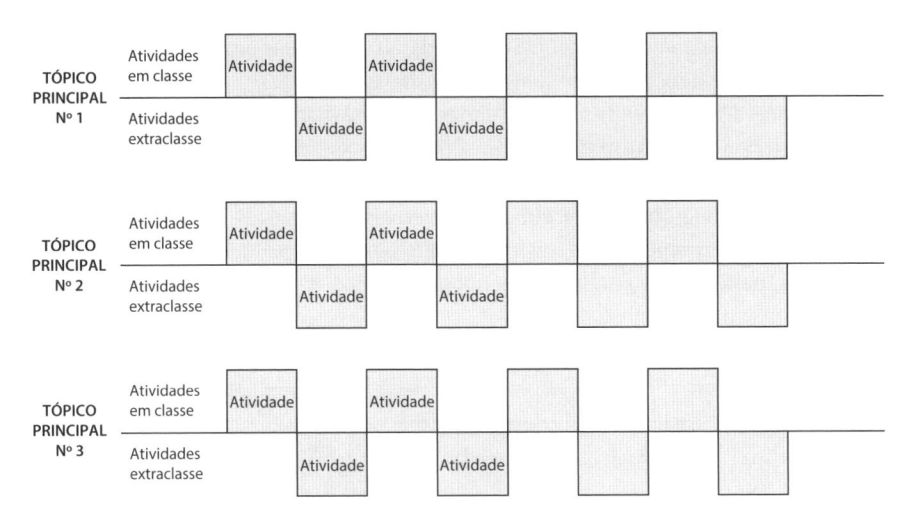

Figura 4.5 Estrutura da disciplina de Fink – tradicional.

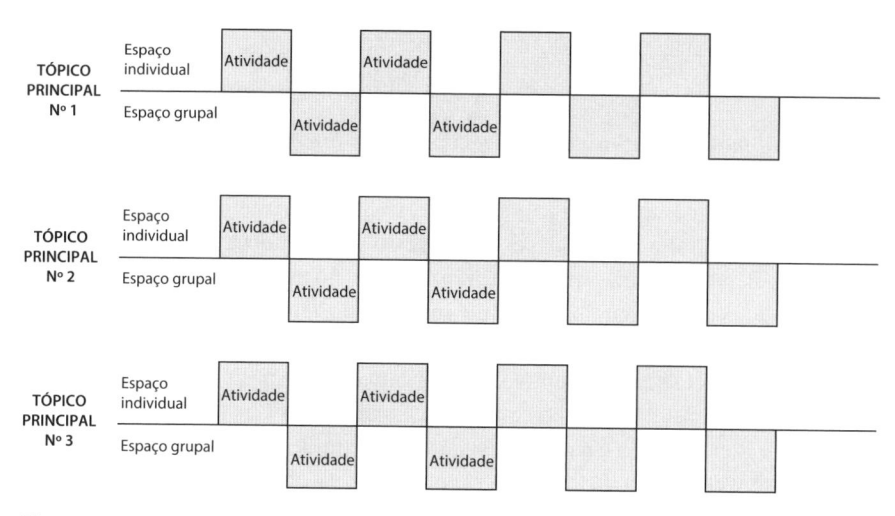

Figura 4.6 Estrutura da disciplina de Fink – invertida.

Passo 9 – Esquema de notas

Como Fink aponta, um sistema de notas deve refletir toda a gama de atividades e os objetivos de aprendizagem em uma disciplina, mas não é preciso atribuir notas a tudo. No ambiente de aprendizagem invertida, há duas camadas de atividades que os professores precisam levar em consideração no sistema de notas: o trabalho que os alunos fazem no espaço individual para se prepararem para o espaço grupal e o trabalho que fazem no espaço grupal. Por exemplo, se um ambiente de aprendizagem invertida requer que os alunos assistam a um vídeo *on-line* com testes incluídos, estes devem receber notas ou devem meramente ser conferidos pelos próprios alunos, reservando-se a avaliação para o trabalho no espaço grupal? Se forem receber notas, isso será com base em quê, e o que é uma rubrica razoável para que se atribuam notas? Os mesmos tipos de perguntas podem ser feitos sobre o trabalho em grupo em aula: ele deve receber notas? Em caso afirmativo, você deve atribuir notas em pontos, com base na realização do trabalho e nos esforços, por meio de notas dadas pelos pares, ou o quê? As respostas a essas perguntas variam de acordo com o professor, a disciplina e os alunos.

Passo 10 – O que pode dar errado?

Esse é o passo em que procuramos problemas potenciais na disciplina, como brechas, conflitos de horário, lugares onde os alunos podem "invadir" as políticas da disciplina. As disciplinas com aprendizagem invertida têm pelo menos tantos problemas potenciais quanto as tradicionais, e também surgem novos problemas devido à estrutura invertida, conforme abordado a seguir.

- *Os alunos terão acesso à tecnologia usada na disciplina?* Essa é uma preocupação para todas as aulas que usam tecnologia, mas, considerando que os ambientes de aprendizagem invertida frequentemente usam tecnologia de forma central e indissociável do processo de aprendizagem (p. ex., usando vídeos *on-line* para atividades preparatórias no espaço individual), a questão do acesso à tecnologia assume maior importância. Aqui, também, precisamos pensar na *acessibilidade*; por exemplo, se você usar um vídeo *on-line* e ele não tiver legendas, como os alunos com deficiência auditiva poderão participar? Consultar o encarregado da acessibilidade na instituição é uma excelente ideia quando é feito o planejamento de uma disciplina com aprendizagem invertida (ou qualquer outra) para estar alerta a possíveis problemas de acessibilidade.
- *Como conseguimos que os alunos façam as atividades no espaço individual e o que acontece se eles vêm para a aula sem que as tenham feito?* Essas duas perguntas são, sem dúvida, as mais ouvidas quando discutimos a aprendizagem invertida, e com razão, porque um aspecto essencial do sucesso dessa abordagem (ou seja, as atividades no espaço grupal) funciona com base na preparação minuciosa do aluno. Aulas estruturadas de modo tradicional também precisam lidar com problemas relativos ao preparo dos alunos, mas a falta de preparo não é tão potencialmente desastrosa quanto em um ambiente de aprendizagem invertida. Essas questões devem ser levadas em consideração, e planos devem ser elaborados antes do primeiro dia de aula.
- *Como convencemos os alunos de que o ambiente de aprendizagem invertida é benéfico para eles? E como iremos saber se realmente é benéfico para eles?* Em outras palavras, qual é o plano para fazer com que os alunos "comprem a ideia" do ambiente de aprendizagem invertida e como mostrar-lhes que eles estão aprendendo nesse ambiente?
- *Como convenço meus colegas e superiores de que a aprendizagem invertida está beneficiando os alunos?* Essa preocupação é específica para a aprendizagem invertida. Em uma aula tradicional, em geral, não nos preocupamos se a estratégia de ensino está sendo percebida como ineficaz, acomodada ou incomum pelos outros colegas. No entanto, em muitos casos, quando trabalhei com professores em diferentes instituições, havia uma preocupação com o ambiente de aprendizagem invertida, não necessariamente por parte dos alunos, mas dos diretores e chefes de departamento, que se preocupam com o fato de que o professor não está "realmente ensinando" ou que ele está perdendo muito tempo com pesquisas e se engajando em inovações pedagógicas

que não estão comprovadas. Em alguns casos, essa preocupação – apesar de já termos visto (e ainda veremos) que não há nada com o que se preocupar – se estende para outros círculos. (Por exemplo, certa vez um pai contatou o conselho de pesquisa institucional da minha universidade para reclamar que, ao usar aprendizagem invertida, eu estava "fazendo experiências" com seu filho sem autorização do conselho institucional!) Qual é o plano para lidar com possíveis preocupações dessa natureza?

No Capítulo 8, retomaremos algumas das preocupações mais comuns dos estudantes sobre a aprendizagem invertida e discutiremos como nos planejarmos para elas para transformá-las em momentos de aprendizado para nossos alunos.

Passo 11 – Redigir o programa da disciplina

Redigir o programa para uma disciplina com aprendizagem invertida não é uma tarefa significativamente maior do que para uma disciplina estruturada de modo tradicional. No entanto, como muitos alunos acham que a aprendizagem invertida é uma experiência nova e com possibilidade de ser desorientadora, é importante ser claro quanto a dois aspectos em especial, conforme apresentado a seguir.

1. *As expectativas dos alunos e do professor.* O programa deve conter uma linguagem clara sobre o que é esperado que os alunos façam e o que *não é* esperado que façam como parte do ambiente de aprendizagem invertida, junto com as expectativas complementares do professor. Por exemplo, deve deixar claro que se espera que os alunos realizem todas as atividades pré-aula, e deve ser claramente expresso como essas atividades serão avaliadas e (talvez o mais importante) como serão usadas na aula. Uma estimativa de quanto tempo deverá ser necessário para realizar as atividades pré-aula também é muito útil. Além disso, informar os alunos de que eles *não* são responsáveis pela aprendizagem de todo o conteúdo de uma sessão ou por atingir um domínio completo do conteúdo em uma atividade auxilia a retirar a pressão dos ombros deles enquanto aprendem de forma independente.
2. *O cronograma de quando as coisas devem ser feitas.* Embora isso diga respeito a informações logísticas, como os prazos, tê-los claros e registrados em um único local pode facilitar a orientação dos alunos em um ambiente de aprendizagem invertida. É especialmente importante ser claro sobre o prazo para que o trabalho seja feito no espaço individual porque, em geral, queremos que esse trabalho seja apresentado antes dos encontros presenciais.

Passo 12 – Obter dados para avaliação

Em qualquer disciplina, é importante não esperar o fim do semestre para obter um *feedback* avaliativo dos alunos sobre como a disciplina está se desenvolvendo. Assim como uma avaliação formativa regular dos alunos permite que você como professor saiba onde eles estão aprendendo, onde estão tendo dificuldades e qual a melhor forma de intervir, obter um *feedback* formativo regular dos estudantes permite que você "tire a temperatura" da turma e saiba o que está funcionando e o que deve ser melhorado antes que isso se transforme em uma crise que não possa ser resolvida. A obtenção informal de informações da avaliação dos alunos sobre a sua didática e a disciplina pode ser tão simples quanto fornecer um formulário de papel para que eles preencham na aula ou um formulário *on-line* com prazo de entrega, fazendo perguntas básicas como: "Que aspectos da disciplina lhe ajudam a aprender?" e "Que aspectos da disciplina devem ser modificados para melhorar a sua aprendizagem?". Também podem ser feitos levantamentos mais complexos, até mesmo "versões práticas" de avaliações da disciplina no final do semestre. O *feedback* dos alunos também pode ser obtido por meio de entrevistas ou em grupos focais. Muitos núcleos de ensino farão intervenções em pequenos grupos, nas quais um membro da equipe do núcleo virá fazer uma entrevista com a turma sobre suas experiências de aprendizagem (obviamente, na ausência do docente), a qual irá então analisar e fazer um relatório dos resultados. A obtenção de *feedback* regular sobre as experiências de aprendizagem dos alunos é especialmente importante em um ambiente de aprendizagem invertida, para que se obtenham informações úteis sobre as percepções dos alunos e para que se resolvam os problemas antes que a bola de neve cresça e provoque problemas mais sérios.

SETE PASSOS PARA O PLANEJAMENTO DA APRENDIZAGEM INVERTIDA: UMA VISÃO GERAL

Neste capítulo, vimos a importância do planejamento cuidadoso da disciplina e examinamos um modelo de *design* de disciplina. Também vimos como isso pode auxiliar a facilitar o planejamento de uma disciplina de aprendizagem invertida. Essa discussão, até agora, tem sido no nível macro, considerando apenas a superestrutura de uma disciplina. Nos próximos capítulos, iremos nos aprofundar no nível micro, no qual uma disciplina é realmente preparada e uma aula individual é planejada. Essas considerações preenchem algumas das lacunas do quadro mais amplo do *design* da disciplina. Por exemplo, no planejamento da estratégia instrucional para uma disciplina com aprendizagem invertida, sabemos que queremos uma sequência de atividades de aprendizagem que alterne do espaço individual para o grupal e que se baseie em si mesma, mas o que os alunos realmente *fazem*? O que você, professor, realmente faz?

Os detalhes do planejamento de uma disciplina com aprendizagem invertida podem ser misteriosos e desorientadores para os professores. O que se faz com todo esse tempo que é liberado em aula? E como se criam atividades no espaço individual que tenham probabilidade de serem realizadas? Em uma escala maior, como um professor faz de toda essa prática algo que não consuma todo o tempo disponível da vida de uma pessoa?

A aprendizagem invertida tem tudo a ver com oferecer estrutura, e, para oferecer alguma estrutura em torno da prática profissional de ensino em um ambiente de aprendizagem invertida, introduzimos aqui um processo em sete passos para o desenvolvimento de uma unidade instrucional em um ambiente dessa abordagem. Esse processo é uma destilação de um fluxo de trabalho que desenvolvi pessoalmente no decorrer de vários anos de implementação dessa metodologia nas minhas aulas. Ele deve ser adaptado às necessidades específicas de cada pessoa, mas constatei que é uma estrutura confiável para o planejamento de experiências de aprendizagem que são fiéis à filosofia da aprendizagem invertida e colocam os alunos em primeiro lugar no processo.

1. Elaborar uma lista breve, mas abrangente, dos objetivos de aprendizagem para a aula.
2. Recombinar os objetivos de aprendizagem para que apareçam em ordem de complexidade cognitiva.
3. Criar um esboço do planejamento da atividade no espaço grupal que você pretende que os alunos façam.
4. Retornar à lista dos objetivos de aprendizagem e dividi-los em objetivos básicos e avançados.
5. Terminar o planejamento da atividade para o espaço grupal.
6. Planejar e construir a atividade para o espaço individual.
7. Planejar e construir atividades para o espaço pós-grupo que você pretende que os alunos façam.

No Capítulo 5, examinaremos os passos 1 a 4, que focam no *preparo* de atividades para o trabalho no espaço individual e grupal. No Capítulo 6, examinaremos os passos 5 a 7, que tratam do planejamento e da execução dessas atividades. No final do capítulo, teremos um fluxo de trabalho que pode ser usado diariamente para guiar o preparo efetivo das aulas invertidas.

O que pode ser surpreendente ou contraintuitivo nesse processo é o fato de que ele não é linear. Ou seja, não começamos pelo planejamento das atividades no espaço individual e, por fim, planejamos as atividades para o espaço grupal.

Ocorrem alguns saltos enquanto descrevemos os objetivos de aprendizagem e, a seguir, a atividade no *espaço grupal*, seguido por um salto para trás para planejar a atividade no espaço individual e voltamos novamente para terminar a atividade no espaço individual e, por fim, saltamos bem mais adiante para planejar as atividades no espaço pós-grupo. Portanto, a ordem em que os alunos se deparam com esses objetivos e atividades *não é* a ordem em que os criamos.

Por que todos esses saltos? É porque *a essência da aprendizagem invertida é a atividade no espaço grupal*, e a totalidade da aula invertida deve ser planejada com essa experiência central em mente. Portanto, embora precisemos especificar os objetivos de aprendizagem antes de planejar a atividade no espaço grupal, precisamos também de uma sólida noção do que a atividade no espaço grupal irá incluir para planejarmos apropriadamente as atividades no espaço individual e pós-grupo. Sem esse conhecimento, provavelmente daremos mais do que o necessário para os alunos fazerem antes da atividade no espaço grupal, em vez de darmos uma atividade que inclua *apenas o suficiente* para "lançar" a atividade no espaço grupal, e ainda não teremos a melhor noção possível de por onde começar nossas atividades no espaço pós-grupo ou até onde ir com elas.

5
Planejando experiências de aprendizagem invertida, parte 1: desenvolvendo a estrutura para uma aula

No último capítulo, examinamos um *design* de disciplina e como a estrutura em 12 passos proposta por Dee Fink pode servir como um guia para desenvolver uma disciplina que usa a aprendizagem invertida. As estruturas do *design* da disciplina têm o objetivo de desenvolvê-la no nível global, ou macro, refletindo sobre os fatores situacionais, os objetivos de aprendizagem ao longo da disciplina, as estratégias de ensino e o modo como esses diversos componentes se encaixam para formar um ambiente de aprendizagem integrado e coerente para os estudantes. O que *não* foi discutido em profundidade é exatamente como criar atividades de aprendizagem no dia a dia que se encaixem no quadro mais amplo da estratégia instrucional de uma disciplina com aprendizagem invertida. Neste capítulo e no próximo, vamos examinar mais de perto esse nível de detalhes e discutiremos como isso pode ser feito.

No final do capítulo anterior, apresentamos uma estrutura em sete passos para planejar uma aula individual para um ambiente de aprendizagem invertida, que retomamos a seguir.

1. Elaborar uma lista breve, mas abrangente, dos objetivos de aprendizagem para a aula.
2. Recombinar os objetivos de aprendizagem para que apareçam em ordem de complexidade cognitiva.
3. Criar um esboço do planejamento da atividade no espaço grupal que você pretende que os alunos façam.
4. Retornar à lista dos objetivos de aprendizagem e dividi-los em objetivos básicos e avançados.

5. Terminar o planejamento da atividade para o espaço grupal.
6. Planejar e construir a atividade para o espaço individual.
7. Planejar e construir atividades para o espaço pós-grupo que você pretende que os alunos façam.

Recomendo que você trate estes dois capítulos como um manual. Se você ministra uma disciplina que usa a aprendizagem invertida ou uma em que você gostaria de começar a usar aprendizagem invertida, escolha *apenas uma aula* dessa disciplina e a transporte para estes dois capítulos. Trabalhando de acordo com os sete passos como eles são apresentados aqui, você pode dar a uma aula estruturada de modo tradicional uma "modelagem invertida" e transformá-la em uma aula que usa a aprendizagem invertida; se ela já for invertida, você pode comparar seu fluxo de trabalho com o sugerido pelos sete passos e possivelmente fazer melhorias.

Referimos anteriormente que esses sete passos são um processo não linear – a ordem na qual construímos a aula não é a ordem em que os alunos a experimentam – porque a atividade no espaço grupal é o que direciona o resto da aula. Por sua vez, os objetivos de aprendizagem que estabelecemos para os alunos na aula ajudam a determinar o que eles devem fazer. Portanto, neste capítulo, começaremos focando no que fazemos com os objetivos de aprendizagem, em seguida discutimos resumidamente algumas questões envolvendo as atividades no espaço grupal e então voltamos e focamos em uma estrutura para a construção de atividades efetivas no espaço individual. Quando transportar a amostra de uma aula para este capítulo e para o próximo, você verá cada um dos sete passos divididos em três partes: uma introdução e a visão geral, que descreve a ideia geral do passo, uma seção com as *atividades* que você pode realizar para implementar o passo e, depois, uma seção de *perguntas e respostas* relativas a cada um desses passos que com frequência costumavam surgir quando trabalhei com muitos professores universitários no processo de conversão de suas disciplinas em experiências de aprendizagem invertida.

Como organizamos um ambiente de aprendizagem que acontece fora da nossa observação direta, no espaço individual dos alunos, em que eles possam se engajar com sucesso em novos conceitos pela primeira vez por meio de experiências de aprendizagem independente? As apostas nessa questão são muito altas, não só porque o sucesso das atividades no espaço grupal depende disso, mas porque, na aprendizagem invertida, não estamos simplesmente ensinando *conteúdo*, mas também competências de aprendizagem crítica autorregulada, as quais as atividades no espaço individual podem desenvolver se planejarmos apropriadamente. Em nosso processo, tudo começa pelos objetivos de aprendizagem.

A CENTRALIDADE DOS OBJETIVOS DE APRENDIZAGEM

Antes de passarmos à aplicação dos sete passos, será importante refletirmos sobre a importância do ponto de partida nesse processo, que é a identificação dos *objetivos de aprendizagem* para os alunos. No processo de *design* da disciplina, já reservamos um tempo para identificar os resultados de aprendizagem em nível macro para a *disciplina*. Aqui queremos refletir sobre quais seriam esses objetivos de aprendizagem para uma aula específica. Se compararmos os objetivos para a disciplina com a visão que temos do alto de um arranha-céu, aqueles para uma aula são como a visão que temos do primeiro ou segundo andar: apontam o caminho por meio das atividades de aprendizagem imediatas que os alunos irão percorrer e fornecem um conjunto de tarefas concretas que devem ser capazes de realizar depois que a aula tiver terminado.

Por que ter o trabalho de anotar esses objetivos se já articulamos os objetivos da disciplina? Por uma simples razão, os objetivos de aprendizagem no nível da aula geralmente são muito mais específicos do que os de uma disciplina. Por exemplo, uma disciplina de cálculo terá objetivos amplos, como os descritos a seguir:

> Dado um fenômeno do mundo real e uma pergunta sobre o seu "comportamento de mudança", usar os conceitos de cálculo para estabelecer uma contabilização que proporcionará elementos para entender esse comportamento e auxiliar a responder à pergunta.

(Na verdade, esse é um objetivo no nível da disciplina para minha aula de cálculo *on-line*.) Esse é um objetivo amplo apropriado para a disciplina, mas não inclui muitos detalhes, nem é esperado que faça isso. Os objetivos no nível da aula expressarão em muito mais detalhes *como se concretiza* esse objetivo da disciplina no contexto. Por exemplo, um objetivo da aula associado a ele pode ser "Estabelecer e resolver um problema de otimização aplicada". Os objetivos da disciplina (listados no programa da disciplina, de acordo com nosso modelo de *design* da disciplina) especifica em termos amplos o que os alunos serão capazes de fazer ao concluírem a disciplina com sucesso. Os objetivos da aula (provavelmente numerosos demais para serem incluídos em um programa, pois pode haver entre 5 e 10 por aula multiplicados por dezenas de aulas ao longo da disciplina) ampliam os detalhes e informam aluno e professor em que medida os objetivos da disciplina estão sendo atingidos.

Outra razão para ter objetivos de aprendizagem no nível da aula claramente articulados é a de que eles fornecem aos alunos um ponto de referência para saberem se suas atividades no dia a dia no nível do "andar térreo" são efetivas. A importância de ter objetivos para a aprendizagem dispensa maiores comentários. A flecha de um arqueiro tem maior probabilidade de acertar o centro de um alvo claramente definido do que acertar um que está oculto e não possui marcas de identificação. Um médico tem maior probabilidade de tratar uma doença de forma eficaz com um diagnóstico do que sem um e tem maior probabilidade de fazer um diagnóstico correto com catálogos de sintomas acurados do que sem eles. Embora seja possível que ocorra uma ênfase excessiva nos objetivos de aprendizagem em um processo de aprendizagem (TORRANCE, 2007), obviamente faz sentido que ela seja mais efetiva com objetivos de aprendizagem do que sem eles.

No entanto, apesar dos benefícios óbvios dos objetivos de aprendizagem, existem razões para usá-los, e esses benefícios são apoiados por pesquisas. Primeiramente, aqueles claramente articulados podem auxiliar os alunos a identificar diferentes tipos de conhecimento envolvidos na aprendizagem de um assunto, como as diferenças entre conhecimento declarativo e procedimental, o que pode ajudá-los a diferenciar entre "conhecer o material" no sentido de simples memorização factual e "conhecer o material" no sentido de ser capaz de aplicar fatos básicos para resolver problemas (EBERLY CENTER FOR TEACHING EXCELLENCE, 2003). Segundo, objetivos de aprendizagem claros configuram um tipo de *checklist* para os alunos usarem na sua prática individual; por exemplo, estudos mostraram que aprendizes com objetivos específicos quando aprendem a partir de um texto prestavam mais atenção às partes do texto que se harmonizavam com esses objetivos, o que proporcionou aprendizagem mais efetiva (ROTHKOPF; BILLINGTON, 1979). Terceiro, ter objetivos de aprendizagem claros ajuda a assegurar que, por um lado, o nível de apoio dado a aprendizes novatos é suficiente e, por outro, que o nível de instrução direta dada a aprendizes mais avançados não é exagerado. Uma metanálise de 70 estudos diferentes sobre a orientação na aprendizagem (CLARK, 1989) sugere que alguns aprendizes não só aprenderão menos um assunto sem a orientação explícita, mas, na verdade, também *perderão* a aprendizagem que havia ocorrido anteriormente, embora outro estudo (KALYUGA et al., 2003) mostre que a orientação excessiva pode prejudicar os aprendizes que são mais avançados.

Além disso, todos os benefícios que mencionamos até aqui de ter objetivos de aprendizagem claros e explícitos auxiliam na formação de competências e comportamentos de aprendizagem autorregulados. Uma condição essencial da aprendizagem autorregulada (PINTRICH, 2004) é a presença de parâmetros claros a partir dos quais um aprendiz pode julgar se seus processos de aprendizagem são adequados, de modo que possa haver alguma base racional para continuar ou fazer mudanças. Por fim, um aprendiz autorregulado pode (e deve) gerar seus *próprios* objetivos de aprendizagem quando se defronta com uma nova tarefa. Entretanto, em geral, nossos alunos ainda não atingiram integralmente esse estágio, e fornecer objetivos de aprendizagem para tarefas de "nível térreo" em atividades individuais oferece um modelo de como criá-los por conta própria.

Com a compreensão de que os objetivos de aprendizagem, de um modo geral, são bons para a aprendizagem, temos uma base forte para iniciar o processo de planejamento da nossa aula.

PASSO 1 — DETERMINAR OS OBJETIVOS DE APRENDIZAGEM PARA A AULA

Ensinar e aprender são tarefas complexas, e é difícil saber o quanto um aluno está se saindo bem sem ter uma ideia clara de como deve ser quando chegar ao final. Em nosso processo de *design* da disciplina, são feitas duas perguntas sobre os objetivos de aprendizagem no nível da disciplina como um todo:

O que os alunos devem aprender? O que (em minha opinião) constitui evidência aceitável de que eles aprenderam?

No nível de uma aula específica, as respostas a essas perguntas são o que chamamos de *objetivos de aprendizagem*. Eles variam em sua especificidade dependendo do contexto. Em nível de disciplina, os resultados de aprendizagem são amplos e gerais, mas, no nível da aula, quando damos um *zoom* na disciplina, eles se tornam exemplos mais específicos dos objetivos da disciplina.

No entanto, independentemente do nível do *zoom*, os objetivos de aprendizagem funcionam melhor quando são *concretos* e *sem ambiguidade* e de alguma maneira *mensuráveis*. É útil formulá-los como *tarefas* que um aluno realiza e que o professor avalia para determinar se o desempenho é aceitável no entendimento profissional do professor. Os objetivos de aprendizagem não devem ser apenas claros, mas também orientados para a ação, conforme abordado a seguir.

- *Sem ambiguidade*. Os alunos devem conseguir identificar claramente o que devem ser capazes de fazer e como *eles*, os alunos, saberão se aprenderam alguma coisa. Sobretudo, o professor deve avaliar o trabalho dos alunos, e os próprios alunos devem aprender a avaliar o próprio trabalho. Os objetivos de aprendizagem não precisam evitar o jargão, necessariamente; na verdade, os alunos precisam aprender a analisar a linguagem de um assunto conforme determinado por um especialista. Portanto, se "Estabelecer e resolver um problema de otimização aplicada" deixar os alunos se perguntando o que é um "problema de otimização aplicada", sua primeira parada no caminho para atingir esse objetivo é encontrar a resposta. No entanto, o que um objetivo

precisa evitar é um palavreado desnecessariamente complicado ou impreciso que contribua para a "carga extrínseca" que discutimos no Capítulo 2.
- *Orientados para a ação.* Os objetivos devem se referir apenas a ações que podemos realmente medir, em vez de a estados de espírito ou outras abstrações não mensuráveis. Em consequência, palavras como *saber, compreender* ou *entender* não devem fazer parte de um objetivo de aprendizagem no nível da aula. Obviamente queremos que os alunos saibam e compreendam e apreciem os conceitos importantes da disciplina; mas a questão é: *como um aluno vai saber e como você, como professor, vai saber se o aluno sabe/aprecia/compreende aquele conceito?* Determine o que, de acordo com o seu melhor julgamento profissional, um aluno poderia fazer para convencê-lo de que "sabe" ou "compreende" alguma coisa. Quais ações, quando realizadas a contento, você aceitará como evidências? *Essa ação* é o verdadeiro objetivo de aprendizagem. Depois que você determiná-la, escreva o objetivo de aprendizagem usando um verbo de ação.

Note que, quando dizemos que os objetivos de aprendizagem devem ser "mensuráveis", não queremos dizer, necessariamente, que eles devem ser *quantificáveis*. Muitos aspectos da aprendizagem desafiam a qualificação, e tentativas de estabelecer uma quantificação para a aprendizagem dos alunos com frequência resultam em um ambiente semelhante a uma fábrica, em que o foco é desviado das experiências de aprendizagem significativas para resultados de testes estatisticamente significativos. Isso, em geral, não é desejável. No entanto, a *medição* da aprendizagem do aluno pode ser feita sem transformar a disciplina em uma série de testes. De fato, fazemos isso o tempo todo quando avaliamos a escrita dos alunos, suas apresentações orais ou projetos – trabalho dos alunos que naturalmente não admite medidas numéricas. Tudo o que queremos para nossos objetivos é clareza quanto a quais critérios serão de fato avaliados, assim nós e nossos alunos poderemos ter uma linguagem comum para entender se o trabalho atende aos padrões profissionais ou não. E queremos evitar objetivos que não possam ser medidos, quantificados ou algo parecido, que é o que temos quando usamos termos como *compreender*, que se refere a estados de espírito.

Como exemplo, suponha que um objetivo de aprendizagem para uma aula em uma disciplina da história norte-americana seja apresentado desta forma:

Entender as causas da entrada dos Estados Unidos na Primeira Guerra Mundial.

Certamente essa é uma coisa importante de se saber para essa disciplina, mas a ambiguidade precisa ser resolvida. O que exatamente entendemos por "entender" aqui e quais evidências você irá aceitar de que um aluno "entende"? Essa palavra pode significar:

- listar no mínimo cinco razões específicas apresentadas na sua leitura para que os Estados Unidos entrassem na Primeira Guerra Mundial;
- descrever uma sequência de acontecimentos históricos que levaram os Estados Unidos a entrar na Primeira Guerra Mundial;
- explicar como acontecimentos sociais e políticos nos Estados Unidos entre 1900 e 1910 levaram o país a entrar na Primeira Guerra Mundial;
- categorizar algumas razões comumente dadas para os Estados Unidos entrarem na Primeira Guerra Mundial, tais como razões políticas, sociais e econômicas, e explicar seu raciocínio;
- criar uma "história alternativa" plausível dos Estados Unidos na qual um dos acontecimentos que levaram o país a entrar na Primeira Guerra Mundial não tivesse ocorrido;
- discutir com outro colega a legitimidade de uma ou mais causas da entrada dos Estados Unidos na Primeira Guerra Mundial e resumir o argumento da outra pessoa.

Essas tarefas estão em *ordem crescente de complexidade cognitiva*. Listar os fatos a partir de um livro-texto é uma tarefa menos complexa do que descrever, o que é menos complexo do que explicar os acontecimentos no contexto, etc. A realização com sucesso de alguma dessas tarefas pode ser considerada evidência de que o aluno "entende", mas todas elas são tarefas muito diferentes e, sem pistas explícitas do que *você* considera ser compreensão, será muito difícil para os alunos mostrarem evidências da compreensão que você julga necessária. De fato, como observamos anteriormente, muitos alunos, quando questionados sobre o que significa "entender" um assunto, descreverão somente as tarefas de nível inferior, tais como listar e descrever. Ao estruturá-las como verbos de ação, em sintonia com o nível certo de complexidade cognitiva, você está auxiliando-os a trabalhar no nível que você deseja.

É possível também que, quando um objetivo de aprendizagem formulado com "saber" ou "entender" é realmente analisado em termos de quais tarefas específicas você quer que os alunos desempenhem, você na verdade quer que eles façam várias atividades consecutivas. Usando o exemplo da Primeira Guerra Mundial, depois de desvendado o objetivo "entender", fica evidente que você quer que os alunos listem as razões *e* descrevam *e* categorizem *e* discutam. Assim, a utilização de verbos de ação específicos esclarece o que você quer que os alunos façam, e isso é útil para todos.

Finalmente, observe mais uma vez que alguns desses objetivos são quantificáveis (p. ex., o primeiro), enquanto outros são difíceis de quantificar, mas todos são *mensuráveis*, se usarmos uma lista de critérios bem construída para a avaliação e atribuição de notas. De fato, esses objetivos são o ponto de partida para a avaliação.

Os objetivos de aprendizagem também precisam ter outras características, como as apresentadas a seguir.

- *Abrangentes.* Tudo de importante na aula deve ser abordado por uma combinação de objetivos de aprendizagem (se não pelo seu próprio objetivo de aprendizagem). Em outras palavras, se algo for importante na disciplina e você achar que os alunos precisam saber, escreva um objetivo de aprendizagem para isso ou determine como uma combinação dos objetivos de aprendizagem existentes lhe darão as evidências de que precisa.
- *Mínimos.* Ao mesmo tempo, nem tudo em uma aula precisa ter seu próprio objetivo de aprendizagem. De fato, queremos eliminar redundâncias nos objetivos de aprendizagem para tornar a carga cognitiva dos alunos o mais baixa possível (mas não inferior!). Não faz sentido ter cinco objetivos de aprendizagem que dizem essencialmente a mesma coisa ou um único objetivo de aprendizagem que seja apenas uma combinação de dois ou mais.

Executando o Passo 1

Nesta seção, como em cada um dos passos que descreveremos, damos uma atividade que você pode fazer para desenvolver essa parte específica da aula. Por exemplo, o exercício a seguir pode auxiliar a desenvolver os objetivos de aprendizagem para a sua aula.

Examine com cuidado a unidade ou tema que você escolheu e decida uma lista de 3 a 8 objetivos de aprendizagem que atendam aos critérios observados anteriormente e os transcreva. Lembre-se de usar verbos de ação, escreva com clareza (porque o aluno é o público-alvo aqui) e os apresente como abrangentes, embora mínimos. Talvez você precise fazer escolhas quanto ao conteúdo a ser abordado e o que deixar de fora. Faça uma lista no espaço reservado. *Simplesmente liste-os na ordem em que aparecem ou na ordem em que lhe ocorreram.* Poderemos mudar essa ordem no Passo 2.

Dica: se você estiver usando um livro-texto, às vezes pode ser útil o simples ato de ler atentamente a seção do livro que a sua aula irá abordar ou mesmo passar os olhos nos exercícios. Entre o texto e os exercícios, você deve ter uma boa ideia de quais objetivos devem estar de acordo com o livro. Então, você pode modificá-los usando sua própria programação para a aprendizagem dos alunos.

Se você precisar de mais espaço ou tiver mais de oito objetivos, simplesmente coloque-os em uma folha separada.

Perguntas e respostas sobre o Passo 1

P — *Estou tendo dificuldades para encontrar verbos de ação apropriados para usar nos meus objetivos de aprendizagem que não sejam saber, entender ou compreender. Existe algum lugar onde posso encontrar dicas?*

R — Sim, e esse local é chamado internet. Mais especificamente, uma consulta na ferramenta de busca como "verbos de ação para elaboração de objetivo de aprendizagem" resultará em milhares de exemplos de verbos de ação que podem descrever o que você tem em mente ou, em alguns casos, inspirá-lo a tentar alguma coisa com os alunos. Muitas dessas listas usam algo denominado de taxonomia de Bloom, que é uma forma de categorizar tarefas cognitivas de acordo com o seu nível de complexidade. Falaremos mais sobre isso no Passo 2.

P — *Quantos objetivos de aprendizagem uma aula deve ter?*

R — Anteriormente, foi sugerido elaborar 3 a 8 objetivos de aprendizagem específicos para a aula. Essa é apenas uma variação de números arbitrária. É bem possível que uma aula complexa ou para uma turma que tenha um tempo de encontro mais longo possa ter uma lista mais longa de objetivos de aprendizagem. Contudo, também é possível que você acabe definindo objetivos demais. Dê uma boa olhada na sua lista e faça a si mesmo as seguintes perguntas: *Alguns desses objetivos não são estritamente necessários para a minha aula e, portanto, posso removê-los sem prejudicar o rigor acadêmico? É possível combinar alguns deles em um objetivo maior, do qual os menores sejam exemplos? Estou tentando fazer coisas demais em um encontro, e deveria ver se consigo criar mais tempo em uma segunda sessão para incluir todos esses objetivos?* Por outro lado, é possível que uma aula tenha apenas um ou dois objetivos de aprendizagem concretos (mas isso não é muito provável). É mais provável que os objetivos de aprendizagem que você tem possam, e possivelmente deveriam, ser divididos em outros menores que possam e talvez devam ser avaliados em separado. Por exemplo: "Escrever a equação para uma reta" seria um objetivo bem concreto e aparentemente explícito para uma aula de álgebra básica. No entanto, na verdade, existem várias camadas nesse objetivo. Queremos que os alunos escrevam a equação para uma reta dada em apenas dois pontos na reta? Queremos que os alunos escrevam a equação para uma reta dados um ponto e a inclinação? Queremos que os alunos escrevam a equação na forma padrão e também na de inclinação-intercepto? Faria sentido no contexto transformá-los em *três* objetivos, cada um mais atomístico do que o maior.

P — *Acho que os objetivos de aprendizagem são muito limitados e quero algum espaço para que os alunos explorem e saiam do roteiro. Preciso mesmo ter objetivos de aprendizagem tão específicos assim?*

R — É absolutamente verdadeiro que algumas das melhores experiências de aprendizagem que nós e nossos alunos experimentamos são aquelas que não são planejadas e estão fora do roteiro, resultantes do acaso e de momentos de ensino que acontecem sem aviso prévio. Os objetivos de aprendizagem podem ser escritos de uma forma que os deixam limitados, e a claustrofobia intelectual resultante pode transformar oportunidades de aprendizagem memoráveis em um processo monótono assinalando quadros em uma *checklist*. Ninguém quer que uma sala de aula se transforme nisso.

Ao mesmo tempo, uma disciplina ou aula que é completamente *sem limitações* corre o risco de ser um vale-tudo improdutivo, em especial para a maioria dos aprendizes novatos em nossas disciplinas, os quais (conforme mostra a pesquisa mencionada antes) precisam de orientação para aprender. Como atingir o equilíbrio?

Esta é uma analogia que pode ser útil. Moro em Michigan e gosto de fazer caminhadas nas muitas áreas de floresta e praia nas redondezas. Todas elas possuem trilhas, e todas as trilhas têm marcadores ocasionais. O propósito da trilha é não só me guiar pelo caminho que os criadores do parque consideraram que oferecia o máximo de prazer (as melhores vistas, as subidas de encostas mais desafiadoras, etc.), mas também para impedir que eu me desvie para áreas que precisam permanecer afastadas da atividade humana (dunas sensíveis na beira do lago, etc.). O objetivo dos marcadores da trilha é não só me dizer onde ela está, mas também diferenciar uma trilha das outras. Às vezes é divertido sair da trilha e ingressar na vida selvagem, mas, para fazer isso, tenho de saber onde posso fazê-lo sem prejuízo para o ambiente e onde está a trilha principal, para poder concluir a caminhada sem me perder.

Agora imagine uma trilha para caminhada que tenha muretas de proteção de um metro de altura de cada lado e placas fluorescentes a cada cinco metros dizendo, possivelmente em letras garrafais, que *esta é a trilha e você não pode sair dela*. Esse nível de microcontrole da minha experiência de caminhada deixaria toda a empreitada completamente desagradável. Ao mesmo tempo, não ter *nenhuma* trilha ou um número *insuficiente* de marcadores torna a experiência da caminhada desfavorável, porque eu com certeza não sei para onde estou indo, e, mesmo que esteja familiarizado com a área, se me afastar demais da trilha, posso perder vistas deslumbrantes segundo às quais a trilha foi planejada para me mostrar.

As disciplinas que lecionamos são como as trilhas, e os objetivos de aprendizagem são os marcadores ao longo dela. Temos o cuidado de planejar as disciplinas (nossas trilhas) de modo que mostrem aos alunos (os caminhantes) as melhores coisas sobre o que estamos ensinando (o lugar onde estamos caminhando). Os objetivos de aprendizagem são definidos para servir como um guia para direcionar os estudantes pelo caminho que oferece o máximo de diversão, desafios e aprendizagem. Embora, às vezes, não tenha problema se desviar de uma aula, os objetivos de aprendizagem estão ali para nos auxiliar a decidir *onde* e *quando* não tem problema nos afastarmos (porque nem sempre é assim) e onde devemos retomar o caminho depois de terminado o desvio.

Indo um pouco mais além com essa analogia: se as disciplinas forem trilhas e os objetivos de aprendizagem, os marcadores, isso faria dos professores os guias da trilha que lideram os grupos de caminhantes, assegurando que cada pessoa está bem e prossegue bem ao longo da trilha e oferecendo uma visão sobre o que cada caminhante está experimentando. (E isso é tudo o que podemos fazer; não podemos fazer a trilha *por* eles.) No entanto, se os caminhantes tiverem um guia, qual é a necessidade de marcadores na trilha? Bem, não há nenhuma, desde que o guia planeje estar presente em cada caminhada que ocorrer no futuro. Mas, é claro, essa é uma ideia absurda; o que *realmente* pretendemos é que os caminhantes *não precisem de guias humanos*, mas, em vez disso, sejam capazes de escolher caminhar sempre que quiserem e sigam uma trilha de forma inteligente e possam ter uma ótima experiência sozinhos, sem que estejamos presentes na cena. Portanto, precisamos de objetivos de aprendizagem em nossas aulas, porque nem sempre estaremos perto dos alunos no futuro; queremos que sejam capazes de navegar nas experiências de aprendizagem sem um guia humano (até mesmo que estabeleçam seus próprios "marcadores de trilha" no processo de aprendizagem futura) e ainda tenham uma ótima experiência.

Assim, não pense nos objetivos de aprendizagem como *restrições* ou *roteiros*, mas como *balizas* que fornecem orientação e direção durante as aulas que ensinamos.

PASSO 2 — COLOCAR OS OBJETIVOS DE APRENDIZAGEM EM ORDEM DE COMPLEXIDADE

Quando você estava escrevendo os objetivos de aprendizagem no Passo 1, é possível que sua lista não estivesse em ordem de complexidade cognitiva. Por exemplo, você pode ter listado o objetivo de aprendizagem mais complexo primeiro, porque ele ocupa a maior parte do tempo dos alunos ou porque é o que você lembra primeiro, pois ele é historicamente o maior obstáculo para os alunos. Entretanto, de fato, pode haver outros objetivos de aprendizagem mais abaixo na lista que sejam mais básicos ou mais simples.

O Passo 2 trata de *colocar a lista dos objetivos de aprendizagem, que são resultado de um processo de* brainstorming, *em ordem de complexidade cognitiva*. Uma estrutura útil que mostra como fazer isso é a *taxonomia de Bloom* (BLOOM; KRATHWOHL; MASIA, 1956; revisada e atualizada em ANDERSON; KRATHWOL; BLOOM, 2001), a qual é frequentemente representada como uma pirâmide, com os níveis mais inferiores correspondendo às tarefas cognitivas mais simples e a complexidade dessas tarefas aumentando à medida que são acessados os níveis mais altos da pirâmide (ver Fig. 5.1). Os verbos na pirâmide correspondem aproximadamente aos seguintes tipos de processos (ANDERSON; KRATHWOHL, 2001):

- *memorização* — recuperação na memória de conhecimento relevante;
- *compreensão* — determinar o significado das mensagens instrucionais;
- *aplicação* — executar um procedimento em uma determinada situação;
- *análise* — separar o material em suas partes componentes e estabelecer as relações entre as partes e entre as partes e o todo;
- *avaliação* — fazer julgamentos com base nos critérios estabelecidos;
- *criação* — reunir elementos para formar um todo novo e coerente.

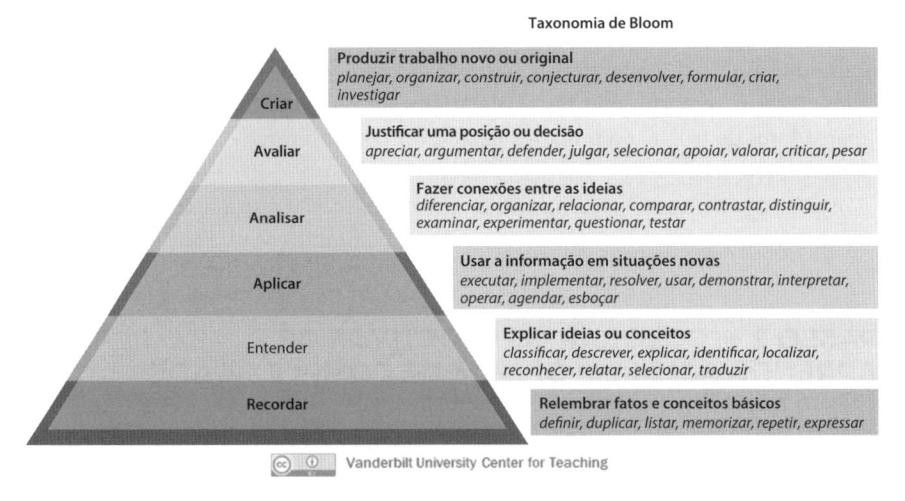

Figura 5.1 Pirâmide da taxonomia de Bloom.
Fonte: Vanderbilt University Center for Teaching, Creative Commons License, https://www.flickr.com/photos/vandycft/29428436431

A taxonomia de Bloom é uma das estruturas hierárquicas para a cognição que pode auxiliar a "recombinar" a lista dos objetivos de aprendizagem que fizemos no Passo 1, de modo que apareçam em *ordem crescente de complexidade*, em vez de na ordem de aparição. A razão para fazermos isso ficará um pouco mais clara no Passo 4, mas a ideia básica é a de que, *no fim, vamos querer informar os alunos sobre o que eles devem saber fazer antes de ingressar no espaço grupal, e essa lista de tarefas é, em geral, apenas um subgrupo de toda a lista de objetivos de aprendizagem*. Para dar aos alunos esse subgrupo "básico", precisaremos ter uma ordenação aproximadamente linear dos objetivos de aprendizagem para saber onde terminam os objetivos básicos e começam os mais avançados.

Como estamos representando nossos objetivos de aprendizagem como *tarefas* que têm verbos de ação claramente especificados, é bastante útil ter uma noção dos tipos de ações que correspondem aos diferentes níveis da taxonomia de Bloom. São muitas as listas já feitas com verbos para a taxonomia de Bloom. A Tabela 5.1 apresenta uma fusão de algumas delas. A lista de verbos não é exaustiva nem particularmente bem definida; ela apenas dá exemplos de algumas ações que podem se enquadrar na taxonomia de Bloom. Pode haver variações. Por exemplo, o verbo *descrever* é dado aqui como indicativo de uma tarefa de *compreensão*, como no caso em que um aluno é solicitado a descrever um processo químico como uma forma de compreendê-lo, porém, o mesmo verbo, *descrever*, também pode ser uma tarefa de *análise*, como quando um aluno for solicitado a descrever uma relação entre um processo químico e outro, ou uma tarefa de *avaliação*, quando um aluno for solici-

TABELA 5.1 Verbos comuns associados aos níveis da taxonomia de Bloom

Nível da taxonomia de Bloom	Verbos de ação comuns para esse nível
Recordar	Definir, indicar, identificar, nomear, localizar, lembrar, citar, combinar
Entender	Explicar, classificar, descrever, prever, reexpressar, traduzir, expressar
Aplicar	Resolver, aplicar, modificar, usar, construir, preparar, produzir, demonstrar
Analisar	Comparar, contrastar, distinguir, categorizar, conectar, diferenciar, avaliar
Avaliar	Reestruturar, criticar, resumir, defender, debater, argumentar, concluir
Criar	Planejar, compor, conjecturar, compilar, construir, fazer, escrever, modificar

tado a descrever como a implementação de um processo químico em laboratório segue os procedimentos de segurança. Como com a maioria das coisas, o contexto é essencial.

Podemos utilizar a taxonomia de Bloom para determinar o quanto nossos objetivos de aprendizagem são avançados independentemente da ordem em que pensamos neles. Por exemplo, suponha que, ao planejar uma aula de álgebra focando na fórmula quadrática, escrevemos os objetivos na seguinte ordem:

- indicar a fórmula quadrática;
- usar a fórmula quadrática para encontrar as raízes de um polinômio de segundo grau;
- aplicar a fórmula quadrática para resolver um problema no mundo real;
- indicar as condições nas quais um polinômio de segundo grau terá duas raízes reais, uma repetida, ou duas complexas.

O quarto objetivo é uma consideração *a posteriori* – ele me ocorreu depois que havia escrito os outros três. É um objetivo legítimo, mas não foi um dos principais que havia pensado. Portanto, há uma boa chance de que ele seja menos complexo do que algum dos outros três que aparecem antes na lista.

Examinando a lista de verbos, o primeiro objetivo é claramente uma tarefa de *memorização* – meramente solicitar que o aluno recupere uma fórmula na memória. (Isso não o torna *menos importante* – é apenas um nível baixo.) O segundo é um objetivo importante sobre cálculo; trata-se de aplicar a fórmula básica a um cálculo automático, mecânico. Portanto, essa é uma tarefa de *aplicação* e de nível relativamente baixo. A terceira condição usa a palavra *resolver*, o que, nesse contexto, significa resolver uma equação; essa é mais bem classificada como uma tarefa de *aplicação*, novamente, embora mais complexa do que o segundo objetivo. Finalmente, o quarto objetivo diz *indicar*, mas significa aqui que os alunos devem ser capazes de tomar a fórmula básica e então usá-la para tirar conclusões sobre expressões matemáticas. Isso o coloca mais no âmbito da *aplicação* do que da *memorização*. De qualquer forma, esse objetivo de aprendizagem se encontra na metade do caminho em termos de complexidade, embora fosse o quarto item na lista inicial.

A questão aqui é a de que a taxonomia de Bloom fornece uma *estrutura* para refletir sobre o quanto os objetivos de aprendizagem são complexos, portanto, podemos organizá-los em ordem de complexidade, mas essa não é uma fórmula que garante uma ordenação perfeita. Existe a necessidade de alguns julgamentos profissionais que você como professor e especialista no conteúdo deve fazer. Também não existe um mapeamento perfeito de correspondência entre os verbos que você usa para a taxonomia de Bloom – às vezes um verbo que você usa (como *resolver*) não combina com o mesmo verbo que você vê em uma tabela.

Se essa fosse a minha turma, provavelmente reordenaria os objetivos de aprendizagem invertendo os dois últimos, apresentando a seguinte lista final dos objetivos em uma ordem que vai do simples para o complexo:

- indicar a fórmula quadrática;
- usar a fórmula quadrática para encontrar as raízes de um polinômio de segundo grau;
- indicar as condições nas quais um polinômio de segundo grau terá duas raízes reais, uma repetida ou duas complexas;
- aplicar a fórmula quadrática para resolver um problema no mundo real.

Inverti as duas últimas porque, como matemático, acredito que aplicar uma fórmula a um problema no mundo real é mais difícil para alunos de álgebra do que utilizá-la para encontrar informações sobre uma expressão sem um contexto no mundo real. Mas, novamente, esse é um julgamento pessoal.

Executando o Passo 2

Usando uma ou mais das visualizações e listas de verbos da taxonomia de Bloom (das apresentadas anteriormente ou, melhor ainda, da internet) reordene os objetivos de aprendizagem que você escreveu no Passo 1 *do menos complexo* ao *mais complexo*. Não tem problema se você achar que há mais de uma maneira de fazer isso; você provavelmente está certo. Será necessário algum julgamento profissional aqui.

Perguntas e respostas sobre o Passo 2

P — *Todas as aulas que planejo precisam ter a ocorrência de cada um dos seis níveis da taxonomia de Bloom? Por exemplo, tudo bem se eu tiver uma aula composta inteiramente de tarefas de memorização?*

R — Isso *pode* acontecer algumas vezes. Por exemplo, há disciplinas nas ciências da saúde para calouros de medicina e enfermagem que são inteiramente focadas na terminologia médica. Muitas das aulas nessas disciplinas irão focar na memorização da terminologia, portanto, você pode esperar encontrar muitas tarefas de *memorização* e muitas de *avaliação*. Inversamente, algumas disciplinas – por exemplo, módulos de final de curso em uma especialização ou de estágio – podem ter pouquíssimas tarefas de nível baixo e focar em especial naquelas de nível mais alto. No entanto, a boa pedagogia, de um modo geral, requer um equilíbrio das tarefas ao longo do espectro cognitivo. Caso você se dê conta de que está dando apenas tarefas de nível baixo, considere formas de introduzir algumas de nível mais alto no planejamento da disciplina (conselho para todos os tipos de ensino, não só para a aprendizagem invertida).

PASSO 3 — DESCREVER A ATIVIDADE NO ESPAÇO GRUPAL

Embora muitos tratamentos e perguntas sobre a aprendizagem invertida pareçam girar em torno do espaço individual (possivelmente porque a forte ênfase no espaço individual a torna tão diferenciada e as atividades no espaço individual, tão problemáticas), a essência do conceito e sua parte mais importante se encontram no espaço grupal. O ponto principal da aprendizagem invertida é o foco no valioso tempo de aula, quando alunos e professor estão juntos e podem ajudar uns aos outros em tarefas que são rigorosas, criativas e desafiadoras e, portanto, se beneficiam ao máximo por estarem juntos. (Isso vale até mesmo para disciplinas *on-line* e híbridas, em que o "tempo na aula" tem um significado diferente.) Essas atividades em geral envolvem os itens que estão agora na metade inferior da sua lista de objetivos de aprendizagem reordenada, os quais estão na essência de uma "compreensão" do assunto em nível universitário e, portanto, são de extrema importância e merecem que lhes seja destinada a maior parte do espaço e do tempo.

O propósito do Passo 3 é ter uma ideia aproximada do que os alunos farão na aula, assim, a atividade pré-aula que você planejar será focada e livre de redundâncias e trabalho desnecessário, o que, por sua vez, aumentará a probabilidade de que sejam realizadas. Você pode usar o tempo em aula para focar nos objetivos de aprendizagem que você identificou na parte inferior da lista – os conceitos mais difíceis e complexos para os quais os alunos mais vão precisar de apoio para compreender.

Essa é a parte difícil desse passo: *você provavelmente não terá tempo suficiente para abordar cada um dos seus objetivos na aula. Nesse passo, você precisará fazer uma escolha preliminar de quais objetivos não irá tratar de modo explícito na aula.* Esse é apenas um fato prático relativo ao espaço grupal, ou tempo na aula: não há muito tempo, e queremos focar em propiciar aos alunos tempo e espaço para explorar os conceitos mais difíceis para os quais podem receber auxílio de imediato. Para pagar esse preço, há alguns objetivos pelos quais os estudantes devem ser responsáveis *antes* de irem para a aula (ver Passo 4).

Portanto, no Passo 3, você precisa refletir sobre as atividades na aula que abordam os elementos mais difíceis da sua lista de objetivos de aprendizagem. Pode ser que esse seja um único objetivo! Mas, se ele for tão problemático que seus alunos precisem passar 45 minutos extremamente concentrados nele, então que assim seja. (Estudantes universitários frequentemente têm dificuldades de focar em uma tarefa por um período de tempo estendido, assim, o *design* da aprendizagem invertida está auxiliando-os a adquirir e dominar essa importante habilidade de autorregulação.)

Como qualquer outro tipo de responsabilidade ou avaliação do espaço individual/atividade pré-aula, esse passo também visa a esclarecer como você empregará o tempo em outros itens no seu encontro presencial. As atividades podem incluir:

- iniciar a aula com um breve teste introdutório relacionado com a leitura e com a atividade pré-aula;
- começar a aula com perguntas e respostas (P&R) sobre a leitura e atividade pré-aula (em pequenos grupos ou com toda a turma);
- solicitar que os alunos apresentem exercícios básicos (p. ex., de uma atividade pré-aula) no quadro para o restante da turma discutir;
- encerrar a aula com uma atividade de aprendizagem autorregulada, como *one-minute paper* ou um *ticket* de saída (NILSON, 2013).*

Como tempo é um recurso escasso na aula, você precisa estabelecer um equilíbrio adequado entre o tempo dedicado às principais atividades na aula e a essas outras que são úteis. Por exemplo, se você tem um período de aula de 50 minutos, planejou um exercício que leva 40 minutos e quer usar 10 minutos em um teste introdutório, com 10 minutos para discussão e depois um trabalho de um minuto no final, a conta simplesmente não fecha – alguma coisa precisa ser alterada. Você terá que decidir o que e como.

Como exemplo, voltemos à nossa hipotética aula de álgebra e seus objetivos:

- indicar a fórmula quadrática;
- usar a fórmula quadrática para encontrar as raízes de um polinômio de segundo grau;
- indicar as condições nas quais um polinômio de segundo grau terá duas raízes reais, uma repetida ou duas complexas;
- aplicar a fórmula quadrática para resolver um problema no mundo real.

Considere o seguinte plano, elaborado para uma aula de 50 minutos.

- Primeiros 10 minutos: perguntas e respostas (P&R) abertas de algo referente à leitura ou vídeo (sem predeterminação).

---

* N. de E. Veja mais detalhes sobre essas técnicas no Apêndice.

- Próximos 25 minutos: uma pergunta de aquecimento solicitando que escrevam a fórmula quadrática e então encontrem as raízes de dois polinômios de segundo grau. Uma pergunta de *follow-up* envolvendo alguma situação no mundo real (com muitas opções) em que queremos obter alguma informação que requeira a fórmula quadrática – como o problema clássico da equação do movimento de um projétil e a determinação de quando ele irá atingir o solo. Uma pergunta adicional pode solicitar a determinação de quando as raízes de um polinômio são reais ou complexas.
- Últimos 10 minutos: discussão e *one-minute paper* para encerramento.

Ainda restam 5 minutos segundo essa descrição para dar algum tempo de descanso. No entanto, esse é apenas um esboço. Entrarei em maiores detalhes posteriormente (no Passo 5).

Executando o Passo 3

Encontre respostas para as perguntas a seguir.

- Quais são os *principais objetivos a serem abordados* na sua lista de objetivos de aprendizagem durante o trabalho na aula? Deve ser uma *lista relativamente curta* de tarefas que abordem os itens mais complexos que os alunos precisam aprender, com o que se beneficiarão trabalhando em conjunto e com você presente como professor para dar apoio no local.
- De um modo geral (entrando em detalhes posteriormente), o que os alunos vão *fazer* na aula para mostrar o quanto estão dominando os objetivos de aprendizagem relevantes? (Em outras palavras, em linhas gerais, quais são as tarefas que você vai dar para os estudantes?)
- Em seu melhor julgamento profissional, quanto tempo isso levará aproximadamente? (*Recomendação: se sua atividade na aula estiver ocupando mais de 70% do tempo que ficarão em contato – por exemplo, 35 de 50 minutos – ela precisa ser reduzida.*) Parte da atividade pode ser feita antes da aula? Parte dela pode ser deixada para o pós-aula? Você pode dar uma atividade mais simples que ainda engaje os alunos em um nível alto?
- Que *outras* atividades você quer que os alunos façam na aula? Quanto tempo levará? Em que momento vão ocorrer durante o encontro? (E todas elas são necessárias ou suficientemente úteis para justificar o uso do tempo da aula?)

Perguntas e respostas sobre o Passo 3

P — *De que forma posso liberar ainda mais tempo em minha aula para a aprendizagem ativa dos objetivos mais difíceis?*

R — Há muitas formas pelas quais você pode melhorar a eficiência do seu encontro presencial agilizando ou eliminando coisas que frequentemente fazemos na aula por hábito, conforme abordado a seguir.

- *Não faça comunicados da disciplina na aula.* Faça os comunicados via *e-mail* ou pelo ambiente virtual de aprendizagem da sua disciplina, em vez de retirar tempo da aula. Na melhor das hipóteses, coloque os avisos no quadro antes da aula ou em um folheto e, então, siga adiante. Depois disso, os alunos serão responsáveis por essas informações.
- *Não devolva os trabalhos na aula.* Procure fazer isso antes do horário da aula ou em horário combinado na sua sala. Recentemente percebi que, se eu passasse 10 segundos por aluno devolvendo os trabalhos em uma turma de 30 alunos, gastaria 5 minutos transferindo folhas de papel. Quantas vezes você desejou ter mais 5 minutos para terminar uma atividade?
- *Não use nada em papel.* Em vez disso, solicite que os alunos apresentem o trabalho por meio eletrônico.

PASSO 4 — DIVIDIR A LISTA DOS OBJETIVOS DE APRENDIZAGEM

Nossa lista de objetivos de aprendizagem foi classificada pela complexidade cognitiva e por uma noção do que vai acontecer na aula. Agora *retrocedemos* e examinamos novamente os objetivos.

A lista dos objetivos de aprendizagem mostra as tarefas que os alunos devem ser capazes de fazer para apresentar evidências de domínio do assunto – *em algum momento*. No entanto, o *timing* dessas evidências é importante. Não precisamos que eles mostrem que dominaram *todos* os objetivos de aprendizagem *antes* de irem para a aula; isso é irrealista e cria uma carga cognitiva extrínseca excessiva e, mesmo que realista e fácil de ser atingido, tornaria nossa aula obsoleta!

Portanto, nesse passo, faremos um favor aos alunos e especificaremos o que eles precisam ser capazes de fazer durante seu trabalho no espaço individual e no que deverão focar durante e depois das atividades no espaço grupal. Fazemos isso simplesmente *dividindo a lista dos objetivos de aprendizagem em duas* – traçando uma linha que separa os objetivos no espaço individual daqueles no espaço grupal. Chamaremos esses objetivos de *básicos* e *avançados*, respectivamente.

A decisão de onde traçar essa linha é feita com base em seu julgamento profissional. Veja a lista ordenada dos objetivos de aprendizagem e se faça duas perguntas:

1. *Qual dos itens na minha lista dos objetivos de aprendizagem é a tarefa mais avançada no qual posso esperar sensatamente que um aluno seja fluente por meio do estudo independente?*
2. *Qual dos itens na minha lista dos objetivos de aprendizagem é a tarefa menos avançada que planejo que os alunos abordem por meio do seu trabalho ativo na aula?*

Ao responder a essas perguntas, você irá descobrir uma linha demarcatória. De um lado, estão os objetivos de aprendizagem que são suficientemente simples para os alunos obterem fluência básica por conta própria por meio da instrução direta e prática no espaço individual por meio de atividades estruturadas durante o primeiro contato. Do outro, estão os objetivos de aprendizagem que são suficientemente avançados para que os estudantes *possam* ser capazes de adquirir fluência básica por conta própria, mas ainda precisarão realizar trabalho ativo com outros colegas na aula para de fato começarem a "entender".

A Figura 5.2 ilustra esse processo. No diagrama, temos inúmeros objetivos de aprendizagem para a aula – digamos *n* delas. No Passo 2, nós as reformulamos para que agora apareçam de um modo geral em ordem crescente de complexidade cognitiva: o Objetivo 1 é o mais simples, o 2 é mais complexo do que o 1, o 3 é mais complexo do que o 1 e o 2, e assim por diante. Com base em nosso julgamento profissional, determinamos que, em algum ponto nessa lista ordenada (entre o Objetivo $k-1$ e o Objetivo k), há um ponto de corte. Antes dele, pode-se, razoavelmente, esperar que os alunos tenham encontros positivos com esses objetivos em seu trabalho no espaço individual antes da aula (se tivermos uma disciplina presencial com encontros regulares). Esses são os objetivos *básicos*. Depois desse ponto de corte, estão os objetivos *avançados*, que provavelmente é melhor que os deixemos para serem abordados durante o espaço grupal. O Objetivo $k-1$ é o *mais* complexo dos objetivos básicos – a tarefa mais complexa que sensatamente pode ser projetada para os alunos aprenderem sozinhos em seu espaço individual. O Objetivo k é o *menos* complexo dos objetivos avançados – a tarefa mais simples que será abordada depois que os alunos tiverem adquirido fluência com todos os objetivos básicos. Nessa etapa, você encontra essa linha e então faz a demarcação.

Retornando ao exemplo hipotético de álgebra, tínhamos esta lista ordenada de objetivos:

- indicar a fórmula quadrática;
- usar a fórmula quadrática para encontrar as raízes de um polinômio de segundo grau;
- indicar as condições nas quais um polinômio de segundo grau terá duas raízes reais, uma repetida ou duas complexas;
- aplicar a fórmula quadrática para resolver um problema no mundo real.

Qual dos itens na minha lista de objetivos de aprendizagem é a tarefa mais avançada na qual posso razoavelmente esperar que um aluno seja fluente por meio do estudo independente? (Esse é o "Objetivo $k - 1$" da Fig. 5.2.) Penso que essa tarefa seria a segunda: usar a fórmula quadrática para encontrar as raízes de um polinômio. Tanto essa tarefa quanto a anterior são cálculos mecânicos que podem ser facilmente aprendidos pela instrução direta e prática, ambas as quais podem ser fornecidas por meio do material postado *on-line* (vídeo, dever de casa *on-line*, etc.). Não espero, necessariamente, que os alunos *dominem* essas habilidades antes da aula (embora alguns deles o façam), apenas que tenham fluência suficiente para saber mais ou menos o que estão fazendo.

Qual dos itens na minha lista de objetivos de aprendizagem é a tarefa menos avançada que eu planejo que os alunos abordem por meio do seu trabalho ativo em aula? (Esse é o "Objetivo k" da Fig. 5.2.) Acho que este seria o terceiro item sobre a aplicação da fórmula quadrática para classificar as raízes de um polinômio. Esse item é suficientemente simples para esperar que os estudantes obtenham alguma fluência nele antes da aula, mas acho que funcionaria melhor como uma atividade durante a aula, então ele se torna a minha linha demarcatória:

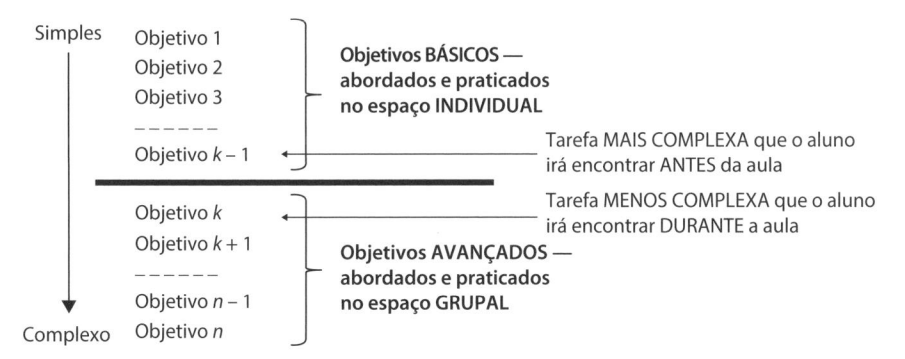

Simples	Objetivo 1	Objetivos BÁSICOS — abordados e praticados no espaço INDIVIDUAL	
	Objetivo 2		
	Objetivo 3		

	Objetivo $k - 1$	←	Tarefa MAIS COMPLEXA que o aluno irá encontrar ANTES da aula
	Objetivo k	←	Tarefa MENOS COMPLEXA que o aluno irá encontrar DURANTE a aula
	Objetivo $k + 1$	Objetivos AVANÇADOS — abordados e praticados no espaço GRUPAL	

	Objetivo $n - 1$		
Complexo	Objetivo n		

Figura 5.2 Separando a lista dos objetivos de aprendizagem.

Objetivos básicos

- Indicar a fórmula quadrática.
- Usar a fórmula quadrática para encontrar as raízes de um polinômio de segundo grau.

Objetivos avançados

- Indicar as condições nas quais um polinômio de segundo grau terá duas raízes reais, uma repetida ou duas complexas.
- Aplicar a fórmula quadrática para resolver um problema no mundo real.

Oportunamente (Passo 6), darei aos alunos essas duas listas conectadas e deixarei claro que *espero que adquiram fluência nos objetivos básicos* antes da aula. Obter fluência nos objetivos avançados antes da aula seria ótimo, mas não necessário, os quais meramente definem a agenda para o que irá acontecer em aula.

As duas listas de objetivos informam os alunos sobre o que precisam aprender para o horário da aula: *você precisa ser razoavelmente fluente em indicar a fórmula quadrática e usá-la para encontrar as raízes de um polinômio de segundo grau antes de ir para a aula; em outras palavras, as atividades na aula irão presumir fluência básica nesses objetivos*. Também os informa o que *não* precisam aprender integralmente para a hora da aula: *você oportunamente vai precisar mostrar que consegue indicar as condições para raízes de um polinômio quadrático e resolver problemas no mundo real com isso; mas não neste exato minuto!* Ao dizer aos alunos o que eles precisam saber para a aula *e* o que *não* precisam saber para a aula, você alivia a carga cognitiva, modela boas habilidades de autorregulação, melhora as chances de que as atividades pré-aula sejam realizadas (mais sobre isso no Passo 6) e estabelece a agenda para o espaço grupal, ao mesmo tempo esclarecendo por que os alunos precisam comparecer ao espaço grupal.

Executando o Passo 4

Retorne à sua lista ordenada dos objetivos de aprendizagem no Passo 2 e trace uma linha que delimite os objetivos básicos e os avançados. Pergunte-se: *Por que estou traçando a linha neste ponto?*

Perguntas e respostas sobre o Passo 4

P — *E se eu mudar de ideia sobre onde quero traçar a linha?*

R — Não há nenhum problema. Essa é apenas uma estrutura, e não uma ciência exata. Mesmo no exemplo da álgebra, em que o traçado da linha depende do grupo específico de alunos com quem estou trabalhando; a linha para uma turma em um semestre pode ser diferente para uma em outro semestre. Fazer aprendizagem invertida requer sensibilidade atenta às habilidades e necessidades dos alunos individuais, e isso alimenta o processo de planejamento. Felizmente, a aprendizagem invertida também permite que você forme relações pessoais com os estudantes e converse com cada um deles todos os dias, e isso é mais fácil do que em uma disciplina estruturada tradicionalmente.

P — *E se a minha linha estiver bem no alto da lista – isto é, nenhum dos meus objetivos for suficientemente simples para ser deixado com os alunos antes da aula?*

R — Então você precisa dividir mais seus objetivos de aprendizagem e identificar tarefas de nível baixo que você está subestimando. No exemplo da álgebra, suponha que eu tenha escrito apenas os dois últimos objetivos (que movi para a lista avançada). Refletindo com mais cuidado sobre eles, posso me dar conta de que obviamente os alunos devem primeiro ser capazes de usar a fórmula quadrática de uma forma básica – mas esse é um pressuposto de nível baixo que, embora seja necessário, não me ocorreu. Então faço dele um novo objetivo e o coloco na lista básica. Faço o mesmo para indicar a fórmula quadrática. Outra possibilidade é a de que você pode estar subestimando as habilidades dos alunos para aprender coisas por conta própria ou presumindo que eles não irão fazer o trabalho pré-aula. Procure não enveredar por esse caminho.

O QUE VEM A SEGUIR?

No final do Passo 4, criamos as bases para todas as atividades na aula que estamos prestes a ensinar – não só os objetivos de aprendizagem que queremos, mas também uma noção do que os alunos devem fazer em seus espaços individuais e o que pretendemos fazer no espaço grupal. Agora é a hora de panejar e fazer as atividades que formarão o ambiente de aprendizagem para os alunos, tanto individualmente quanto em grupo. Esse é o foco dos Passos 5 a 7.

6

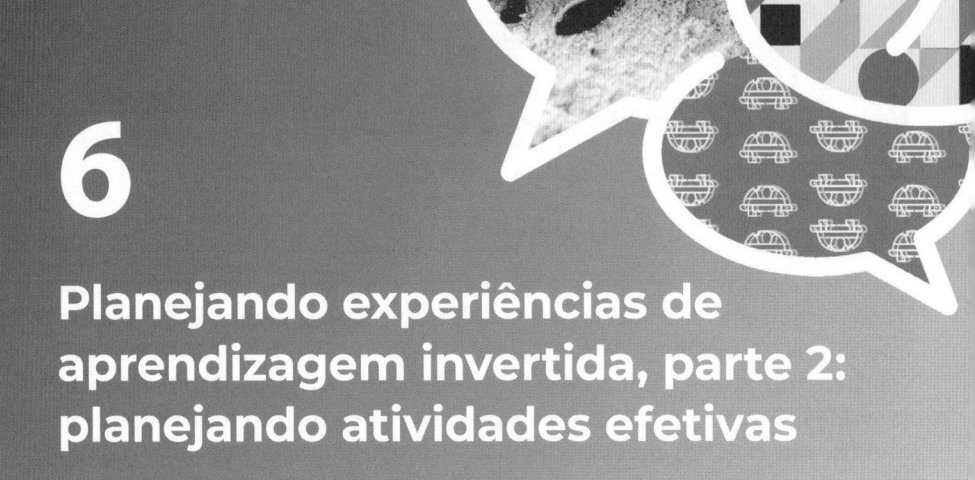

Planejando experiências de aprendizagem invertida, parte 2: planejando atividades efetivas

No Capítulo 5, examinamos a ideia central no planejamento das aulas, o que é especialmente importante no plano da aprendizagem invertida: a ideia de *objetivos de aprendizagem* e como classificá-los de modo hierárquico em termos de complexidade cognitiva. Aqui, a mais ou menos meio caminho no processo de sete passos de planejamento das aulas, já realizamos o seguinte:

1. estabelecemos os objetivos de aprendizagem para a aula em termos de tarefas claras e mensuráveis;
2. reordenamos a lista dos objetivos de aprendizagem de modo que a complexidade das tarefas seja gradual;
3. terminamos um rápido esboço da atividade no espaço grupal que irá formar o ponto central da aula;
4. decidimos quais dos objetivos de aprendizagem são básicos (a ser feitos pelos alunos em seus espaços individuais) e quais são avançados (a ser realizados no espaço grupal).

Esses quatro passos visam a estabelecer uma base sólida para as atividades de aprendizagem da aula, as quais ocorrem em três contextos: o espaço individual (ou "antes da aula" se a disciplina for com aula presencial); o grupal (ou "na aula"); e o tempo e espaço que os alunos utilizam *depois* do espaço grupal, que pode se referir a uma ampla gama de tarefas que têm o objetivo de apoiar as habilidades básicas ou ampliar o ambiente de aprendizagem no espaço grupal, ou ambos.

Neste capítulo, terminaremos nosso processo de sete passos focando nesses três contextos de aprendizagem, um de cada vez, começando pelas atividades no espaço grupal.

PASSO 5 — TERMINAR O PLANEJAMENTO DA ATIVIDADE NO ESPAÇO GRUPAL

Conforme mencionamos anteriormente, a atividade que acontece no espaço grupal, seja ela uma aula presencial normal, uma conferência por vídeo em grupo ou um tempo para trabalho grupal em um fórum de discussão em uma disciplina assíncrona, está na essência de uma disciplina planejada em torno da aprendizagem invertida. É no espaço grupal que pretendemos que os alunos se engajem nos conceitos da aula que são os mais complexos, mais intrigantes, mais difíceis de elaborar e têm o maior potencial para a aprendizagem profunda. Nele, os alunos devem *precisar* uns dos outros e do professor, e a ideia central da aprendizagem invertida é tornar a satisfação dessa necessidade o mais fácil possível de ser atingida.

Dito isso, a aprendizagem invertida não muda, necessariamente, os *tipos* de atividades que servem a esse propósito no espaço grupal. A aprendizagem ativa efetiva em geral não tem uma aparência muito diferente entre as estruturas de disciplina invertida e não invertida. Em vez disso, o que a primeira dá aos alunos é *tempo e espaço* para se engajarem de forma integral nessas atividades sem que seja preciso reservar tempo para uma aula expositiva e já com os preparativos iniciais realizados em minúcia (o que discutiremos no Passo 6). Às vezes, professores que são novos na aprendizagem invertida ou que são curiosos a respeito perguntam: *o que devo fazer com todo o tempo na aula que é liberado com a transferência das aulas expositivas para o espaço extraclasse?* A melhor resposta é: *faça tudo o que você sempre quis fazer, mas não teve tempo.*

A estrutura do espaço grupal

O espaço grupal tem, por si só, uma estrutura (começo, meio e fim) que, se planejada cuidadosamente, pode melhorar de maneira considerável a aprendizagem do aluno. Se assumirmos um momento que estamos pensando apenas nas disciplinas presenciais tradicionais, então essa estrutura pode ser pensada como *os minutos de abertura da aula, a metade da aula* e *os minutos de encerramento da aula*. Agora que temos todo o tempo da aula para engajar os alunos em aprendizagem ativa, o que deve ser feito em cada um desses três estágios de uma aula presencial?

Os minutos de abertura

Os minutos de abertura de uma aula são cruciais para a preparação do terreno para o encontro do grupo, tanto em termos do tom que estabelecemos para o encontro quanto para a chegada a um entendimento do que foi aprendido no espaço individual (LANG, 2018). Os professores podem usar esses 5 a 10 minutos iniciais de aula para fazer alguns ou todos os itens que seguem.

- *Solicite que os alunos revisem, conectem e expressem o que aprenderam previamente.* Por exemplo, um ticket *de entrada* para a aula pode fazer os alunos focarem sua atenção nos pontos principais das atividades no espaço individual e no conhecimento associado para relembrar e solicitar perguntas para a discussão em grupo (SHERIDAN CENTER FOR TEACHING AND LEARNING, 2018).
- *Faça uma pergunta instigante.* Já que boa parte do material que queremos que os alunos aprendam assume a forma de respostas às perguntas (WILLINGHAM, 2009), formulá-las no começo de uma aula como um guia para a próxima atividade pode facilitar a estimular o ânimo dos alunos para respondê-las.
- *Desenvolva responsabilidade pelo espaço individual (especialmente importante para disciplinas com aprendizagem invertida).* Os alunos em um ambiente de aprendizagem invertida irão trabalhar individualmente antes da aula para ter a primeira exposição aos conceitos novos e obter fluência básica nesses conceitos, de acordo com os objetivos de aprendizagem básicos que escolhemos no Passo 4. No Passo 6, discutiremos um modelo para a atividade no espaço individual, mas independentemente do modelo usado, não é má ideia querer que os alunos se responsabilizem individualmente pelo seu trabalho quando chegarem em aula. Um exemplo simples de responsabilidade é um teste rápido sobre os pontos principais da atividade no espaço individual, o qual deve ser feito no papel, mas que também pode ser feito usando os sistemas de resposta em sala de aula ou "*clickers*", o que proporcionaria *feedback* instantâneo para o professor sobre o que os alunos sabem e não sabem da atividade no espaço individual. Esse *feedback* informa os alunos sobre sua situação quando vêm para a aula e permite que o *professor* também saiba disso, de modo que possam ser feitas modificações de última hora na aula (ou a aula pode ser descartada completamente!). Revisão e responsabilidade também podem ser realçadas dando-se aos *alunos* as respostas às atividades pré-aula no início do encontro presencial e então usando o começo da aula para sua discussão e para o levantamento de dúvidas em pequenos grupos. Ou cada aluno pode ser responsável por escrever e apresentar um resumo das atividades de aprendizagem no espaço individual para o restante da turma, usando um esquema rotativo para que eles cumpram essa responsabilidade, ou alguém pode ser escolhido aleatoriamente naquele dia, o que mantém todos atentos.

A parte intermediária

A maior parte do tempo disponível é dedicada à parte intermediária de uma aula, e é nela focamos no trabalho principal da atividade no espaço grupal. Essa atividade pode assumir vários formatos: trabalho em grupo sobre a aplicação de problemas ou em duplas focado no laboratório, debates, atividades de extensão – a lista continua. A aprendizagem invertida não prescreve nenhuma atividade específica para o espaço grupal; apenas queremos que o espaço grupal cumpra as funções a seguir.

- *Ser ativo.* Já mencionamos, no Capítulo 2, que sabemos agora que a aprendizagem ativa leva os alunos a ganhos de aprendizagem significativos quando comparada com suas contrapartidas ensinadas em ambientes acadêmicos similares usando técnicas menos ativas – por exemplo, ver Hake (1998) e Freeman e colaboradores (2014). Para conquistar todos os benefícios do ambiente de aprendizagem invertida, os alunos precisam estar engajados ao máximo em alguma forma de aprendizagem ativa no espaço grupal. Felizmente, "aprendizagem ativa", conforme descrita nos vários estudos que a apoiam, inclui um amplo espectro de atividades nas quais os alunos são ativos na construção de seus próprios significados para os conceitos que estão sendo aprendidos. Por exemplo, *peer instruction* (MAZUR, 1997) é uma técnica de aprendizagem muito efetiva, particularmente bem estudada para disciplinas com turmas grandes e aula expositiva, enquanto a aprendizagem baseada em investigação demonstrou ter efeitos fortemente positivos com alunos em disciplinas menos populosas – ver, por exemplo, Laursen e colaboradores (2014) e Kogan e Laursen (2014).
- *Focar nos objetivos de aprendizagem avançados.* A razão por que dividimos a lista dos objetivos de aprendizagem em duas no Passo 4 foi delinear claramente o que os alunos devem aprender sozinhos (com auxílio) antes da aula e o que irão aprender por meio do trabalho ativo durante e depois da aula. Portanto, queremos que as atividades no espaço grupal *não* se detenham excessivamente nos objetivos de aprendizagem básicos e, em vez disso, que se voltem de forma direta para os objetivos de aprendizagem avançados, ou pelo menos a um subgrupo destes. Deixe que a atividade pré-aula/no espaço individual opere com os objetivos básicos; o tempo em aula, que é o recurso mais escasso e valioso que você e os alunos têm, precisa estar focado nos objetivos avançados, que são aqueles que requerem mais recursos.
- *Alcançar os alunos em suas "zonas de desenvolvimento proximal (ZDP)".* Lev Vygotsky formulou o conceito da ZDP em sua pesquisa sobre a aprendizagem com crianças e o definiu como "o domínio de transições que são acessíveis pela criança" (VYGOTSKY; VAN DER VEER; VALSINER, 1994, p. 211)

e a área de "processos imaturos, mas em maturação" (VYGOTSKY, 1998, p. 204). A ZDP de um aprendiz se refere ao espaço de tarefas que ele *consegue* fazer com assistência, em contraste com aquelas tarefas que é capaz de fazer facilmente sem assistência e aquelas que não é capaz de fazer sem algum tipo de assistência. No entanto, embora os tipos de tarefas que um aprendiz pode realizar ajudem a descobrir onde reside sua ZDP, esse conceito é sobre o *aprendiz* e seu estado de desenvolvimento intelectual, e não sobre as tarefas propriamente ditas (CHAIKLIN, 2003). De fato, nem todos os alunos chegarão à atividade no espaço grupal com o mesmo nível de desenvolvimento. Entretanto, usando o processo que descrevemos até aqui com sua ênfase nos objetivos básicos e avançados, os professores podem determinar uma ZDP "alvo" para os alunos indicando claramente as expectativas quanto à fluência antes da aula. Idealmente, a ZDP dos alunos tenderá para as tarefas que são indicadas pelos objetivos de aprendizagem avançados – eles *podem* realizá-las com assistência, que irão receber livremente e em grandes quantidades no espaço grupal e, em algum momento, deverão ser capazes de demonstrar o domínio desses objetivos de forma independente, *sem* assistência. Uma atividade no espaço grupal bem planejada atinge os alunos em sua ZDP: não tão fácil a ponto de o espaço grupal ser desnecessário nem tão difícil a ponto de não ser útil.

Os minutos de encerramento

Os poucos minutos de encerramento da aula são úteis para atividades que resumam, sintetizem e solicitem perguntas, as quais podem incluir, por exemplo, *one-minute paper* e atividades com o "ponto mais obscuro". Muitas delas promovem a metacognição e a aprendizagem autorregulada ao solicitar que os alunos reflitam sobre o que aprenderam, sobre as dificuldades que estão encontrando e sobre os planos para o período extraclasse (NILSON, 2013).

Essa estrutura grupal em três partes também pode ser adaptada a disciplinas totalmente *on-line*. Tomemos como exemplo uma disciplina *on-line* assíncrona que esteja estruturada em módulos semanais. O espaço individual, que corresponde ao tempo "pré-aula" em uma disciplina presencial, pode ser os dois primeiros dias de cada módulo, reservados para a realização de uma atividade no espaço individual (com a oportunidade de discutir e fazer perguntas durante esse período). A atividade individual pode ser até às 23h59min do segundo dia do módulo. Os resultados da tarefa no espaço individual podem ser tomados como base para evidência de competência suficiente para iniciar as atividades no espaço grupal, ou uma atividade ampla de discussão pode ser estabelecida, para, no terceiro dia, os alunos expressarem o que aprenderam, reproduzindo a experiência dos "10 primeiros minutos de aula" de uma disciplina presencial. Então, a atividade no espaço grupal pode ser uma série de perguntas para discussão a serem abordadas por todo o grupo, análoga às discussões em pequenos grupos e em grupos de trabalho em uma disciplina presencial. Depois disso, o módulo pode ser encerrado no último dia da semana com outro exercício somativo curto, semelhante ao *ticket* de saída dado em uma disciplina presencial.

A questão é que "espaço grupal" é com frequência interpretado de forma automática como "tempo de aula", mas esse não é necessariamente o caso. Os encontros de uma disciplina presencial são um *exemplo* de espaço grupal, mas não o único. Os princípios do planejamento da aprendizagem invertida para atividades no espaço grupal se aplicam independentemente da modalidade da disciplina.

Executando o Passo 5

As perguntas a serem respondidas enquanto você planeja os detalhes da sua atividade no espaço grupal devem incluir as listadas a seguir.

- A atividade está alinhada com os objetivos de aprendizagem avançados?
- Há partes da atividade que parecem ser simples demais (i.e., que se encaixariam melhor em atividades pré-aula), avançadas demais (i.e., seriam mais bem realizadas após a aula) ou repetitivas de uma maneira improdutiva?
- As atividades são relevantes, desafiadoras e apropriadamente direcionadas para o público?
- Você planeja atribuir notas à atividade no espaço grupal? Em caso afirmativo, como é a rubrica e como os alunos usam o *feedback* para fazer melhorias?
- As outras atividades para a sua aula (testes iniciais, *tickets* de saída, etc.) fazem sentido no contexto global da aula? Elas se alongam demais?

Antes de prosseguir e depois de responder a essas perguntas, faça um cronograma aproximado do que vai acontecer e quando, durante a aula. Se você dá uma disciplina presencial ou está com restrição de tempo, isso serve para garantir que tudo o que planejou pode ser realizado confortavelmente no tempo disponível.

Perguntas e respostas sobre o Passo 5

P — *O que acontece se os alunos vêm para a aula (o espaço grupal) e não estão preparados para trabalhar na minha atividade no espaço grupal?*

R — Essa é, sem dúvida, a pergunta mais feita sobre a aprendizagem invertida pelos seus praticantes (tanto os novos quanto os experientes), além daqueles que são apenas curiosos. Outra pergunta relacionada que também ocupa o primeiro lugar é: *como me certifico de que os alunos fazem as atividades no espaço individual?* Essas duas perguntas são lados opostos de uma mesma moeda. Abordaremos a primeira aqui, e a segunda, no Passo 6.

Primeiramente, devemos garantir que a atividade no espaço grupal não seja avançada demais para os alunos. Se for assim, pode acontecer de você só perceber isso na hora da aula. Nesse caso, você precisará improvisar: produza uma versão mais simples da mesma atividade, crie algumas atividades relacionadas que sirvam de ponte entre as atividades no espaço individual (com base nos objetivos de aprendizagem básicos) e aquela que você tem para o espaço grupal. É por isso que o conceito de ZDP é tão importante. Em um ambiente de aprendizagem invertida, nós professores temos de fazer suposições informadas sobre o "centro da massa" da ZDP dos alunos com base na sua execução dos objetivos de aprendizagem básicos e, de acordo com isso, planejar as atividades no espaço grupal. Fazer essa suposição de modo correto é parte ciência e parte arte (possivelmente parte mágica) e, sobretudo, pode ser descrita como "artesanal". Aperfeiçoar essa arte faz parte de ser um educador profissional; é necessário ter prática para conseguir isso de forma consistente, e uma estrutura como a que desenvolvemos aqui propicia que se pratique bem.

Em segundo lugar, o despreparo para o espaço grupal tem duas dimensões. Uma dimensão é a *extensão* do despreparo na turma; é apenas um aluno, alguns ou toda a turma? A outra é o *grau* de despreparo; são apenas alguns conceitos que estão faltando, ideias erradas generalizadas sobre todos os objetivos de aprendizagem básicos ou em algum ponto intermediário? Pode ser acrescentada outra dimensão, que é a *intenção*: os alunos estão despreparados *deliberadamente* (i.e., optaram por não se preparar) ou apenas não possuem as ferramentas cognitivas para realizar a tarefa? Por enquanto, deixaremos de lado a questão da intenção e focaremos nos aspectos do despreparo para os quais podemos fazer algo a respeito. Essas duas dimensões criam quatro "quadrantes de despreparo" (ver Fig. 6.1).

No quadrante "sudoeste" (inferior esquerdo), temos o despreparo para o espaço grupal entre um número pequeno de alunos, cujo grau não é grande. Por exemplo, você pode ter dois ou três alunos que ainda estão tendo dificuldades com um item da lista dos objetivos básicos. Se a turma estiver nesse quadrante, o professor pode não precisar fazer nada além de se comunicar com esses estudantes durante o espaço grupal. Com frequência, uma atividade bem planejada no espaço grupal proporcionará apoio para os alunos esclarecerem as ideias erradas e, ao fim do espaço grupal, eles terão alcançado os colegas. Em um ambiente de aprendizagem invertida, é muito fácil manter contato com esses estudantes (a não ser que a turma seja muito grande), devido ao tempo e ao espaço liberado pela aula expositiva.

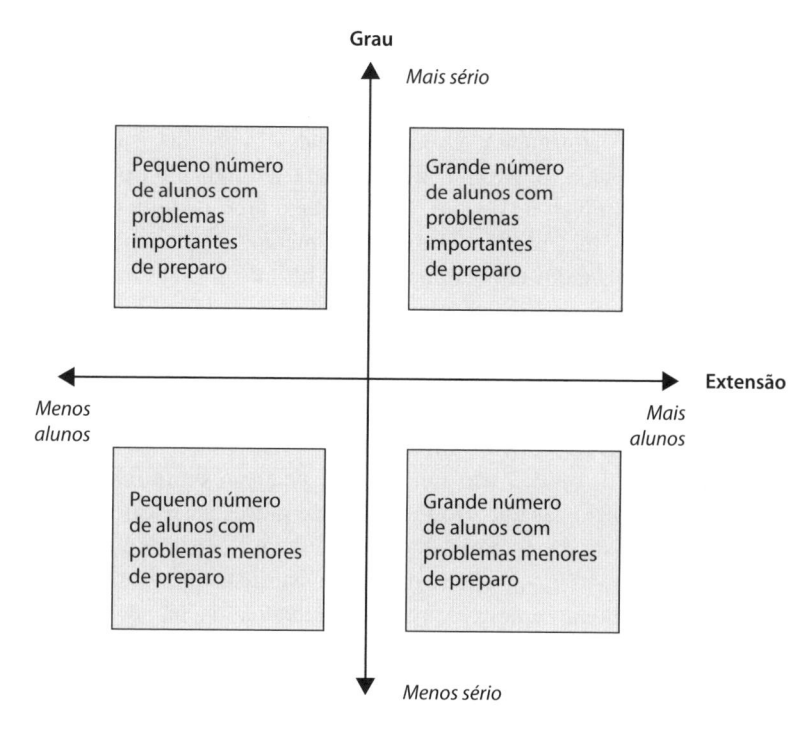

```
                    Grau
                     ▲
                  Mais sério

  ┌─────────────┐        ┌─────────────┐
  │ Pequeno     │        │ Grande      │
  │ número      │        │ número      │
  │ de alunos   │        │ de alunos   │
  │ com         │        │ com         │
  │ problemas   │        │ problemas   │
  │ importantes │        │ importantes │
  │ de preparo  │        │ de preparo  │
  └─────────────┘        └─────────────┘

◄──────────────────────────────────────► Extensão
  Menos                    Mais
  alunos                   alunos

  ┌─────────────┐        ┌─────────────┐
  │ Pequeno     │        │ Grande      │
  │ número      │        │ número      │
  │ de alunos   │        │ de alunos   │
  │ com         │        │ com         │
  │ problemas   │        │ problemas   │
  │ menores     │        │ menores     │
  │ de preparo  │        │ de preparo  │
  └─────────────┘        └─────────────┘

                     ▼
                 Menos sério
```

Figura 6.1 Quadrantes de despreparo.

No quadrante "noroeste" (superior esquerdo), está a situação em que alguns alunos têm ideias erradas importantes ou problemas com o material ao chegarem para o espaço grupal. Mais uma vez, não incluiremos a *intenção* nesse quadrante porque, depois que os alunos comparecem despreparados, o *porquê* é irrelevante; e isso pode ser trabalhado por meio de uma comunicação constante, mas, no momento, eles precisam fazer alguma coisa no espaço grupal. A questão é *o que* farão. Se um pequeno número de alunos tem grandes lacunas no seu preparo, o professor pode colocá-los em um grupo – ou espaço – separado e fazê-los trabalhar na aula em atividades planejadas em torno dos objetivos básicos, enquanto os outros trabalham no material avançado. Por exemplo, você pode criar uma "estação" na sua sala, ou seja, um lugar para onde os alunos podem se dirigir caso precisem revisar os aspectos básicos ou mesmo assistir aos vídeos que não assistiram. Os alunos que demonstram grande falta de preparo podem ser enviados para lá; os outros podem optar por visitar a "estação de revisão" se acharem que precisam. Os estudantes nesse espaço especial ainda podem se beneficiar do auxílio individual do professor e dos colegas; eles perdem os benefícios de trabalhar nos objetivos avançados, mas esse é o preço por não se prepararem.

Também é crucial que os alunos tenham uma forma de fazer perguntas e de obter auxílio durante o trabalho no seu espaço individual para que a probabilidade de despreparo seja minimizada. Uma das principais preocupações trazidas por alunos que se engajam pela primeira vez em ambientes de aprendizagem invertida é a falta de apoio percebida (possivelmente real) para seu trabalho extraclasse. Um fórum de discussão simples, no qual os alunos podem fazer perguntas livre e anonimamente, pode ser suficiente; horários de atendimento (presencial ou *on-line*) ou grupos de estudo designados também podem ser benéficos. Os estudantes devem ser encorajados a fazer perguntas e a buscar auxílio em todos os lugares durante seu espaço individual por meio de uma multiplicidade de canais. Dessa maneira, se um pequeno número de alunos chega na aula despreparado, não será porque não tiveram acesso a apoio antes da aula.

No quadrante "sudeste" (inferior direito) está o cenário da sala de aula em que um grande número de alunos tem um número pequeno de problemas ou um número médio de problemas que não têm extensão grave. Nesse caso, o professor pode usar os minutos de abertura para tratar dessa situação durante a discussão em grupo, para fazer perguntas com *clicker* ou mesmo dar instrução direta. Lembre-se de que a instrução direta (aula expositiva) não é *banida* da sala de aula em um ambiente de aprendizagem invertida; se ela ocorrer na aula durante o trabalho no espaço grupal, deverá ser focada em questões específicas nas quais os alunos têm participação na resposta, não servindo meramente como modo básico de instrução. Esses 5 a 10 minutos de abertura proporcionam uma fronteira natural para tratar as perguntas dos alunos, de modo que a exposição, se houver alguma, seja limitada e focada e não ocupe toda a aula. Entretanto, em muitas situações, a aula expositiva ainda pode ser desnecessária e, por meio de discussões em pequenos grupos ou de *peer instruction*, os alunos podem apoiar uns aos outros de alguma forma que os professores não conseguem.

Finalmente, no quadrante "nordeste" (superior direito), está o "cenário catastrófico" que frequentemente suscita a pergunta original: *o que fazemos quando um grande número de alunos chega ao espaço grupal muito despreparado?* Minha sugestão para a triagem nessa situação tem quatro partes, descritas a seguir.

1. Deixe de lado a atividade no espaço grupal que você planejou e use o tempo de aula tratando de perguntas específicas dos alunos sobre o material com o qual tiveram dificuldades. Faça isso de uma forma que os alunos tenham a responsabilidade de formular as perguntas. Por exemplo, divida-os em grupos de três ou quatro e solicite que gerem perguntas que, depois disso, são colocadas no quadro ou projetor e então priorizadas. *Não aceite solicitações que não sejam perguntas sobre itens específicos*. Por exemplo: "Não entendi nada" não é uma pergunta e, portanto, não está adequado para a sessão

improvisada de perguntas e respostas; nem mesmo "Você pode reensinar a seção 3?". *Somente perguntas direcionadas específicas são permitidas e apenas as que são trazidas pelos alunos.*
2. Reserve tempo para responder a essas perguntas de forma clara e sucinta.
3. Antes de terminar a aula, *certifique-se de que os alunos entendem com clareza o que é esperado deles e que, se essa situação se repetir, terão de enfrentar consequências que podem impactar sua nota na disciplina.* Estabeleça as fronteiras em termos que não sejam ambíguos. Pergunte se eles têm perguntas sobre as fronteiras; você pode até mesmo fazê-los assinar uma declaração que afirma que conhecem quais são as fronteiras estabelecidas e que aceitam cumpri-las no futuro.
4. Então, termine a aula conforme o planejado, usando os últimos minutos para fazer os alunos se engajarem em uma atividade metacognitiva ou de autorregulação. Um conjunto particular de perguntas de aprendizagem autorregulada que você deve fazer podem ser as seguintes: *Você acha que estava despreparado para a aula? Em caso afirmativo, por quê? Você procurou a ajuda de alguém antes da aula? Em caso afirmativo, o que você fez e por que isso não foi útil para você? Em caso negativo, por que não? Quais são seus planos para se preparar para a próxima aula para garantir que você chegue suficientemente preparado para o trabalho?* Quanto à atividade no espaço grupal, você pode adaptar o calendário para realizá-la posteriormente, designá-la como dever de casa ou alguma outra coisa. *Por favor, observe: em nenhuma circunstância, você deve reensinar o conteúdo se acabar no quadrante nordeste.*

Na primeira vez que acontece um padrão generalizado de despreparo sério, os passos anteriores transformam o espaço grupal em alguma coisa que se ocupa das perguntas dos alunos (o que é diferente de simplesmente reensinar) e reafirma a divisão do trabalho no modelo de aprendizagem invertida, e deve haver transparência sobre como funciona o método. Na *segunda* vez que isso acontece, deve haver consequências para os alunos, porque eles conhecem as "regras" da aprendizagem invertida e não estão dando os passos necessários para segui-las. O que você *faz* nesse cenário (que é, devemos nos apressar a acrescentar, muito improvável na minha experiência) depende de você, mas se reensinar o conteúdo, isso passará a mensagem de que o modelo de aprendizagem invertida é apenas uma ilusão e, se um número suficiente de alunos estiver suficientemente despreparado, eles terão o modelo tradicional. Estabelecer fronteiras claras com consequências para a violação persistente é essencial para o sucesso de um ambiente nessa abordagem.

Isso parece horrível, como se estivéssemos nos recusando a fazer nosso trabalho se esse cenário ocorrer. No entanto, na verdade, estamos *precisamente* fazendo nosso trabalho quando criamos ambientes de aprendizagem ricos para os alunos e então solicitamos que eles se preparem o suficiente para ser produtivos nesses ambientes; estaremos falhando como profissionais se deixarmos que o despreparo generalizado e persistente nos desvie dessa tarefa importante, transformando-a em mera transferência de informação quando *sabemos*, como resultado de décadas de pesquisa, que isso não é o melhor para os alunos.

Entretanto, observe que, nessa situação, os professores têm a responsabilidade significativa perante os alunos de deixar as expectativas muito claras desde o início, fornecer muito apoio enquanto trabalham no espaço individual e planejar atividades no espaço individual e grupal que sejam acessíveis para eles. Se não fizermos essas coisas, não teremos base para reclamar do seu despreparo.

E esse cenário realça ainda mais a importância crucial do planejamento de atividades efetivas no espaço individual, o que discutiremos a seguir.

PASSO 6 — PLANEJAR E CONSTRUIR A ATIVIDADE NO ESPAÇO INDIVIDUAL USANDO O MODELO DA PRÁTICA GUIADA

Agora voltemos nossa atenção para uma parte crucial do processo de planejamento: o planejamento das atividades que os alunos irão realizar em seu espaço individual. Como já discutimos, embora a atividade no espaço grupal seja a essência de uma experiência de aprendizagem invertida, o sucesso dessa atividade está na dependência de os alunos aprenderem o suficiente *antes* da experiência para que sejam produtivos quando chegarem ao espaço grupal.

O objetivo principal da atividade no espaço individual é "lançá-la" no espaço grupal. Queremos que os alunos se engajem apenas na quantidade certa de aprendizagem antes da sua experiência no espaço grupal. Se dermos trabalho em excesso para eles (dando exercícios repetitivos, fazendo com que se dediquem a objetivos de aprendizagem que não são relevantes ou dando um trabalho que esteja em um nível alto demais para ser administrado individualmente), eles vão se fechar. Se dermos trabalho de menos ou fácil ou simples demais, eles poderão realizá-lo, mas estarão despreparados para o espaço grupal. Portanto, precisamos prosseguir com cuidado e buscar um equilíbrio.

Queremos planejar uma atividade que seja:

- *mínima* – ela deve solicitar que os alunos façam não mais do que o necessário para demonstrar fluência nos objetivos de aprendizagem básicos e prepará-los para trabalhar bem na aula;

- *simples* – a estrutura da atividade e o trabalho do aluno nela contido devem ser fáceis de compreender, além de conduzi-lo até as atividades de aprendizagem por um caminho claramente definido;
- *envolvente* – o trabalho que os alunos são convocados a fazer deve despertar seu interesse e encorajá-los a realizá-lo;
- *produtiva* – ao fazer o trabalho na atividade pré-aula, os alunos devem estar bem preparados para a próxima atividade em aula mais desafiadora;
- *tolerante com os erros* – a atividade pré-aula deve ser relativamente indulgente, até mesmo receptiva, aos erros iniciais; erros e equívocos não devem ser fonte de tensão – ao contrário, devem ser coletados e usados como dados de aprendizagem.

Conforme discuti no Prefácio, quando comecei a usar a aprendizagem invertida, ela fracassou porque meu trabalho no espaço individual não era apoiado por esses princípios. Durante anos, desde então, experimentei e refinei minha abordagem até que cheguei a um modelo que os tem em mente e usa um fluxo de trabalho simples e fácil de seguir para o preparo da aula. Esse modelo é o que chamo de *Prática Guiada*.

O modelo da Prática Guiada para as atividades no espaço individual divide cada uma delas no espaço individual em cinco partes, que descrevo a seguir.

1. *Visão geral.* Essa é uma rápida visão geral (um parágrafo) do material com que os alunos estão prestes a se deparar, com ênfase em como o conteúdo está conectado a outras coisas que eles aprenderam. Não é necessário que seja um texto; um vídeo curto é suficiente, ou um mapa mental, ou alguma outra forma de introduzir o conteúdo e suas conexões com o conteúdo passado.
2. *Objetivos de aprendizagem.* Aqui apenas reproduzimos a lista dividida dos objetivos de aprendizagem, claramente rotulados como "Básicos" e "Avançados", que criamos no Passo 4. Nós a fornecemos porque um dos princípios básicos da aprendizagem autorregulada é o de que os alunos estejam de posse dos padrões que servirão de parâmetros para avaliarem seu progresso enquanto aprendem. De modo oportuno, na vida, eles inventarão seus próprios objetivos. Por enquanto, estão sendo treinados a fazer isso.
3. *Recursos para aprendizagem.* Consiste de uma *playlist* recomendada de itens que auxiliarão os alunos a se engajarem produtivamente nos objetivos de aprendizagem básicos e prepará-los para o sucesso nos exercícios que estão por vir. Aqui, listamos qualquer texto, vídeo, multimídia ou outros recursos que seriam úteis para essas tarefas.
4. *Exercícios.* Essa seção é a principal área de atividade para os alunos. Consiste em uma pequena lista de exercícios que irão exemplificar os objetivos de aprendizagem básicos – dando-lhes a parte "prática" da Prática Guiada.

5. *Instruções para a apresentação do trabalho.* Na seção final, oferecemos instruções claras sobre como apresentar o trabalho. Esse é um passo importante e frequentemente negligenciado. Os alunos que estão pela primeira vez em um ambiente de aprendizagem invertida com frequência se sentem desorientados, e as instruções claras sobre a entrega do seu trabalho podem parecer uma coisa óbvia, mas contribui muito para os alunos se aclimatarem.

A seguir, apresentamos uma tarefa real da Prática Guiada usada em uma disciplina de cálculo introdutório. (Não é necessário conhecimento de cálculo para compreendê-la.) Ela foi realizada antes do início de uma unidade com duração de uma semana sobre o tópico da velocidade instantânea e a velocidade das mudanças. Essa disciplina específica era *on-line* assíncrona, e a tarefa deveria ser feita durante os primeiros dois dias da unidade como parte do trabalho no espaço individual dos alunos. Começamos com a visão geral (ver Fig. 6.2).

Ainda, temos listas de objetivos de aprendizagem (ver Fig. 6.3). Elas são o resultado dos Passos 1, 2 e 4, que foram feitos separadamente antes de anotar essa tarefa, e, depois de dados esses passos, os resultados são simplesmente importados para o documento. Além disso, temos a *playlist* dos recursos de aprendizagem. Para essa aula, é incluída uma lista de vídeos que devem ser assistidos e uma tarefa de leitura (ver Fig. 6.4).

Esse é o *conjunto* de recursos de aprendizagem *básica*, mas os alunos podem acrescentar outros a essa lista se quiserem ou usar recursos que estejam totalmente fora dela. Na disciplina, os alunos têm a liberdade de usar qualquer recurso para auxiliá-los a atingir os objetivos de aprendizagem. E a forma como trabalham para alcançar esses objetivos de aprendizagem é trabalhando por meio dos exercícios que vêm a seguir (ver Fig. 6.5).

Prática Guiada para 1.8: aproximação da reta tangente

Visão geral

Esta seção é um pouco diferente porque vamos fazer a maior parte do trabalho em sua sessão no laboratório com computador. Mas isso é apropriado, já que esta é uma seção informatizada. Examinaremos uma aplicação comum da derivada para fazer previsões acuradas sobre uma função quando não tivermos informações completas sobre ela. Esta é a ideia básica por trás de tais aplicações, como as previsões do tempo e financeiras, laboratoriais e afins. Sabemos, no momento, que a derivada $f(a)$ no ponto $x = a$ dá a inclinação da reta tangente ao gráfico de f em $x = a$. Esta reta tangente também é chamada de **linearização local** de f em $x = a$, e aprenderemos a calcular linearizações locais e usá-las para estimar os valores de uma função.

Figura 6.2 Prática Guiada: visão geral.

> **Objetivos de aprendizagem**
>
> **Objetivos de aprendizagem BÁSICOS**
>
> Cada aluno será responsável pela aprendizagem e demonstração de proficiência nos seguintes objetivos ANTES da aula. O teste introdutório para a aula irá abranger estes objetivos:
>
> - (*revisão de álgebra*) dada a inclinação de uma reta e um ponto (não necessariamente o intercepto y) nessa reta, defina uma equação para ela *em um formulário de ponto-inclinação* e um formulário para *reta-intercepto*;
> - dado o valor da derivada f em um ponto $x = a$ (isto é, dado $f[a]$), escreva a *equação da reta tangente* do gráfico de f em $x = a$;
> - explique o que significa *linearização local* de uma função f no ponto $x = a$;
> - use uma linearização local de uma função em $x = a$ para aproximar os valores de f perto de $x = a$.
>
> **Objetivos de aprendizagem AVANÇADOS**
>
> Os objetivos a seguir devem ser dominados por cada aluno DURANTE e DEPOIS da aula por meio de trabalho ativo e de prática:
>
> - dada uma função f, encontre sua linearização local em $x = a$;
> - se $L(x)$ for a linearização local de uma função $f(x)$ em $x = a$, e se b for algum ponto perto de a, determine se $L(b)$ é maior, menor ou igual a $f(b)$ e explique.

Figura 6.3 Prática Guiada: objetivos de aprendizagem.

> **Recursos**
>
> *Leitura:* **leia a Seção 1.8, páginas 71–77 em Cálculo Ativo.** Vamos trabalhar algumas das atividades em aula, mas você também pode trabalhar nelas extraclasse, para melhor compreensão.
>
> *Visualização:* assista aos seguintes vídeos na *playlist* no YouTube MTH 201. Eles têm um tempo total de exibição de 18 minutos e 34 segundos:
>
> - Revisão rápida: a aproximação da reta tangente (2:18)
> - Cálculo de uma reta tangente (5:42)
> - Utilização de uma reta tangente (3:27)
> - Utilização da linearização local (7:07)

Figura 6.4 Prática Guiada: recursos.

Observe que os exercícios estão diretamente ligados aos objetivos de aprendizagem básicos. Por exemplo, um deles era "Usar uma linearização local de uma função em $x = a$ para aproximar os fatores de f próximos de $x = a$", e, entre os exercícios, este pede que os alunos façam exatamente isso. Toda a terminologia e os procedimentos mecânicos são dados, com muitos exemplos, na *playlist* do vídeo.

Portanto, trabalhando nesses exercícios de Prática Guiada, os alunos estão ganhando *prática* nos objetivos de aprendizagem básicos que é *guiada* pela estrutura da tarefa. Por fim, eles obtêm orientações claras sobre como apresentar seu trabalho (ver Fig. 6.6).

O formulário de apresentação se encontra em um Formulário Google, que aceita a inserção de uma variedade de tipos de questões e então coloca os resultados em uma planilha, junto com um carimbo contendo hora e data. Antes de começar as atividades no espaço grupal, o professor pode passar os olhos nas respostas às tarefas da Prática Guiada e com facilidade buscar padrões e concepções errôneas e rapidamente fazer adaptações às atividades para o espaço grupal.

Exercícios

Estes exercícios podem ser feitos durante ou depois da leitura e visualização dos vídeos. Sua intenção é ajudá-lo a criar exemplos dos conceitos que você está lendo e assistindo. Trabalhe neles em papel rascunho, e depois deverá submeter os resultados em um formulário na *web* no final.

1. Uma reta tem uma inclinação igual a -3 e vai até o ponto (4,6). Indique a equação dessa reta no formulário para ponto-inclinação e depois no formulário para inclinação-intercepto.
2. A função f tem as seguintes características: sabemos que $f(2) = -3$. Indique a equação da reta tangente no gráfico de f em $x = 2$ no formulário para ponto-inclinação e depois no formulário para inclinação-intercepto.
3. A reta tangente do gráfico de f em $x = 2$ que você calculou na questão 2 é chamada de linearização local de f em $x = 2$. Use a linearização local para prever o valor de $f(2,1)$ e explique brevemente o que você fez.
4. Que perguntas matemáticas específicas você tem sobre a leitura e os vídeos que gostaria de discutir na aula?

Figura 6.5 Prática Guiada: exercícios.

Instruções para entrega

Acesse o formulário no seguinte *link* e digite suas respostas:
http://bit.ly/14FjsHH

As respostas devem ser dadas até **uma hora antes do horário da aula da sua turma**. Se você não tem acesso à internet onde mora, por favor, me avise com antecedência e organizaremos de uma forma alternativa.

Figura 6.6 Prática Guiada: instruções para entrega.

Essas são mais duas atividades da Prática Guiada da mesma disciplina:

1. Prática Guiada para módulo sobre cálculo derivativo básico: https://goo.gl/Z3LOMM
2. Prática Guiada para módulo sobre otimização aplicada: https://goo.gl/IKQH52

Executando o Passo 6

Boa parte do trabalho de elaboração de uma tarefa da Prática Guiada para a aula que você escolheu já foi feita se você executou os Passos 1 a 5. Use os procedimentos a seguir para orientar a sua construção dessa atividade.

1. Escreva uma visão geral para a sua aula ou mostre um mapa mental ou meios similares de apresentar o novo conteúdo e conectá-lo a outros aprendidos previamente.
2. Copie as listas divididas dos objetivos de aprendizagem que você fez no Passo 4.
3. Reúna textos, vídeos ou outros recursos de aprendizagem que você possa encontrar ou fazer e os inclua em uma lista em seu documento. Lembre-se de não deixá-lo muito longo e encoraje os alunos a acrescentar os recursos que encontrarem e a exercitar a escolha dos recursos que vão usar.
4. Faça uma lista curta de exercícios "acessíveis" que os alunos possam fazer e que os levem a um engajamento bem-sucedido nos objetivos de aprendizagem básicos.
5. Determine como os alunos irão apresentar seu trabalho e dê instruções claras sobre como fazer isso. Se você tiver tempo, crie o formulário para a apresentação do trabalho e inclua um *link* para ele.

Você também vai precisar determinar como essas tarefas serão distribuídas (no papel? em um sistema de gerenciamento da aprendizagem? por *e-mail*?).

Perguntas e respostas sobre o Passo 6

P — *Preciso incluir vídeos na lista de recursos que forneço aos alunos?*

R — *Não.* Vídeos *on-line* não são uma exigência para estabelecer um ambiente de aprendizagem invertida efetivo. De fato, como vimos em um capítulo anterior, os casos pioneiros de aprendizagem invertida são anteriores à existência de vídeos *on-line*, como sabemos, em pelo menos cinco anos, talvez até uma década (o YouTube foi lançado em 2005, cinco anos depois do artigo pioneiro de Lage, Platt e Treglia sobre a sala de aula invertida). Em um exemplo mais contemporâneo, o curso *on-line* aberto e massivo (MOOC) de Lorena Barba sobre métodos numéricos (discutido anteriormente) contém apenas um único vídeo durante toda a disciplina; o trabalho inicial dos alunos sobre uma lição originou-se principalmente do trabalho com blocos de código interativos (BARBA, 2014). O vídeo é uma forma eficiente de oferecer aula expositiva de forma facilmente acessível, mas não se sinta obrigado a usá-lo se preferir não fazê-lo.

P — *Se eu optar por usar vídeos, será melhor fazer meus próprios vídeos?*

R — Algumas evidências sugerem que seria melhor para os alunos se eles usassem vídeos feitos por você, em vez de por outra pessoa. Um estudo (ROSE, 2009) mostrou que vídeos feitos pelo professor estimularam um maior sentimento de conexão entre os alunos e o professor, dessa forma aumentando a motivação autônoma, como descrevemos em nossa discussão anterior da teoria da autodeterminação. Embora o estudo não abordasse as diferenças entre vídeos feitos pelo professor e outros, possivelmente os sentimentos de conexão entre os alunos e o professor não seria maior se o professor não estivesse no vídeo. Outros estudos (p. ex., FERNANDEZ; SIMO; SALLAN, 2009) corroboram esse efeito. Por outro lado, de acordo com estudos de metanálises em grande escala sobre o uso de *podcasts* em vídeo pelos alunos (KAY, 2012), as principais razões dadas por eles para usar *podcasts* em vídeo como os vídeos em um ambiente de aprendizagem invertida eram para fins relacionados com a aprendizagem (preparação para a aula, tirar notas melhores, etc.), para controle (como a possibilidade de pausar e repetir) e para a recuperação de uma aula perdida. Essas razões não têm uma conexão imediata com a pessoa que está fazendo o vídeo. Em suma, é melhor se você – como professor – puder fazer vídeos de alta qualidade para os alunos, mas, se isso for inviável, aparentemente os alunos aproveitam um vídeo de alta qualidade feito por outras pessoas tanto quanto aproveitariam se tivesse sido feito por você, embora possam deixar de experimentar os sentimentos de conectividade e de motivação.

P — *Então não tem problema se eu simplesmente for curador em vez de criador do vídeo?*

R — De um modo geral, sim (mas veja a resposta anterior como advertência). Há um número crescente de vídeos de alta qualidade disponíveis gratuitamente para uso *on-line*. No entanto, a quantidade, lamentavelmente, não corresponde à qualidade. Quanto mais *vídeos* sobre um determinado assunto são postados na internet, mais vídeos *ruins* são postados (ruins em termos do valor pedagógico, qualidade do som ou vídeo ou do grau de adequação à forma como você está conduzindo sua aula). Um vídeo feito por outra pessoa pode poupar muito tempo em vez de você mesmo fazê-lo, a não ser que você passe horas fazendo o controle de qualidade no vídeo que está tentando usar. Pode valer a pena simplesmente reservar algum tempo e você mesmo aprender a fazer vídeos e então fazê-los. Discutiremos essa questão em maior profundidade no Capítulo 8.

P — *O que devo incluir na playlist dos recursos?*

R — Uma mistura de mídias é importante para variar e para atingir aprendizes com diferentes preferências; assuma uma abordagem de "e" em vez de "ou", incluindo tudo o que parecer útil – vídeo *e* texto *e* áudio *e* simulações em computador *e games*, etc. – e então deixe os alunos escolherem livremente entre os recursos que você compilou.

P — *Que extensão deve ter a Prática Guiada? Quanto trabalho precisa ser feito?*

R — Mais uma vez, a Prática Guiada deve ser *apenas o suficiente para dar início ao espaço grupal*. Uma regra geral razoável é a seguinte: pense em como seria a aula se ela fosse tradicionalmente estruturada, com o espaço grupal usado para o primeiro contato com novos conceitos (por aula expositiva, etc.) e o individual usado para o dever de casa e outras atividades. Quanto tempo ocuparia esse espaço grupal tradicional? Essa é a meta para a necessidade de tempo para a Prática Guiada. Em outras palavras, nosso objetivo é uma equivalência proporcional entre o espaço grupal e o individual.

Por exemplo, se uma das minhas aulas de cálculo leva 50 minutos, então a exigência de tempo total para a Prática Guiada da aula que ocorreria nessa aula presencial deveria ser em torno de 50 minutos combinados, incluindo o tempo necessário para assistir ao vídeo e fazer os exercícios, com base em uma estimativa plausível feita por você como professor. O exemplo de Prática Guiada apresentado anteriormente é para uma unidade trabalhada ao longo de uma semana, o que, em uma disciplina presencial, consistiria de três aulas de 50 minutos. Assim, a Prática Guiada para essa unidade foi desenvolvida de forma que, em meu melhor julgamento profissional, um aluno sem deficiências graves em seu histórico poderia completá-la em três horas.

O que queremos evitar é usar a estrutura da aprendizagem invertida para "supersaturar" os alunos com trabalho, trocando, por exemplo, uma sessão com aula expositiva de 50 minutos por 100 minutos de vídeo *on-line*. Isso acarretaria sérias consequências para a carga cognitiva e para a motivação.

P — *O exemplo anterior usou um formulário na internet para as entregas dos trabalhos dos alunos. Isso é necessário?*

R — A entrega eletrônica é apenas uma conveniência, mas é usada para facilitar o que é realmente importante nas entregas da Prática Guiada: *receber os trabalhos antes do espaço grupal*. Por que é importante que as entregas sejam feitas antes da aula, e não no começo ou depois dela? Porque a Prática Guiada é avaliação formativa, usada para nos guiar tanto quanto para guiar os alunos. Ela nos diz o que eles sabem e o que não sabem antes de nos engajarmos em alguma atividade no espaço grupal, de modo que os "pontos críticos" sejam conhecidos, não haja surpresas quando chegarmos ao espaço grupal e possamos fazer ajustes nos nossos planos. Simplesmente não podemos fazer isso se os trabalhos não forem apresentados antes do espaço grupal.

P — *Como devo atribuir notas a atividades no espaço individual como a Prática Guiada?*

R — Recomendo que *as tarefas da Prática Guiada recebam notas em uma rubrica em um ou dois níveis com base apenas nas competências, no esforço e na pontualidade*. Minha prática pessoal é que as Práticas Guiadas recebem notas do tipo aprovado/reprovado, com um "aprovado" sendo dado se o trabalho é entregue no prazo (23h e 59min da noite anterior à aula presencial) e cada exercício da tarefa apresentar evidências de um esforço de boa vontade para acertar. *A verdadeira correção da tarefa não fatora a nota*. Pelo contrário, inclusive, nem todas as perguntas feitas têm uma resposta certa. A única maneira de receber "reprovado" em uma Prática Guiada é apresentá-la com atraso, deixar um dos exercícios em branco ou dar uma resposta a um exercício na forma de "Não sei" ou "Fiquei confuso". (Se os alunos ficarem confusos, espera-se que façam perguntas e então deem uma resposta que reflita a sua melhor compreensão no momento, mas não é permitido que deixem de fazer um exercício porque tiveram dificuldades.)

Ter em mente esse tipo de sistema de avaliação para a Prática Guiada tem vários benefícios. Primeiramente, facilita avaliar muitas tarefas de modo simultâneo, porque tudo o que você tem de fazer é dar uma passada de olhos e procurar entregas atrasadas ou insuficientes, marcá-las com "reprovado" e então marcar o resto com "aprovado"; isso o deixa livre para responder aos alunos individualmente, caso tenham dificuldades. Em segundo lugar, torna a tarefa tolerante às falhas para os alunos, o que é importante para aquelas que envolvam aprender alguma coisa pela primeira vez. Se as Práticas Guiadas forem relativamente de alto desafio, é provável que os alunos se deparem com tanta tensão para realizá-las que podem não empreender seus melhores esforços ou, pior ainda, podem trapacear, e os dados que você recebe da tarefa não são confiáveis. Terceiro, ao não atribuir uma nota à verdadeira correção da tarefa, você obtém os melhores esforços brutos e não filtrados dos alunos e tem dados muito mais realistas para sua aula presencial.

Alguns hesitam em avaliar um trabalho com base em outra coisa que não seja sua correção e qualidade. Você pode fatorar isso no sistema de notas, se quiser. No entanto, tenha em mente que a Prática Guiada é uma avaliação *formativa*, e não *somativa* – ela está avaliando o progresso do aluno no ponto mais inicial do desenvolvimento. Assim, você pode argumentar que esse tipo de avaliação deve ser usado de modo gradual e, então, posteriormente, você pode estabelecer padrões bem altos para a qualidade no final, na avaliação somativa.

Embora seja recomendada uma abordagem suave em cada Prática Guiada *individual*, você pode, no entanto, tornar a realização da Prática Guiada uma forte exigência para as notas da disciplina. Por exemplo, na minha aula de cálculo, os alunos precisam passar em 12 das 13 Práticas Guiadas para que sejam elegíveis para um A na disciplina, em 10 de 13 para um B e em 8 de 13 para um C. Cada tarefa individual é simples de ser aprovada; reprovações repetidas terão efeitos severos na nota da disciplina.

P — *E agora a grande questão: como posso garantir que os alunos realmente façam as atividades no espaço individual?*

R — Como mencionado anteriormente, essa é a pergunta mais formulada sobre a aprendizagem invertida. Tenha em mente que nossos alunos são adultos na faculdade e, a não ser que desejemos transformar as aulas em um estado de vigilância em miniatura em que cada movimento dos estudantes é monitorado, não podemos "garantir" que eles façam alguma coisa. O melhor que podemos fazer é criar atividades que eles *queiram* realizar. Para isso, precisamos apelar para estruturas teóricas como a teoria da autodeterminação, para entender o que os motiva, e a da carga cognitiva, para compreender como os alunos administram o trabalho. O modelo da Prática Guiada é construído com todas essas considerações em mente.

O modelo da Prática Guiada está fundamentado na premissa da minimização da carga extrínseca, com uma boa apresentação da aula em estudo, redução da carga cognitiva claramente indicando não só os objetivos de aprendizagem para a aula, mas também quais objetivos de aprendizagem devem ser abordados antes da aula e quais não precisam por enquanto, poupando o tempo e a energia dos alunos gastos na busca de recursos de aprendizagem ao fornecer uma *playlist* bem construída de recursos de aprendizagem para poupá-los do trabalho de procurarem eles mesmos (a não ser que queiram) e dando um conjunto de exercícios que ofereça um nível de trabalho "apenas suficiente". O modelo da Prática Guiada também visa a maximizar o retorno do investimento dos alunos em tempo e energia, estando em sintonia com os objetivos de aprendizagem básicos e não incluindo nada desnecessário para o espaço individual. Mantendo a carga cognitiva baixa até o mínimo possível e certificando-se de que a carga de trabalho relevante é verdadeiramente útil, a motivação do aluno aumenta, porque o trabalho não é nem meramente um passatempo nem arrasadoramente difícil, e, por sua vez, a probabilidade de ser realizado é aumentada.

O sistema de avaliação descrito na pergunta anterior, ou seja, as notas para a Prática Guiada baseadas apenas na pontualidade, na realização da tarefa e no esforço, também aumenta a probabilidade de os alunos concluírem e aprenderem com a Prática Guiada. Literalmente, a única maneira de não receber reconhecimento pela tarefa é fazer menos do que um esforço de boa vontade. Os erros não são apenas bons, mas também valiosos, se cometidos honestamente. Tudo o que se é esperado é que se faça uma tentativa razoável e completa, e a entregue dentro do prazo. Por outro lado, a Prática Guiada conta como uma parte significativa da nota do semestre, portanto, fazer esse esforço consistente de boa vontade é essencial. Isso se parece com motivação extrínseca, e provavelmente é, mas seu objetivo é ser motivação *autônoma*, e não motivação *controlada*. Os alunos podem não achar intrinsecamente interessante a realização das tarefas da Prática Guiada por si só, mas, se elas contiverem um trabalho que seja "apenas suficiente" e em sintonia com os objetivos de aprendizagem importantes e claramente definidos (e se as atividades no espaço grupal demonstrarem de forma consistente que requerem um conhecimento sólido dos objetivos básicos que são abordados na Prática Guiada), os alunos escolherão realizar a Prática Guiada porque percebem que ela é essencial para aprender o assunto, e aprender o assunto é importante por motivos nos quais acreditam.

Descobri nas minhas disciplinas que, de forma muito consistente, cerca de 90% dos alunos realizam a Prática Guiada antes de cada aula, recebendo uma nota de aprovação. Quando lhes pergunto a respeito disso, dizem que as realizam mesmo que possa ser um trabalho árduo, porque é simples e sem risco fazer um esforço de boa vontade, e porque, no tempo restante da aula, realmente fica muito visível que se faz uso dos resultados. Por outro lado, se as atividades no espaço individual se baseiam na motivação controlada (i.e., os alunos as realizam porque lhes é dito para fazer e não porque pessoalmente percebem algum valor nelas) e têm uma grande quantidade de carga extrínseca, não devemos nos surpreender quando eles em geral não as realizam.

PASSO 7 — PLANEJAR E CONSTRUIR ATIVIDADES PÓS-ESPAÇO GRUPAL

O trabalho de aprendizagem do material em sua aula não está terminado simplesmente porque o espaço grupal/tempo em aula acabou. Pode haver objetivos de aprendizagem que requerem tempo e espaço significativo para serem dominados, mais tempo e espaço do que estão disponíveis em uma aula presencial. Está totalmente inserido na definição de *aprendizagem invertida* que os alunos devem fazer um trabalho estendido para atingir os níveis mais altos da taxonomia de Bloom ou para solidificar as ideias fundamentais na base da taxonomia por meio do trabalho pós-aula – por meio de inúmeros métodos. Os alunos podem receber:

- a tarefa de fazer um relatório formal do seu trabalho na aula para apresentar posteriormente, como dever de casa;
- a tarefa de um projeto pós-aula que amplie mais os objetivos feitos na aula;
- uma tarefa de laboratório ou atividade de extensão que aplica os objetivos avançados a alguma coisa ainda mais alta na taxonomia de Bloom;
- um mais trabalho prático que foque no exercício e no domínio das tarefas de nível inferior na taxonomia de Bloom.

As possibilidades são amplas. No entanto, como com qualquer aula, e independentemente da estrutura, as atividades no espaço pós-grupo representam uma ótima chance de engajar os alunos em atividades de aprendizagem autorregulada, como as seguintes:

- refletir sobre seu trabalho no espaço grupal e/ou na Prática Guiada para identificar métodos de estudo que funcionaram bem e métodos que não funcionaram bem;
- refletir sobre sua motivação, afeto e comportamento por meio de um diário da aprendizagem;
- fazer planos para como utilizar o tempo entre as atividades no espaço grupal;
- fazer tarefas de escrita somativa para realizar conexões entre as ideias e resumir o que foi feito na aula.

Essas atividades correspondem à "Fase 4" de Pintrich da aprendizagem autorregulada (reação/reflexão) sobre a aula recém-concluída e à "Fase 1" (previsão/atividade/planejamento) para o que está por vir (PINTRICH, 2004).

Executando o Passo 7

- Quais objetivos de aprendizagem avançados da sua lista precisarão de maior atenção depois que a atividade na aula tiver sido realizada?
- Que outros objetivos de aprendizagem (básicos ou avançados) se beneficiariam com mais prática?
- Que atividades extraclasse proporcionariam engajamento continuado nos objetivos de aprendizagem avançados?
- Que atividades extraclasse proporcionariam maior profundidade e abrangência dos objetivos de aprendizagem básicos?
- Agora faça uma lista das atividades para o trabalho pós-aula. Faça uma estimativa do tempo necessário para que a média dos alunos as conclua.
- Anote as tarefas que você pretende dar para a atividade pós-aula.

- Examinando as estimativas de tempo para as atividades pós e pré-aula, determine se o tempo total necessário para o trabalho extraclasse é, em média, duas ou três vezes maior que o tempo gasto em aula. Se for maior do que isso, então pense em formas de reduzir o tamanho ou a extensão de algumas das suas atividades.

Perguntas e respostas sobre o Passo 7

P — *Então o Passo 7 não parece ser diferente de uma disciplina estruturada tradicionalmente.*

R — Em alguns aspectos, isso está certo. Cada disciplina, independentemente da estrutura, tem essas atividades estendidas que requerem tempo e espaço não disponível na aula. A grande diferença aqui na aprendizagem invertida é que dedicamos um tempo significativo na aula para o aprofundamento nos objetivos de aprendizagem avançados, para que todos os alunos tenham um ponto de referência para esses objetivos enquanto seguem em frente. Por exemplo, suponha que os estudantes naquela sua aula de álgebra hipotética receberam uma tarefa pós-aula de sair e coletar alguns dados que tenham uma forma aproximadamente parabólica para eles, que encontrem uma fórmula que se adapte aos dados e então usem a fórmula quadrática para dizer alguma coisa interessante. (É provável que adaptar um modelo aos dados seria um objetivo de aprendizagem adicional de uma aula anterior.) Se um aluno tivesse problemas com a matemática, poderíamos dizer: "Você se lembra da atividade que fizemos na aula que era semelhante a esta? Como isso funcionou daquela vez?".

P — *Existe a possibilidade de eu não focar o tempo de aula nos objetivos mais avançados e, em vez disso, usar uma atividade pós-aula para tanto e utilizar o tempo de aula chegando mais ou menos à "metade" da minha lista de objetivos?*

R — Usar o tempo de aula para abranger a maior parte, mas não todos os objetivos avançados e então reservar os objetivos "mais avançados" para o trabalho extraclasse *pode* funcionar bem para os alunos, mas lembre-se de que a questão da aprendizagem invertida é trabalhar naquelas tarefas mais difíceis *enquanto existe apoio prontamente disponível*. A forma como os objetivos são abordados dependerá de você, mas tenha em mente que queremos colocar os alunos em uma posição na qual não estejam se deparando com objetivos novos e avançados quando estiverem distantes de um nível correspondente de auxílio e conexão.

RESUMINDO

Apresentamos a seguir um processo de sete passos para a construção de uma aula em uma disciplina que seja estruturada segundo os princípios da aprendizagem invertida.

1. Elaborar uma lista breve, mas abrangente, dos objetivos de aprendizagem para sua aula.
2. Recombinar os objetivos de aprendizagem para que apareçam em ordem de complexidade cognitiva.
3. Criar um esboço do planejamento da atividade no espaço grupal que você pretende que os alunos façam.
4. Retornar à lista dos objetivos de aprendizagem e dividi-los em objetivos básicos e avançados.
5. Terminar o planejamento da atividade para o espaço grupal.
6. Planejar e construir a atividade para o espaço individual.
7. Planejar e construir atividades para o espaço pós-grupo que você pretende que os alunos façam.

Esse é um esboço que pode ser replicado repetidamente para inúmeras aulas durante todo um semestre ou trimestre. Com prática, esses passos fornecerão um ritmo considerável, que torna a preparação das aulas com aprendizagem invertida previsíveis e familiares, se não fáceis.

Esse método se encaixa no modelo geral de *design* da disciplina que tomamos emprestado de Dee Fink para o planejamento do esquema global das atividades de aprendizagem na disciplina. Associado aos outros níveis no modelo de planejamento de Fink, temos agora um método completo para o planejamento de ambientes de aprendizagem invertida nos níveis "macro" e "micro", em termos da estrutura do quadro geral da disciplina e do trabalho cotidiano do planejamento das aulas.

No entanto, nem o modelo de Fink de *design* da disciplina, nem nossos sete passos, nem o modelo da Prática Guiada são garantias infalíveis para criar a disciplina de aprendizagem invertida definitiva. Você vai precisar manter o "P" da primeira definição de *aprendizagem invertida* e ser um educador profissional, mantendo a percepção das necessidades dos alunos e fazendo ajustes quando as necessidades deles e as suas restrições assim exigirem. A melhor aprendizagem, afinal de contas, tende a acontecer *fora* das estruturas que construímos para ela.

PARTE III

Ensinando e aprendendo em um ambiente de aprendizagem invertida

7
Variações sobre um tema

Como já aprendemos sobre a história e as bases teóricas para a aprendizagem invertida e como já vimos como planejar disciplinas com experiências de aprendizagem invertida em mente, uma coisa deve estar clara: *a aprendizagem invertida não é apenas uma coisa ou uma maneira de conduzir uma disciplina*. Ao contrário, ela é uma "grande tenda" sob a qual podem se acomodar muitas diferentes disciplinas, tipos institucionais, demografia de alunos e métodos pedagógicos. Ela está em casa, tanto nas disciplinas STEM (em inglês, ciência, tecnologia, engenharia e matemática) quanto nas ciências sociais e humanas, artes plásticas e estudos pré-profissionais e vocacionais. Ela se adapta igualmente bem a turmas pequenas e grandes, a seminários avançados e a disciplinas introdutórias, para nichos especializados e de educação geral mais ampla. Ela é uma plataforma universal que pode ser usada e adaptada a praticamente qualquer situação.

Mesmo assim, quando em geral refletimos sobre a aprendizagem invertida, tendemos a ter em mente um determinado tipo de ambiente, isto é, uma turma que se reúne presencialmente em um horário fixo em uma sala de aula e que com frequência *usa* alta tecnologia e, portanto, tem livre *acesso* a ela. Muitas descrições da "sala de aula invertida" tomam essa situação particular como um pressuposto e desenvolvem todo um modelo pedagógico em torno dela.

No entanto, sabemos que a realidade sugere algo diferente.

Em primeiro lugar, cada vez mais disciplinas em faculdades e universidades são oferecidas em tempo parcial ou integral, muitas vezes sem encontros presenciais, horários fixos ou mesmo salas de aula físicas onde se reúnam. Um estudo de faculdades de dois anos (LOKKEN; WOMER; MULLINS, 2012) mostra que, embora, em geral, as matrículas nessas instituições tenham diminuído 3,5% entre o outono de 2013 e o outono de 2014, as inscrições em disciplinas *on-line* oferecidas por instituições de dois anos aumentaram 4,68% no mesmo período. De fato, o aumento nas inscrições *on-line* em instituições de dois anos foi acima de 4% por ano a cada ano desde 2009 e já chegou a 9%. Essa popularidade das disciplinas *on-line* não está limitada apenas a instituições de dois anos. Um relatório de 2012 feito pelo National Center for Education Statistics (GINDER; STEARNS, 2012) mostra que 21,8% (mais de 1 em 5) de todos os alunos universitários matriculados em instituições de quatro anos *Title IV** nos Estados Unidos estão inscritos em pelo menos uma disciplina de "educação a distância" (o que significa que pelo menos parte da disciplina é *on-line*). Entre os estudantes de pós-graduação, a porcentagem é de 24,3%, e esses dados são de 2014 e 2012; se as tendências indicadas nesses estudos continuarem durante os anos intermediários, o número de estudantes inscritos em disciplinas *on-line* provavelmente será mais alto, talvez muito mais do que isso. Os dados indicam que não podemos mais assumir que uma aula de faculdade necessariamente tenha a mesma aparência que tinha no ano anterior, com três encontros presenciais por semana, nos mesmos horários do dia e em um local fixo.

Em segundo lugar, e no outro extremo do espectro, muitos ambientes educacionais não podem pressupor a disponibilidade de alta tecnologia, como o fácil acesso a computadores modernos ou a internet de banda larga. Muitas universidades e faculdades, em especial aquelas que atendem a áreas remotas ou regiões carentes, não conseguem proporcionar o nível de acesso tecnológico aos alunos (e muitos deles não terão esse acesso) que em geral associamos à aprendizagem invertida, com sua utilização de vídeos *on-line* e outras conveniências tecnológicas. Do mesmo modo, alguns professores que estão em situações em que há acesso à tecnologia podem optar por não incorporar alta tecnologia à sua didática, por preferência ou porque pode não fazer sentido para as atividades pedagógicas que planejaram. De qualquer maneira, não é um pressuposto seguro dizer que aprendizagem invertida *precisa* estar baseada em um contexto de alta tecnologia.

Em terceiro lugar, independentemente do contexto tecnológico, pode não ser o caso que os professores escolham converter uma *disciplina inteira* em um ambiente de aprendizagem invertida. Em vez disso, um professor pode querer usar um tipo de modelo híbrido, com algumas partes da disciplina usando aprendizagem invertida e outras mantendo um modelo tradicional. Nosso tratamento da aprendizagem invertida, especialmente o plano de ensino da disciplina, presume que a disciplina inteira será invertida, mas esse não precisa ser o caso desejado.

Neste capítulo, abordaremos como a aprendizagem invertida pode ser implementada efetivamente em cada uma dessas variações sobre o tema básico.

---

* N. de R.T. Programas de auxílio financeiro estudantil nos Estados Unidos.

APRENDIZAGEM INVERTIDA EM DISCIPLINAS *ON-LINE* E HÍBRIDAS

Conforme mencionado anteriormente, o número de estudantes universitários (pelo menos nos Estados Unidos) está crescendo, e isso vem ocorrendo há vários anos. As disciplinas *on-line* apresentam questionamentos pedagógicos únicos, e, à medida que se tornam mais corriqueiras, melhores práticas para o planejamento e a condução dessas disciplinas para maximizar os resultados para os alunos continuarão evoluindo. Há muitas perguntas a serem respondidas sobre o planejamento de disciplinas *on-line* efetivas, e não pretendemos abordar todas elas neste livro. Outras fontes, como *Minds online: teaching effectively with technology*, de Michelle Miller (2014), fazem o excelente trabalho de assumir essa perspectiva abrangente. Aqui meramente queremos abordar se é possível ter um ambiente de aprendizagem invertida em uma disciplina na qual pode não haver encontro presencial ou sala de aula física.

Primeiramente, precisamos entender que disciplinas "*on-line*" podem assumir muitas formas diferentes. O Online Learning Consortium, uma das principais organizações que oferecem desenvolvimento profissional em aprendizagem *on-line*, classifica as disciplinas em seis formas diferentes (SENER, 2015), conforme a seguir.

1. *Disciplinas em sala de aula tradicional.* Predominantemente realizadas em encontros presenciais e locais fixos, o formato desses encontros pode variar, incluindo aulas expositivas, *workshops* e laboratórios; o uso do computador pode estar envolvido. Mas a turma se reúne e faz isso em um espaço físico.
2. *Disciplinas síncronas.* Tecnologias baseadas na *web* proporcionam instrução em tempo real a estudantes em localidades remotas. Por exemplo, uma disciplina em sala de aula tradicional que tem transmissão de vídeo ao vivo disponível para os alunos em seu local de trabalho seria uma disciplina síncrona. Ela é "síncrona" porque todos os alunos estão se engajando no espaço grupal ao mesmo tempo.
3. *Disciplinas otimizadas pela web.* A atividade *on-line* complementa, mas não reduz o número de encontros presenciais. Muitos ambientes de aprendizagem invertida que usam uma estrutura de sala de aula tradicional podem ser considerados otimizados pela *web* se houver uma exigência de realização de atividades *on-line*, tais como assistir a vídeos ou engajar-se em simulações por computador. Note que as disciplinas otimizadas pela *web* podem usar atividades *on-line* para substituir as *atividades* em uma disciplina, talvez uma porcentagem significativa delas, mas essa categoria não tem nenhum *encontro* substituído por atividades *on-line*.

4. *Disciplinas em sala de aula combinadas/híbridas.* Uma porcentagem significativa (com frequência mais de 20%, porém, menos de 100%) dos encontros na sala de aula tradicional são substituídos por atividades *on-line*. Por exemplo, uma turma que normalmente se reúne às segundas, quartas e sextas-feiras que tem o seu encontro de segunda-feira (ou seus encontros de segunda e sexta) substituído por atividades *on-line* seria considerada combinada ou híbrida.
5. *Disciplinas* on-line *combinadas/híbridas.* "Imagem espelhada" de disciplinas em sala de aula combinadas. Aqui, a maior parte da atividade da disciplina é feita *on-line*, mas é necessária uma pequena quantidade de atividades presenciais na sala de aula. Por exemplo, uma disciplina cujo espaço grupal consiste da participação em fóruns de discussão *on-line* que se reúne em uma sala de aula depois de um mês para testes seria uma disciplina *on-line* híbrida.
6. *Disciplinas* on-line. No outro extremo do espectro, disciplinas nas quais 100% das suas atividades se dão *on-line* (tanto no espaço individual quanto no grupal, usando a nomenclatura que desenvolvemos para a aprendizagem invertida).

Note que ainda há outro tipo de disciplina *on-line* – os cursos *on-line* abertos e massivos (MOOCs). Embora os experimentos com MOOCs datem de 2006 (DAVIDSON, 2013), eles chegaram pela primeira vez ao conhecimento público por meio de um curso sobre inteligência artificial oferecido por Sebastian Thrun e Peter Norvig pela Stanford University, em 2011 (NG; WIDOM, 2014), que era gratuito e aberto ao público em geral e recebeu mais de 160 mil inscritos *on-line*. Embora o debate sobre o significado dos MOOCs para o ensino superior em geral ainda persista e as ofertas de MOOC continuem se expandindo, o interesse entre instituições de dois e quatro anos para oferecê-los permanece um tanto baixo. Em 2014, por exemplo, foi identificado que 70% dos *community colleges* nos Estados Unidos não têm planos de incorporar conteúdo de MOOC às suas ofertas de disciplina tradicional (até 42% em 2012), e apenas 5% indicaram que estão desenvolvendo ou oferecendo MOOCs próprios. Em 2015, mais de 550 universidades de quatro anos os ofereceram no mundo inteiro, uma quantidade pequena se comparada às 2.765 instituições de quatro anos que fornecem diploma *Title IV* só nos Estados Unidos desde 2008 (NATIONAL CENTER FOR EDUCATION STATISTICS, 2018). Portanto, embora a escala massiva de MOOCs levante questionamentos interessantes para a aprendizagem invertida e sua noção de "espaço grupal", não vamos incluí-los em nossa discussão aqui, devido à sua relativa infrequência entre docentes de base.

Para muitas instituições, a definição exata do que é uma disciplina *tradicional versus híbrida versus on-line* é determinada pela instituição ou por um comitê dentro da instituição. Por exemplo, minha instituição de origem define uma *disciplina híbrida* como aquela que pretende substituir no mínimo 15%, porém, menos de 100% do tempo de encontro da disciplina (cerca de seis horas em um semestre de três créditos), com instrução *on-line*; tudo o que for menos do que isso é considerado sala de aula tradicional. Uma disciplina *on-line* se reúne 100% do tempo de modo *on-line* (embora possa não haver encontros síncronos), e não há distinção entre a sala de aula híbrida e as disciplinas *on-line* híbridas ou entre aquelas tradicionais e otimizadas pela *web*, como vimos definido anteriormente pelo Online Learning Consortium.

Se você estiver introduzindo quantidades significativas de material *on-line* como parte de uma conversão para um modelo de aprendizagem invertida em uma disciplina, é importante verificar as diretrizes da sua instituição, para ver como essas disciplinas estão classificadas e também para tomar conhecimento de medidas adicionais que você possa precisar adotar. Essas definições institucionais de *disciplinas on-line*, *híbridas* e *tradicionais* podem ter implicações significativas para o desenvolvimento da disciplina e para o registro dos alunos. Por exemplo, algumas instituições definem uma *disciplina híbrida* como aquela em que uma determinada porcentagem do seu *conteúdo* é transmitida *on-line*, independentemente de como é afetado o calendário da aula presencial. Portanto, a conversão de uma aula de modelo tradicional em um de aprendizagem invertida, em que as explanações ao vivo são substituídas por vídeos *on-line* a que os alunos devem assistir, pode reclassificar a disciplina de "tradicional" para "híbrida" e, assim, pode requerer que o professor obtenha aprovação da faculdade ou universidade para ministrá-la. Em outras instituições, as disciplinas híbridas (embora estejam classificadas) podem ter diferentes valores de taxas e mensalidades para os alunos, e pode haver limitação com relação ao número de disciplinas híbridas ou *on-line* que os alunos podem cursar; portanto, a possibilidade de uma disciplina inadvertidamente ser reclassificada como "híbrida" ou "*on-line*" pode ter consequências significativas para os alunos.

Mas se você estiver lecionando uma aula que já está classificada como "híbrida" ou "*on-line*", é possível introduzir uma estrutura de aprendizagem invertida nessa disciplina? E, em caso afirmativo, como?

Ao longo deste livro, temos sido cuidadosos em não privilegiar qualquer uma das formas de estrutura de aula quando consideramos o *design* da aprendizagem invertida. Em particular, evitamos o uso do termo *tempo em aula* para fazer referência a atividades de aprendizagem invertida (como em "os alunos têm seu primeiro contato com novos conceitos *antes da aula*"), porque isso pressupõe a existência de um tempo e espaço de encontro presencial síncrono. Em outras palavras, nossa definição de *aprendizagem invertida* abriu espaço para disciplinas *on-line* e híbridas a partir do zero. Tudo o que precisamos para adaptá-las a um modelo de aprendizagem invertida é considerar o *espaço individual* e o *grupal* nessas disciplinas e o que os alunos irão fazer nesses espaços.

Disciplinas híbridas

Em uma disciplina híbrida, seja ela "híbrida com sala de aula" ou "híbrida *on-line*", uma abordagem da aprendizagem invertida é usar a parte presencial da disciplina como espaço grupal, e tudo o mais será o individual. Por exemplo, se uma disciplina híbrida tem 50% dos seus encontros *on-line*, então essa parte da disciplina pode ser usada para atividades no espaço individual, tais como trabalhar com a Prática Guiada, fazer o dever de casa *on-line* ou trabalhar na escrita de tarefas, enquanto os encontros presenciais configuram o espaço grupal, muito parecido com o que seria em uma disciplina em sala de aula tradicional planejada de acordo com os princípios da aprendizagem invertida.

Embora essa divisão básica do trabalho faça sentido do ponto de vista da programação, os alunos podem ser mais bem atendidos se tiverem *mais espaço grupal* na disciplina. Afinal, é nesse espaço que queremos que os alunos se engajem nas tarefas mais difíceis e complexas da disciplina, momento em que têm seus colegas e professor presentes para auxiliá-los. Quanto mais pudermos proporcionar aos alunos essa experiência no espaço grupal, melhor será a sua aprendizagem. Também é possível que o cronograma preciso da disciplina híbrida tenha tão poucos encontros presenciais que não poderemos nos basear neles como o único momento em que ocorre o espaço grupal; por exemplo, algumas disciplinas híbridas se reúnem apenas em semanas alternadas, outras somente para provas e exames (quando, então, o encontro é especificamente reservado para algo diferente do trabalho no espaço grupal).

Para proporcionar aos alunos mais experiência no espaço grupal em uma disciplina híbrida, parte do espaço grupal deverá ser realizada *on-line*. Esse espaço grupal não precisa ser *síncrono*, ou seja, com todos os alunos *on-line* ao mesmo tempo, para que possam interagir em tempo real. Na verdade, algumas disciplinas híbridas e muitas disciplinas inteiramente *on-line podem não* ter encontros síncronos, devido à disparidade dos horários dos alunos. Em vez disso, os espaços grupais *on-line* efetivos devem ser organizados pelo professor (ou pelos assistentes da disciplina, se houver), os quais podem ser realizados de inúmeras formas, como as apresentadas a seguir.

- *Fóruns de discussão*. Forma padrão para estabelecer a interação aluno-aluno e aluno- professor em um contexto *on-line*, e há muitos recursos disponíveis sobre como realizar um fórum de discussão efetivo (CORNELL UNIVERSITY CENTER FOR TEACHING EXCELLENCE, 2018; ROVAI, 2007).
- *Ferramentas de bate-papo baseadas em grupos*. Ferramentas como Slack (http://slack.com) são uma alternativa para os fóruns de discussão (WAN, 2015), pois combinam a estrutura de um com a fluidez da conversa em tempo real das mensagens instantâneas, canais altamente reminiscentes do

Internet Relay Chat (IRC). Nesses ambientes, distintos canais são definidos para diferentes aspectos da disciplina (p. ex., um para cada tarefa, junto com canais para discussão permanente do programa e para conversa aleatória entre os alunos, os quais os visitam e interagem quando necessário). O bate-papo acontece em tempo real, mas é salvo como um arquivo pesquisável.

- *Ferramentas de interação baseadas em áudio.* Ferramentas como VoiceThread (https://voicethread.com) oferecem uma alternativa às ferramentas baseadas em texto como fóruns de discussão ou programas de bate-papo, permitindo que os usuários postem mídias com ativação de voz, e então os outros podem deixar comentários em texto, áudio ou vídeo para criar participação assíncrona em torno de um grupo central de leituras, problemas ou multimídia.

Também pode ser usada alguma combinação dessas ferramentas tecnológicas; de fato, muitas ferramentas em uma categoria são desenvolvidas para permitir a interação com outras em outra categoria. Por exemplo, um conteúdo criado em VoiceThread pode ser incorporado em muitos fóruns de discussão *on-line* utilizando-se o código HTML básico, que pode ser gerado por meio do VoiceThread.

Disciplinas *on-line*

As disciplinas inteiramente *on-line* apresentam desafios peculiares à aprendizagem invertida, mas que não são intransponíveis: apenas requerem criatividade no estabelecimento dos espaços individual e grupal e empenho no seu manejo.

As disciplinas *on-line* que são *síncronas* (que têm encontros do grupo *on-line* regularmente agendados) oferecem uma forma simples de delimitar os espaços individual e grupal. O grupal pode ser o encontro *on-line*, e o individual pode ser tudo o mais. Conseguir que os alunos trabalhem juntos ativamente em um contexto síncrono *on-line* pode ser complicado; o professor fica limitado pelas capacidades da tecnologia que está sendo usada. Por exemplo, algumas ferramentas de reunião na *web*, como WebEx (www.webex.com), têm a capacidade de formar *breakout rooms*, permitindo que pequenos grupos se separem de uma reunião *on-line* de um grupo maior e se reúnam, para depois voltarem ao grande grupo. Essa característica permite que uma reunião síncrona *on-line* ocorra de forma muito semelhante ao modo como se daria um encontro presencial. Porém, se a tecnologia usada não permitir sessões de *breakout*, será necessário ter mais criatividade, cuja quantidade dependerá da intensidade das limitações. Entretanto, é importante ter em mente que, na aprendizagem invertida, ainda queremos usar o espaço grupal como um espaço para aprendizagem ativa; temos de resistir à tentação de usá-lo predominantemente para a instrução direta, apesar das limitações de *software*.

As disciplinas *on-line assíncronas* não têm encontros em grupo agendados; os alunos se engajam na disciplina em seus próprios horários, e pode não haver uma única vez em que todos os alunos estejam juntos *on-line*. De certo modo, uma disciplina assim nunca se reúne; em outro sentido muito real, ela está *sempre* se reunindo: os alunos podem acessar a disciplina e encontrar atividades de aprendizagem a qualquer momento, e as atividades grupais podem ocorrer espontaneamente fora do horário estipulado pelo professor. Em tais disciplinas, os conceitos de *espaço grupal* e *espaço individual* devem ser cuidadosamente definidos, e as expectativas para eles, tornadas claras; além disso, deve ser mantida uma flexibilidade suficiente para permitir aos alunos a liberdade de adaptar as disciplinas aos seus horários (o que é, em geral, a razão pela qual os alunos fazem disciplinas *on-line*).

Independentemente de o espaço grupal acontecer *on-line* ou presencialmente, o seu *propósito* em um ambiente de aprendizagem invertida ainda é o mesmo: *ser usado como um ambiente de aprendizagem dinâmico e interativo no qual o educador orienta os alunos enquanto aplicam os conceitos e se engajam criativamente na disciplina.* Para fazer isso, o espaço individual ainda precisa ser usado para o primeiro contato com os conceitos novos na forma de atividade estruturada.

Como isso se pareceria para os diferentes tipos de disciplinas *on-line* que descrevemos? Vamos examinar dois estudos de caso de disciplinas reais para ver como a aprendizagem invertida foi implementada em contextos diferentes.

O primeiro deles consiste de disciplinas híbridas ministrados por Mark Hale, professor-associado de ensino superior na Dallas Baptist University, que conhecemos no Capítulo 3. Além das suas muitas funções administrativas, ele leciona disciplinas híbridas para alunos de pós-graduação, incluindo Matérias Jurídicas e Finanças em Ensino Superior e Filosofia do Ensino Superior. Quando Hale decidiu converter essas disciplinas em um ambiente de aprendizagem invertida, estas empregavam um cronograma em que as semanas se alternavam entre o trabalho *on-line* e presencial (inteiramente *on-line* em uma semana, depois inteiramente presencial na seguinte). Conforme mencionamos no Capítulo 3, Hale achava que esse cronograma não estava servindo bem aos alunos; muitos deles não se preparavam adequadamente na semana *on-line* para as atividades que ocorriam nos encontros presenciais da seguinte. Então ele mudou o cronograma de modo que a disciplina tivesse encontros presenciais uma vez por semana por 75 minutos, e as atividades restantes durante a mesma semana eram todas *on-line*.

Hale usou o encontro presencial de 75 minutos como o único caso de espaço grupal na disciplina (quadrantes 3 e 4, em sua formulação, que discutimos no Capítulo 3). Todas as atividades *on-line* eram consideradas "espaço individual", para que os alunos tivessem um primeiro contato significativo com os novos conceitos individualmente, por meio de tarefas guiadas e estruturadas.

Note que essa formulação ocupa uma parte significativa (para ser mais preciso, a metade) do tempo do encontro, a qual, em um contexto de sala de aula tradicional, provavelmente seria considerada "espaço grupal", e a transforma em espaço individual. Assim, em certo sentido, a turma está "se encontrando" com metade da frequência. No entanto, Hale descobriu que não havia diminuição na qualidade ou quantidade da aprendizagem na disciplina, mesmo que houvesse apenas aproximadamente metade do espaço grupal. De fato, ele relata:

> A resposta foi esmagadoramente positiva. Meus alunos estavam muito mais engajados no conteúdo. Muitos solicitaram oportunidades adicionais de aprendizagem invertida. Aqueles que cumpriam o calendário e realizavam o trabalho preparatório se saíam melhor na aula. Foi fácil distinguir quem havia revisado o conteúdo da disciplina antes do encontro no espaço grupal. No início da aula, compartilhava o formato do quadrante e informava sobre o andamento da disciplina. Também explicava que, se eles não fizessem o trabalho preparatório (leitura/conteúdo da disciplina/avaliação, etc.), não estariam preparados para participar ativamente das atividades do espaço grupal. Isso servia como incentivo para chegarem ao espaço grupal prontos para contribuir. O tempo no espaço grupal passava muito rapidamente e requeria um cronograma rígido para que fosse possível abranger o conteúdo necessário. Também demandava que eu tivesse várias ideias diferentes sobre as atividades e os exercícios que usaria em aula para uma variedade de necessidades possíveis, pois dispunha de uma quantidade limitada de tempo para a preparação do espaço grupal após a revisão das avaliações da sessão.*

Em outras palavras, além de um ritmo acelerado, os alunos experimentaram uma aprendizagem mais profunda e uma experiência mais positiva no contexto da aprendizagem invertida do que no contexto tradicional, apesar de só ter metade do espaço grupal. A experiência de Hale sugere que investir mais tempo em atividades bem planejadas para o espaço individual pode tornar o espaço grupal muito mais eficiente e proveitoso.

Ainda assim, para aqueles que podem ficar nervosos por subtrair parte do espaço grupal, formas alternativas de espaço grupal podem ser usadas em uma disciplina híbrida como a de Hale. Por exemplo, pode ser estabelecido um espaço de tempo (digamos, um período de 12 horas depois da apresentação de uma atividade no espaço individual) durante o qual os alunos são direcionados para um fórum de discussão ou ambiente de bate-papo para discutir uma questão e então apresentar um relato para todo o grupo. Esse é um "espaço grupal", mesmo que os

---

* Comunicação pessoal de Hale, por *e-mail*, 23 de junho de 2016.

alunos possam não estar juntos ao mesmo tempo no mesmo lugar (na verdade, eles podem até estar a quilômetros de distância), porque o *trabalho* está sendo feito em colaboração.

O outro estudo de caso a ser examinado é uma disciplina totalmente *on-line*, a qual, na verdade, é minha, uma versão *on-line* da disciplina regular de Cálculo 1 na Grand Valley State University. Em um contexto presencial comum, há quatro encontros de 50 minutos por semana durante 14 semanas, com um dia por semana em um contexto de laboratório de 50 minutos, no qual os alunos trabalham em atividades colaborativas focadas na tecnologia. Em 2015, uma turma da disciplina foi planejada para ser totalmente *on-line* e assíncrona, a qual era oferecida durante um período de 12 semanas no verão. Por ser assíncrona, não havia encontros da turma e nenhuma localização fixa. (Na verdade, os alunos na disciplina estavam espalhados geograficamente.)

A disciplina foi dividida em 12 "módulos", cada um focado em torno de uma questão importante para a disciplina (p. ex., *como calculamos a mudança?* e *como encontramos o melhor valor de uma função?*). Cada módulo durava exatamente uma semana, definido para funcionar das 00h1min da madrugada de segunda-feira até às 23h59min do domingo seguinte. A estrutura semanal foi ainda mais dividida, da forma apresentada a seguir.

- Os dois primeiros dias da semana (segunda e terça) foram reservados para ser focados unicamente no trabalho no espaço individual. Os alunos recebiam uma Prática Guiada para o módulo, o que, em geral, abrangia duas seções de material (uma quantidade relativamente significativa), portanto era esperado que passassem os dois primeiros dias do módulo no espaço individual, fazendo leituras, assistindo a vídeos e respondendo aos exercícios. Também havia dever de casa *on-line* para cada módulo, e os alunos eram livres para tentar fazê-los durante esse período de dois dias no espaço individual. Também, a cada semana, um grupo diferente de alunos ficava encarregado de coordenar o fórum de discussão *on-line*; cada membro desse *Grupo de Discussão* recebia um *Problema da Semana* diferente, que estudava mais a fundo os conceitos do módulo. Cada aluno no Grupo de Discussão tinha a tarefa de escrever uma solução proposta para seu Problema da Semana e postá-la em um grupo privado somente para a discussão no fórum de discussão, em que os outros membros daquele grupo e eu dávamos uma olhada nos erros e fazíamos sugestões. A Prática Guiada era sempre até às 23h59min das noites de terça-feira, e as soluções dos alunos para os Problemas da Semana deviam ser incluídas em uma postagem pública no fórum de discussão até às 8h da manhã de quarta-feira.

- Às quartas-feiras, a semana mudava do trabalho no espaço individual para o grupal. Era esperado que os alunos encontrassem suas próprias soluções para os Problemas da Semana, comparassem seu trabalho com as soluções dos colegas e fizessem perguntas sobre esse trabalho em áreas de acompanhamento no fórum de discussão. Essa discussão contínua em geral ocorria por 4 a 5 dias; aquela era a versão da aula em que os alunos iam até o quadro e resolviam os problemas para a discussão em aula. Outra forma de trabalho no espaço grupal era a discussão *on-line* contínua de problemas do dever de casa, os quais os alunos estavam livres para abordar no fórum de discussão.

Em um formato presencial usando a aprendizagem invertida (que também lecionei), cada encontro abrangia aproximadamente um terço de um "módulo" na aula *on-line*, e os alunos completavam a Prática Guiada de um terço de duração antes de cada encontro. Durante a aula, trabalhavam em problemas muito similares aos Problemas da Semana e apresentavam seu trabalho uns aos outros. Em uma disciplina *on-line*, os estudantes faziam quase as mesmas *coisas*, mas em agrupamentos diferentes: com dois dias inteiros passados no espaço individual e depois cinco em espaço grupal assíncrono, contribuindo e refletindo sobre a discussão conforme seu horário permitisse.

Também havia uma fase pós-aula na disciplina *on-line*, na qual os alunos realizavam curtos "miniprojetos" (os quais substituíam a sessão de laboratório em aula) durante a semana e criavam vídeos pessoais nos quais trabalhavam os problemas passados do dever de casa *on-line* em um quadro branco.

Essa estrutura *on-line* para cálculo não visa a replicar a experiência em aula – isso parece ser impossível sem que se tenham horários de encontros reais, o que, de fato, não nos era permitido ter (para conseguir acomodar todos os alunos independentemente do horário). Em vez disso, reestruturei o espaço individual de três períodos separados (antes de cada encontro presencial) em um bloco maior e então reformulei o resto da semana para trabalho contínuo livre no espaço grupal.

Nesta discussão das disciplinas *on-line* e híbridas, queremos principalmente enfatizar que a aprendizagem invertida funciona aqui do mesmo modo como em disciplinas presenciais, e não precisamos de uma sala de aula ou de encontros presenciais para ter uma "sala de aula invertida". De fato, a prevalência crescente das disciplinas *on-line* e híbridas fornece razões de sobra para migrar do termo *sala de aula invertida* e focar na *aprendizagem* dos alunos independentemente do contexto físico. A única coisa que é preciso ter em mente é o espaço individual e o grupal, e como eles serão usados das maneiras que a aprendizagem invertida sugere.

APRENDIZAGEM INVERTIDA EM UM CONTEXTO DE BAIXA TECNOLOGIA

Na seção anterior, assinalamos um estereótipo comum dos ambientes de aprendizagem invertida: requerem uma sala de aula e encontros presenciais. Um estereótipo similar tem a ver com a tecnologia. Muitas descrições da aprendizagem invertida pressupõem que a alta tecnologia, incluindo aquelas como internet de alta velocidade, vídeos *on-line*, dispositivos pessoais capazes de acessar transmissões de vídeos e tecnologias na sala de aula, como aqueles para resposta, é onipresente e prontamente disponível. Na verdade, um estudo recente buscando fazer uma metanálise abrangente das disciplinas de aprendizagem invertida realmente *exclui* do estudo disciplinas que não usam vídeos *on-line*, indicando que uma disciplina não pode ser considerada "invertida" se não forem usados vídeos *on-line* (BISHOP; VERLEGER, 2013). A relação aparentemente indissociável entre a aprendizagem invertida e a tecnologia deve nos fazer perguntar: *pode ser implementada a aprendizagem invertida onde houver pouca ou nenhuma tecnologia disponível?*

Além de abordar o estereótipo tecnológico das disciplinas que utilizam aprendizagem invertida, essa pergunta se ocupa desse tipo de aprendizagem em vários cenários pedagógicos muito comuns no ensino superior, como os apresentados a seguir.

- Alguns professores têm tecnologia à sua disposição (e também seus alunos), mas, por razões pessoais ou pedagógicas, optam por não utilizá-la.
- Algumas faculdades e universidades podem não ter a infraestrutura física ou os recursos financeiros para manter tecnologias como internet de alta velocidade, transmissão em vídeo ou dispositivos para resposta em sala de aula. Ou, então, a tecnologia pode estar *presente*, mas o *acesso* a ela é limitado. Por exemplo, uma universidade que visitei certa vez em uma nação em desenvolvimento tinha apenas um laboratório de informática no *campus*, o qual ficava fechado em uma sala trancada que era aberta durante apenas algumas horas por dia, devido à preocupação de que o equipamento fosse roubado.
- Algumas *instituições* podem ter acesso a alta tecnologia, mas seus *alunos*, não. Faculdades e universidades que atendem a comunidades carentes encontram esse cenário com muita frequência.

Não queremos que a aprendizagem invertida seja um modelo pedagógico disponível apenas para aqueles que estão em uma posição privilegiada. Ela pode beneficiar *todos* os alunos (de fato, isso é o que a diferencia das protoversões da aprendizagem invertida, como o modelo Oxford) e, portanto, é importante ponderar se ela pode ser desenvolvida em um contexto tecnologicamente minimalista.

Felizmente, parece que, embora a aprendizagem invertida se beneficie com um contexto tecnológico rico, não é necessária alta tecnologia para implementá-la. Como ocorre com disciplinas *on-line* e híbridas, tudo o que precisamos ter em mente é o modo como queremos organizar os espaços individual e grupal e como usá-los segundo os princípios da aprendizagem invertida.

Em uma disciplina de baixa tecnologia, o espaço individual ainda pode ser usado como uma oportunidade para os alunos terem seu primeiro contato com novos conceitos por meio de atividades estruturadas. A "instrução direta" nesse contexto com frequência assume a forma de aulas gravadas. Se o professor optar por manter as aulas expositivas como a fonte primária de instrução direta, essas exposições não precisam ser convertidas para vídeo gravado, as quais podem facilmente ser disponibilizadas como gravações em áudio e depois colocadas *on-line* ou disponibilizadas para os alunos por mídia física, como *pen drives* ou CDs. Existem vantagens no uso de áudio em vez de vídeo: registros digitais de áudio têm menor tamanho, requerem menos largura de banda para a reprodução ou *download*; e, independentemente do formato, o áudio pode ser reproduzido em uma variedade de dispositivos baratos. Substituir as aulas em vídeo por aulas em áudio mais versões impressas ou perguntas sobre a aula seria uma alternativa de baixa tecnologia. No entanto, não é preciso usar aulas expositivas! A instrução direta pode facilmente assumir a forma de leituras (*on-line* ou físicas), que são estruturadas por meio de uma tarefa da Prática Guiada "estratificada" em leituras, nas quais os alunos se engajam em determinadas partes do texto, guiados por objetivos de aprendizagem claramente definidos e por exercícios que os auxiliam na compreensão do que precisam para o espaço grupal.

Deve ser observado aqui, mais uma vez, que é provável que simplesmente dar aos alunos um conjunto de leituras para realizar antes da aula e depois esperar uma discussão produtiva em aula não resulte em aprendizagem invertida, devido à falta de estrutura dada aos alunos quando se deparam com novas ideias pela primeira vez. Para facilitar que os alunos verdadeiramente se prepararem para o espaço grupal e para auxiliá-los a desenvolver os hábitos da aprendizagem autorregulada que discutimos, a estrutura é o ponto principal, seja ela por meio da Prática Guiada ou alguma outra forma de estrutura que você forneça.

As tarefas no espaço individual (Prática Guiada ou outra coisa) são com frequência distribuídas aos alunos por meio *on-line*, por meio de um ambiente virtual de aprendizagem (AVA). Se os estudantes ou a instituição tiverem acesso extremamente limitado a esse sistema ou à tecnologia que ele requer, as tarefas podem ser apresentadas em papel no final de um período de aula dentro de um prazo determinado. Em relação à entrega dessas tarefas, os alunos podem fazê-las no papel e trazê-las para a aula no dia da entrega. No entanto, note que entregar o trabalho da Prática Guiada *no dia do espaço grupal* dificulta o rápido acesso à aprendizagem do aluno no espaço individual e a possibilidade de fazer adaptações no espaço grupal; será muito melhor se os alunos conseguirem apresentar esse trabalho de alguma maneira *antes* da aula, por *e-mail* ou colocando-o no escaninho do professor.

Para atividades no espaço grupal, o acesso à tecnologia não é assim tão problemático, a não ser que você escolha um modelo pedagógico que dependa dela. A *peer instruction*, que discutimos anteriormente, em geral é um desses modelos, porque utiliza dispositivos de resposta ("*clickers*") em sala de aula para reunir os votos dos alunos em perguntas conceituais. Entretanto, mesmo aqui existem alternativas de baixa tecnologia, como os alunos usarem fichas coloridas para indicar suas escolhas em uma pergunta de múltipla escolha (azul para "1", vermelho para "2", etc.), erguendo-as ao comando do professor, com os olhos fechados para não verem os votos dos colegas, ou escrevendo suas respostas no papel em letras grandes e erguendo-o. Uma versão disso com um pouco mais de acesso à tecnologia é o "*plicker*", um tipo de método inverso ao *clicker* em que os alunos recebem pedaços de papel impresso para suas respostas a uma pergunta de múltipla escolha, com cada resposta em uma página impressa diferente com um código QR (perguntas e respostas) nela, e o professor faz uma varredura na sala com um *tablet* ou celular usando um aplicativo especializado que digitaliza os trabalhos e registra os resultados (http://plickers.com). Mesmo um método pedagógico com tecnologia tão tradicionalmente pesada quanto a *peer instruction* pode ser empregado, embora com menos eficiência, com tecnologia mais baixa ou sem nenhuma.

Como um estudo de caso em aprendizagem invertida com tecnologia minimalista, consideremos as disciplinas de literatura de Haerin (Helen) Shin na Vanderbilt University. Na disciplina de Shin, os alunos fazem leituras para a aula *na aula*, e não antes dela, na forma de "leituras atentas" (*close readings*) em conjunto (SHIN, 2015). Shin escolhe textos muito curtos para suas atividades no espaço grupal, como a história de 155 palavras "Sobre o rigor na ciência", de Jorge Luis Borges; com um texto curto como esse, os alunos leem juntos na aula e examinam cada palavra e frase em uma discussão intensiva. Isso apresenta um contraste marcante com o modelo tradicional das disciplinas de literatura, invertido ou outro, em que os alunos fazem todas as leituras antes da aula e depois discutem na aula; Shin usa seu modelo de leitura atenta para capturar a espontaneidade e a sinergia de um grupo de pessoas que leem alguma coisa juntas pela primeira vez, ao mesmo tempo. E isso não requer nenhuma tecnologia.

Portanto, embora a tecnologia realmente torne a aprendizagem invertida mais fácil de implementar, ela não é indispensável.

DESIGN DE DISCIPLINA "PARCIALMENTE INVERTIDA"

Como uma variação final do tema básico da aprendizagem invertida, vamos considerar a questão de *se a aprendizagem invertida pode ser feita como parte de uma disciplina, mas não toda*. Isto é, vamos agora refletir se é possível ter uma disciplina consistindo parcialmente de um modelo tradicional, com o espaço grupal sendo usado para o primeiro contato com novos conceitos e instrução direta e o individual sendo usado para a exploração adicional; outras partes da disciplina são o oposto. Chamaremos este de um *design* "parcialmente invertido".

Antes disso, primeiro vamos ponderar por que tal *design* seria atraente para os professores, os quais com frequência consideram a possibilidade de um *design* parcialmente invertido porque estão interessados em aprendizagem invertida, mas não se sentem prontos para se comprometer com o planejamento de uma disciplina inteira em torno dela. Eles querem experimentar a aprendizagem de forma limitada e ver como funciona e, talvez, queiram ter uma estratégia de saída no caso de os alunos ficarem desconfortáveis com o ambiente invertido. Outras vezes, está sendo usado um *design* parcialmente invertido porque faz mais sentido em termos pedagógicos que a disciplina seja ministrada assim do que com um *design* totalmente invertido (p. ex., se a disciplina tiver uma quantidade significativa de conteúdo que requeira instrução direta e seja inviável fornecê-la por meio de vídeo gravado ou outra mídia). Em outros contextos, ainda, um *design* assim pode ser escolhido porque o professor pretende implementar a aprendizagem invertida de modo gradual, ao longo do tempo, com as primeiras semanas tradicionais, mas introduzindo aos poucos a inversão durante o semestre até que a disciplina esteja totalmente invertida nas últimas semanas do período.

Seja qual for a razão, qualquer tentativa de usar esse modelo deve ser feita com cuidado. O principal problema potencial aqui são as *expectativas dos alunos* e a transmissão de sinais confusos sobre o papel do aluno na disciplina.

Quando os estudantes iniciam uma disciplina, trazem consigo preconcepções de qual é o seu papel e o do professor. Com muita frequência, a preconcepção é a de que *o professor transmite o conhecimento e eu o recebo*. Muitas vezes, nas avaliações das disciplinas, os alunos respondem à aprendizagem ativa dizendo: "O professor não ensinou". O contexto tradicional para o papel percebido dos alunos na aula é o de que eles estão ali para ouvir e fazer anotações durante a exposição e, depois, fazer o dever de casa entre as aulas (que será muito parecido com as aulas expositivas). Os estudantes podem não gostar desse papel, mas ele é familiar e seguro. Conforme discutiremos no Capítulo 8, a introdução da aprendizagem invertida modifica radicalmente os papéis do aluno e do professor na aula, e, embora os benefícios sejam grandes, essa mudança demanda tempo e esforço consideráveis para que seja internalizada.

O problema com um *design* parcialmente invertido é que os alunos devem avançar e recuar, alternando entre os papéis preconcebidos na disciplina e os novos papéis definidos pela aprendizagem invertida. Muitos alunos começam a se perguntar quais são as "regras" da disciplina; muitos deles entrarão nas aulas invertidas e não as levarão a sério porque sabem que, em seguida, a aula expositiva estará de volta ou então ficarão confusos, sem saber se devem se preparar para a aula ou não. O salto para um ambiente de aprendizagem invertida pode ser uma reviravolta conceitual tão grande para muitos deles que é melhor "apostar tudo" e ter um único e consistente conjunto de expectativas (independentemente do quanto sejam desconfortáveis) para seguirem durante toda a disciplina. Embora a adaptação possa ser difícil, será mais fácil quando eles estiverem completamente mergulhados no ambiente.

No entanto, existem formas de implementar um *design* parcialmente invertido que evite essa complicação. Em particular, um *design* assim pode ser usado para introduzir a aprendizagem invertida em uma aula de maneira gradual, de tal forma que os encontros presenciais iniciais da disciplina são completamente no formato tradicional e, aos poucos, são introduzidas atividades da aprendizagem invertida até que a disciplina esteja operando por inteiro segundo o modelo da aprendizagem invertida na sua parte final. Essa abordagem segue o conceito de *liberação gradual de responsabilidade* (GRR), uma ideia introduzida inicialmente em treinamento de alfabetização, por David Pearson e Margaret Gallagher (1983), e ampliada por Douglas Fisher e Nancy Frey (2013). A instrução no modelo GRR segue quatro fases distintas:

1. *Aula focada.* A instrução começa com um tempo para a instrução direta, no qual o professor demonstra ou modela o que ele está pensando sobre um conceito particular.
2. *Instrução guiada.* A seguir, o professor se reúne com os alunos em grupos, com o propósito de fazê-los começar a assumir alguma responsabilidade pelo seu trabalho, recebendo pronta orientação durante o processo.
3. *Aprendizagem colaborativa.* Então, os alunos trabalham em grupos heterogêneos, ainda com orientação disponível por parte do professor, mas com maior responsabilidade; em geral, é solicitado que produzam evidências do seu progresso individual independentemente do progresso do grupo.
4. *Tarefas independentes.* Por fim, os alunos recebem tarefas que requerem trabalho completamente independente.

O modelo GRR é muito parecido com aquele da aprendizagem invertida, e os dois combinam bem. Em um modelo parcialmente invertido, a abordagem GRR pode ser aplicada como apresentado a seguir.

- No início do semestre, as fases da aula focada e da instrução guiada acontecem inteiramente durante a aula, com a aprendizagem colaborativa preenchendo o tempo restante; então, as tarefas de aprendizagem colaborativa restantes, em conjunto com as tarefas independentes, são deixadas para o espaço individual. (Este é simplesmente o modelo tradicional de *design* da disciplina.)
- Então, em algum ponto no início do semestre, a parte focada da aula e algumas ou todas as fases da instrução guiada podem ser passadas para o espaço individual, e o tempo liberado do espaço grupal pode ser usado para instrução guiada adicional, junto com a aprendizagem colaborativa e com as tarefas independentes.
- Ao longo do semestre, uma carga cada vez maior de instrução guiada pode ser passada para o espaço individual, até que, por fim, toda ela se concentre ali. Isso coloca o foco do espaço grupal cada vez mais na aprendizagem colaborativa e nas tarefas independentes, até que (digamos), no terço final do semestre, todas as fases da aula focada e da instrução guiada estejam no espaço individual e o espaço grupal esteja inteiramente focado na aprendizagem colaborativa e nas tarefas independentes – que é o modelo de aprendizagem invertida.

A ideia é a de que a disciplina *comece* tradicional e *termine* invertida, e o *design* parcialmente invertido é empregado para liberar a responsabilidade para os estudantes de maneira gradual.

Essa é a abordagem assumida por Jennifer Ebbler, que ensina os clássicos na University of Texas, em Austin. Ela decidiu reformular sua disciplina de Introdução à Roma Antiga, uma disciplina de educação geral com participação de aproximadamente 300 alunos por vez, para um modelo de aprendizagem invertida, em uma tentativa de aumentar o engajamento e o aproveitamento deles. Sua primeira iteração, que batizou como "Roma 1.0", usou um *design* totalmente invertido durante todo o semestre. Por várias razões, ela encontrou resistência significativa dos alunos com esse modelo, até o ponto em que os alunos chegaram a criar um grupo no *Facebook* (Odeio a Sala de Aula Invertida) para protestar contra a disciplina. Irredutível, Ebbler reconsiderou alguns elementos do plano da disciplina e, em "Roma 2.0", oferecida no ano seguinte, ela assumiu uma abordagem de "liberação gradual da responsabilidade":

- O início da disciplina foi feito em um modelo puramente tradicional, com aulas expositivas e o dever de casa e as tarefas de escrita feitas no espaço individual.

- A cada semana depois da primeira, Ebbler começou a cada vez mais postar as aulas expositivas *on-line*, e os alunos deviam assisti-las antes da aula, e, então, ela usava o tempo em aula para tarefas de aprendizagem ativa, incluindo perguntas respondidas com *clicker*, discussões no grande grupo, debates e atividades de dramatização.
- Na metade do semestre, *todas* as aulas expositivas eram *on-line* e *todo* o espaço grupal era usado para a aprendizagem ativa.

Usando esse modelo, Ebbler *não* encontrou resistência significativa por parte dos alunos, e o seu desempenho nas provas padronizadas e testes melhorou significativamente. A experiência de Ebbler sugere que um *design* parcialmente invertido usado para implementar a aprendizagem invertida de modo gradual pode ser o melhor modelo para determinados públicos.

Se um *design* de implementação gradual da aprendizagem invertida não se adequar às necessidades da disciplina, outra maneira de usar a inversão parcial é identificando uma parte em geral recorrente da disciplina e *sempre* usar nela o *design* da aprendizagem invertida. Veja os exemplos a seguir.

- Se uma disciplina prevê encontros de quatro horas por semana e uma dessas horas é uma sesso de laboratório ou recitação, então essa uma hora naturalmente se presta para a atividade colaborativa intensiva (de fato, ela seria prejudicada se fosse usada para a instrução direta). Esse tempo é um candidato perfeito para a aprendizagem invertida e pode ser planejado para isso uma vez por semana. Essa sessão de uma hora tem associada uma tarefa de Prática Guiada, na qual os alunos podem encontrar pela primeira vez um tipo particular de problema ou questão para discussão, e a expectativa é de que se tornem fluentes nos objetivos de aprendizagem básicos relacionados com esse novo conceito e, então, passem todo o tempo do espaço grupal desse encontro em trabalho de aprendizagem ativa.
- Se a disciplina tem provas cronometradas recorrentes, os dias de revisão para elas podem ser estruturados usando a aprendizagem invertida. Os alunos realizariam tarefas estruturadas que introduzem problemas para a revisão que podem ser novos para eles, mas usam conceitos que já aprenderam previamente; então eles passam toda a sessão de revisão em trabalho colaborativo ativo.
- O professor pode simplesmente designar um dia por semana para seguir um *design* de aprendizagem invertida (p. ex., "sextas-feiras invertidas"). Dessa maneira, os alunos aprendem as expectativas para esse encontro de uma vez por semana, de modo que seguir as "regras" da aprendizagem invertida se torne um pouco mais fácil.

Por experiência pessoal, ainda acredito que a imersão completa em um ambiente de aprendizagem invertida é melhor para os alunos (desde que os professores também se disponham generosamente a dar apoio enquanto os alunos trabalham), mas é possível implementar a aprendizagem invertida de modo parcial ou gradual, de uma forma que seja bastante efetiva se a situação exigir.

O QUE VEM A SEGUIR

Você deve ter observado que, em algumas descrições das variações na aprendizagem invertida, alguns "elefantes na sala" fizeram sua presença ser notada: mencionamos, especificamente, a possibilidade de os alunos mostrarem resistência, desprazer ou até mesmo revolta total contra o modelo de aprendizagem invertida. Se você for um professor curioso sobre a aprendizagem invertida, em especial se não for protegido pela segurança do seu cargo, a possibilidade de descontentamento em massa com esse modelo por parte dos alunos pode não ser muito tranquilizadora. Ou se você for um usuário experiente da aprendizagem invertida, talvez você mesmo já tenha vivenciado isso e esteja se perguntando se e como isso pode ser evitado. No próximo capítulo, vamos retomar essas e outras questões delicadas sobre a convivência com a aprendizagem invertida e como torná-la uma prática viável na sua carreira.

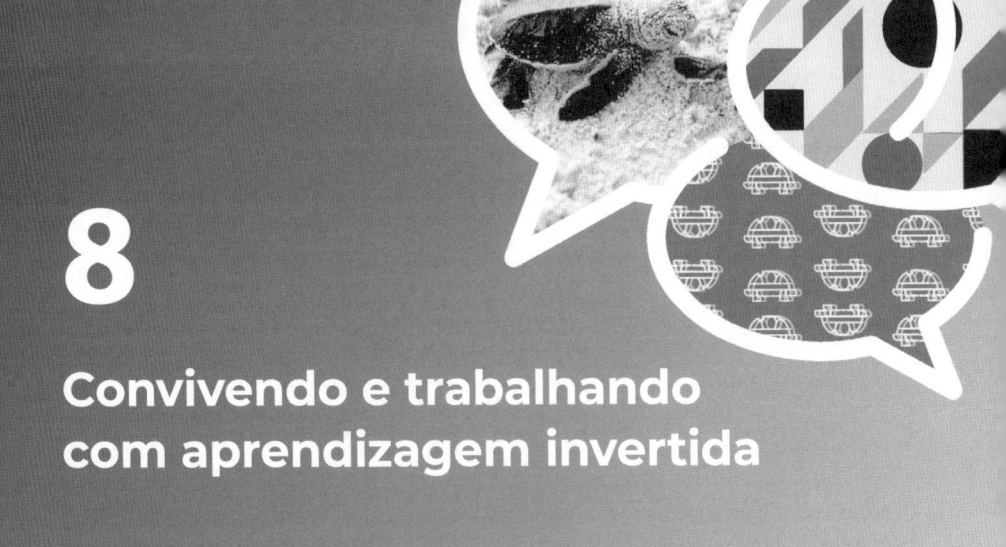

8
Convivendo e trabalhando com aprendizagem invertida

Ao longo deste livro, examinamos a aprendizagem invertida do ponto de vista do seu uso em nossas aulas. O que é aprendizagem invertida? Onde ela surgiu e para resolver quais problemas de ensino e aprendizagem? Qual é a base teórica para a aprendizagem invertida e o que a pesquisa atual diz sobre ela? Como planejamos uma disciplina em torno da aprendizagem invertida e como podemos planejar uma aula usando os seus princípios? Todas essas perguntas são pertinentes para qualquer professor curioso a respeito do assunto ou interessado em melhorar sua prática.

No entanto, há outras questões sobre a aprendizagem invertida igualmente pertinentes que não envolvem o plano de ensino, estruturas teóricas ou mesmo a pedagogia. Elas se referem ao fato de que os professores são *profissionais* que precisam manter o progresso e o sucesso em uma variedade de áreas profissionais para evoluírem no seu trabalho, além de *seres humanos* com razões pessoais para se interessar pela aprendizagem invertida e ensino em geral, junto com o desejo pessoal de serem felizes e produtivos em sua vida e no trabalho. Quando os professores fazem esse tipo de pergunta, elas assumem muitas formas, tais como as apresentadas a seguir.

- E se eu experimentar a aprendizagem invertida, meus alunos odiarem, e eu tiver de lidar com uma relação tóxica entre aluno e professor durante o semestre inteiro?
- Se eu usar a aprendizagem invertida, estarei colocando em risco as minhas chances de ser titular ou de receber uma nova indicação?
- Se eu usar a aprendizagem invertida nas minhas disciplinas, isso vai me tomar tanto tempo que não serei capaz de trabalhar em nada mais ou viver minha vida?

Este capítulo pretende discutir *esses* tipos de questionamentos.

Ao fazer isso, estamos não só terminando o livro, mas também fechando o círculo. No Prefácio, aprendemos como a aprendizagem invertida, apesar de todas as boas intenções, pode ser malfeita, o que cria situações de tensão na sala de aula. Qualquer professor que verdadeiramente se importe com o ensino e com os alunos tomará essas falhas como algo pessoal até certo ponto. A "falha invertida" não é apenas uma experiência que tive com as minhas turmas, mas também uma experiência compartilhada por muitos professores que conheci – e uma fonte de preocupação para muitos outros que são curiosos em relação a ela, mas não estão certos sobre o ambiente que ela irá criar. Não podemos eliminar completamente a possibilidade de experiências negativas com ela ou algum tipo de pedagogia sem separar totalmente o elemento humano do ensino, mas podemos minimizar essas contingências e trabalhar para fazer do seu uso o fundamento de uma abordagem de trabalho produtiva e centrada no aluno. À medida que chegamos ao final deste livro, vamos examinar algumas práticas que podem criar um ambiente positivo, agradável e produtivo tanto para os professores quanto para os alunos.

QUAL É O RESULTADO IDEAL DE UM AMBIENTE DE APRENDIZAGEM INVERTIDA?

Quando pensamos em aprendizagem invertida, é quase impossível evitar pensar nos cenários mais pessimistas ou no que pode dar errado. De fato, alguns professores irão se apegar a esses resultados mais pessimistas e decidirão não usar a aprendizagem invertida por causa deles. Não é exatamente ruim pensar sobre o que pode dar errado, já que isso nos faz pensar no *planejamento* para esses cenários pessimistas e estar prontos para eles, o que examinaremos ao longo deste capítulo. Entretanto, antes de discutirmos o que pode dar *errado*, é importante que pensemos sobre o que pode dar *certo*.

Se você leu atentamente os outros capítulos deste livro ou se tem uma ideia razoável do que é a aprendizagem invertida e como pode implementá-la em suas disciplinas, reserve um tempo para redigir um parágrafo que descreva qual seria o *resultado ideal* do uso dela para os alunos. O que eles estariam fazendo? O que seriam capazes de fazer? Que tipo de ambiente de aprendizagem seria sua aula, dia após dia? O que seria *ótimo* em relação a isso? Que impactos positivos teria nas vidas dos alunos, não só durante o semestre, mas também daqui a alguns anos?

Reserve cinco minutos para responder a essas perguntas, com otimismo e tendo o melhor cenário em mente e anote suas ponderações.

Você pode escrever algo como:

Desde que implantei a aprendizagem invertida como o modelo básico para minha atividade de ensino nesta disciplina, ela se transformou. Os alunos já não vêm mais para a aula esperando que eu os mantenha acordados e lhes dê tudo de bandeja. Em vez disso, assumem a responsabilidade pela própria aprendizagem; vêm para a aula se não 100% fluentes nos objetivos de aprendizagem básicos, pelo menos o suficiente para fazer perguntas nas quais estão empenhados; buscam respostas às suas perguntas vigorosamente com seus colegas; e participam de atividades cognitivas de alto nível com total engajamento. Às vezes minha aula fica extremamente *barulhenta*, porque há muita atividade, e toda ela é intencional. Fora da aula, os alunos estão aprendendo lentamente, mas com segurança, a autorregular sua aprendizagem – eles já não me pedem para reensinar, mas perguntam se tenho alguma sugestão de bons recursos no YouTube, onde podem aprender por si mesmos. Ainda vejo algumas das mesmas dificuldades e concepções errôneas, como sempre, mas agora são dificuldades *boas*, dificuldades *honestas*, nas quais os alunos estão realmente conscientes do que sabem e do que não sabem e estão fazendo o que podem para preencher as lacunas. Na aula, já não estou mais *falando com* os alunos, mas *trabalhando com* os alunos – trabalhando *com* eles e não *contra* eles. A relação adversarial que costumava ter com os alunos na aula é agora muito mais parecida com uma entre cliente e consultor, na qual meus clientes (os alunos) estão trabalhando comigo (o consultor) para criar em conjunto alguma coisa que eles querem, que é de igual valor para ambos. Depois de terminada a aula, os alunos podem se esquecer de alguns detalhes do conteúdo, mas *não* vão esquecer como aprender por conta própria, ou como ser responsável pelo próprio tempo, ou como dar e receber auxílio, ou como tomar a iniciativa de fazer e buscar respostas para perguntas importantes para eles. E a maior mudança de todas? Finalmente estou *feliz* com a disciplina – e *por causa* dela.

Um ambiente no qual os alunos estão felizes, produtivos, desenvolvendo-se e se transformando nos aprendizes permanentes que queremos que sejam (e no qual, em consequência, estamos felizes, produtivos e bem-sucedidos) é o ideal que todos desejamos atingir. O segredo é manejar as inevitáveis situações não ideais que irão surgir nesse processo.

PROBLEMAS COMUNS PARA OS ALUNOS COM A APRENDIZAGEM INVERTIDA

Embora a aprendizagem invertida esteja sendo cada vez mais prevalente no ensino superior e também nos ensinos fundamental e médio, ainda é muito provável que a maior parte da experiência educacional dos alunos tenha ocorrido no modelo tradicional, em que o professor faz explanações durante a aula e os alunos fazem o dever de casa fora da aula. Como resultado, é provável que, se você usar a aprendizagem invertida em aula, este seja o primeiro ambiente nesse estilo que os alunos terão visto. (De maneira lamentável, muitos professores que usam a aprendizagem invertida não a realizam necessariamente de forma efetiva, e, assim, as poucas experiências que alguns alunos têm com ela podem ser bastante negativas.)

Como os alunos cursaram 12 anos de ensino fundamental e médio preponderantemente "fazendo escola" da maneira tradicional, é provável que mudar para um modelo de aprendizagem invertida pareça uma ameaça para eles. A inquietação dos alunos com essa mudança pode se manifestar em "recuos" contra a aprendizagem invertida, o que soará como queixa, mas, na verdade, são mais expressões de incerteza quanto ao que estão fazendo. Se mal-entendido ou mal-administrado, esse recuo pode provocar tensão e dissensão na sala de aula e trazer um resultado fortemente negativo para todos os envolvidos. No entanto, se ouvirmos e agirmos tendo em mente os melhores interesses dos alunos, essas expressões podem se transformar em momentos de aprendizagem poderosos, não só sobre o assunto em questão, mas também sobre a aprendizagem permanente e as competências de autorregulação que os alunos precisam ter. A aprendizagem invertida tem a tendência de trazer essas questões à tona, o que, em última análise, é uma coisa boa; não devemos ver isso como conflito, mas como uma oportunidade de ensinar.

As próximas seções tratam de alguns problemas comuns que os alunos apontam em relação à aprendizagem invertida, especialmente se forem novos nesse ambiente, além de algumas conversas sobre aprendizagem que podemos ter com eles em consequência dessas questões. Lembre-se de que são problemas, não necessariamente queixas, apesar de parecer o contrário. Quase sempre há uma ponta de verdade neles e um apelo para ouvirmos atentamente e reexaminarmos o que planejamos para a disciplina para termos certeza de que todos os alunos estão incluídos e recebendo apoio.

Problema 1: "Você não está dando aula"

O problema

Uma das primeiras coisas que os alunos percebem em um ambiente de aprendizagem invertida é o papel drasticamente diferente da aula expositiva, quando comparado com o ambiente de aprendizagem tradicional, em especial no espaço grupal. A aprendizagem invertida não *elimina*, necessariamente, a aula expositiva; na medida em que esta faz parte da disciplina, a aprendizagem invertida a coloca em um contexto em que seus pontos fortes como método instrucional beneficiam mais os alunos. E esse contexto, afirmamos, está no espaço *individual*, no qual os alunos podem avançar no seu próprio ritmo, fazer intervalos, assistir em pequenos grupos de estudo, pausar e repetir e assimilar a aula em seus próprios termos e horários. Mesmo assim, embora isso pareça razoável, muitos deles ainda experimentam um profundo desconforto por não ter tempo em aula ou espaço grupal focado em aulas expositivas.

Por que é assim? Aparentemente, é sobretudo porque a formação acadêmica dos alunos emprega de forma esmagadora o modelo tradicional, no qual a instrução direta é o propósito do espaço grupal. É assim que os estudantes têm "feito escola" há muitos anos. Se o contato primário dos alunos com o professor ocorre no espaço grupal, que é utilizado com a instrução direta, então, de modo natural, para eles, a *função* primária do professor será a de um palestrante. Como consequência, equiparam "ensino" com "aula expositiva" e, assim, quando um professor não está dando aula expositiva no espaço grupal, para eles, ele não está *ensinando*.

Essa observação coloca em questão se os alunos sabem reconhecer o bom ensino quando o veem. Curiosamente, pesquisas sobre as percepções dos alunos do que constitui ensino "excelente" ou "efetivo" sugerem que eles sabem. Estudos que focam nas percepções dos alunos das características do ensino efetivo relatam resultados fortemente consistentes que não estão de todo fora de sintonia com nossas ideias sobre o bom ensino. Um estudo (ONWEGBUZIE et al., 2007) examinou as respostas de 912 estudantes de graduação e pós-graduação de diferentes cursos acadêmicos em uma universidade norte-americana e revelou nove características associadas por esses estudantes a um ensino efetivo: ser centrado no aluno, conhecimento da disciplina, profissional, entusiástico, efetivo na comunicação, acessível, competente na instrução, justo e respeitoso e consistente ao oferecer *feedback* adequado do desempenho. Essa lista está em ordem decrescente dos níveis de endosso; "centrado no aluno" é a característica mais endossada nessa amostra, com aproximadamente 59% dos respondentes a fornecendo como resposta. Outros estudos, como os de Witcher e Onwuegbuzie (1999), Spencer e Schmelkin (2002) e Greimel-Fuhrmann e Geyer (2003), chegam, globalmente, a conclusões parecidas, com a característica predominante de um "bom professor" sendo aquele que é *centrado no aluno* – um conceito cujas descrições incluem termos como *amigável*, *paciente* e *justo* e caracterizado pela percepção e capacidade de resposta às necessidades dos alunos.

Assim, quando os alunos argumentam que "você não está ensinando a aula", *pode* significar que eles acreditam que dar aula expositiva é ensinar, e vice-versa, mas também é possível que sinalize uma crença de que, ao não fornecer instrução direta ao aluno de modo presencial, o professor está falhando em uma das características identificadas anteriormente. Por exemplo, se o professor não estiver usando o tempo em aula para resolver problemas no quadro e, em vez disso, deixar os alunos enfrentando-os sozinhos, eles poderão interpretar isso como não estar "centrado no aluno", ou, talvez, não estar disposto a se comunicar com eles ou mesmo não ser competente como professor – quando, na realidade, pode ser o oposto disso.

A conversa

As preocupações que os alunos têm sobre "não dar aula" podem ser transformadas em conversas sobre os papéis do professor e do aluno no ensino superior e a natureza de um ensino de excelência. Especificamente, podemos fazer duas perguntas aos alunos, apresentadas a seguir.

1. *Quais são nossos respectivos papéis como professor e aluno?* A relação entre aluno e professor no ensino superior é significativamente diferente daquela nos ensinos fundamental e médio. Na faculdade, o aluno, presume-se, está sendo preparado para funcionar independentemente, como adulto. O aluno *é* um adulto (a não ser que seja um aluno do ensino médio avançado que está fazendo aulas na faculdade). Portanto, a relação não é transacional, na qual os alunos pagam para receber um "bem" do professor; nem é parental, na qual o professor assume o papel de cuidador e de figura de autoridade nas vidas dos alunos. Ao contrário, a relação é como a de um cliente e um consultor, e os dois criam juntos algo de igual valor para cada um: a educação do cliente. A relação mudou e, portanto, a instrução também vai mudar, e essa é uma relação baseada no trabalho mútuo, visando a um objetivo comum, na qual o consultor auxilia, mas o cliente também colabora.
2. *Que tipos de conhecimento e competências são esperados de você quando chega ao mundo do trabalho?* Em um contexto universitário, ao contrário daquele dos ensinos fundamental e médio, não estamos apenas adquirindo informação sobre o conteúdo, mas nos preparando para carreiras e situações de vida nas quais este está mudando. E não só os problemas que os alunos serão convocados a resolver, mas também as ferramentas usadas para resolvê-los podem nem mesmo ter sido inventadas ainda. Nesse tipo de realidade, os alunos não precisam apenas de conteúdo ou informação transferida de um lugar para o outro. Na aprendizagem invertida, lidar com esse problema é uma oportunidade de explicar por que o método de ensino que você está adotando é adequado para os tipos de "músculos mentais" que eles precisam desenvolver.

Problema 2: "Estou tendo de ensinar o assunto a mim mesmo"

O problema

Quando os alunos trabalham em seu espaço individual em um ambiente de aprendizagem invertida, eles são responsáveis por ter o primeiro contato significativo com novos conceitos e pela obtenção de algum progresso em uma lista de objetivos de aprendizagem básicos. No espaço individual, ele em geral trabalha sozinho nessas tarefas e isso, associado à maior ênfase na aprendizagem ativa e menor na instrução direta durante o espaço grupal, pode levar alguns alunos a acreditar que estão "ensinando o assunto a si mesmos". Essa percepção está enraizada em várias crenças sobre ensino e aprendizagem que parecem ser comuns entre os estudantes universitários:

- *Crença de que o papel do professor é fornecer instrução direta sobre novos conceitos.* Certamente esse é um dos aspectos do papel de um professor universitário, e deve ser observado que a aprendizagem invertida não o retira dos professores porque eles podem fornecer instrução direta tanto no espaço individual (em quantidades limitadas) quanto no grupal. Entretanto, a crença geral é a de que a aprendizagem acontece porque o aluno escuta bem e faz anotações durante a aula expositiva, que acontece durante um encontro do grupo, com a assistência ocasional para a realização do dever de casa, e qualquer outro modo de instrução significa apenas que o professor "não ensina", como discutimos anteriormente. Em particular, a intenção de que o aluno obtenha alguma fluência básica com um novo conceito em seu espaço individual não é percebida como outra maneira de aprender, mas como um descumprimento do professor das suas obrigações, uma terceirização do trabalho básico de ensinar seu aluno.
- *Crença de que o aluno não é capaz de ter um primeiro contato significativo com novos conceitos a não ser pela instrução direta ao vivo.* Muitos estudantes simplesmente não têm a crença de que são pessoalmente capazes de compreender novos conceitos por meio do trabalho individual: eles *não conseguem* aprender sem que alguém primeiro lhes dê uma aula. Então, quando são convocados a fazê-lo, isso não só é percebido como uma fuga das responsabilidades profissionais por parte do professor, mas também como se estivesse sendo solicitado que eles (os alunos) façam o impossível. Essa crença pode ter muitas origens diferentes: dificuldades passadas com o tema, problemas legítimos de preparo com o material que é pré-requisito, dificuldades de aprendizagem, ter escutado no passado que não é suficientemente inteligente para se sair bem no assunto, falta de investimento pessoal no assunto ou simplesmente porque, em suas experiências passadas em sala de aula (as quais, novamente, é provável que tenham sido sobretudo estruturadas na forma tradicional), os alunos nunca foram *solicitados* a aprender alguma coisa nesse contexto.
- *Crença de que qualquer expectativa de aprendizagem fora da instrução direta no espaço grupal é inapropriada.* Mesmo que um aluno não concorde com as duas primeiras crenças (i.e., acredita que o professor pode fazer mais para auxiliar a aprendizagem do que apenas fornecer instrução direta e que o

aprendiz tem capacidade de aprender sozinho), ainda assim pode haver a crença de que ele *não deve ter de* aprender sozinho, que autoensino na faculdade acontece não porque faz parte da experiência universitária de forma intencional, mas porque o professor está fugindo das suas responsabilidades. "Se o professor estivesse fazendo seu trabalho...", pode ser dito por um aluno, "...eu não teria de aprender fora da aula".

Nesse problema também está incluída a preocupação potencial quanto às estruturas de apoio na disciplina. Alguns alunos podem não compartilhar as crenças anteriores, mas, se perceberem que não estão sendo apoiados em seu trabalho individual (que estão sendo "empurrados para o desconhecido" ou "deixados na mão"), vão achar que não estão apenas trabalhando individualmente, mas que estão sozinhos.

A conversa

Essa preocupação, se trazida por um aluno, merece ter uma reposta, porque ela atinge o âmago da missão do ensino superior e de uma estrutura de crença positiva sobre os alunos.

Precisamos refletir cuidadosamente, nessa situação, se nossas estruturas de apoio aos alunos enquanto trabalham são suficientes. Existe uma percepção de que eles estão sozinhos e não podem contar com alguém para solicitar ou receber auxílio de qualidade enquanto estão trabalhando individualmente? Em caso afirmativo, existe algum fundamento nessa alegação? Perguntar diretamente aos alunos é a melhor abordagem; então ouça com atenção e interfira de forma razoável para melhorar o suporte aos alunos.

Também devemos fazer aos alunos algumas perguntas pontuais sobre ensino e aprendizagem:

- Que papéis você acha que têm o professor e o aluno nesta aula? Mas não diga simplesmente: "O professor tem de ensinar"; o que significa "ensinar"?
- Você acha que é *possível* aprender algumas coisas novas individualmente ou essa aprendizagem acontece *apenas* na aula?
- Você acha que é *apropriado* que lhe seja solicitado que aprenda algumas coisas novas individualmente?

Todas essas perguntas podem dar início a algumas conversas interessantes e produtivas entre os alunos quando surgir esse assunto, mas também é útil determinar as respostas *antes* de surgir o problema. Nas minhas próprias aulas, costumo incluí-las em uma atividade, adaptada de Dana Ernst da Northern Arizona University

(ERNST, 2015), que é dada no primeiro dia de aula para "preparar o terreno" para as crenças compartilhadas sobre ensino e aprendizagem. Nela, é feita uma série de perguntas aos alunos:

- Quais são os objetivos de uma educação universitária?
- Como uma pessoa aprende algo novo?
- O que você razoavelmente espera ainda recordar das disciplinas daqui a 20 anos?

Os alunos refletem sobre cada pergunta, primeiro desenvolvendo uma resposta individual e então em uma conversa em pequenos grupos; depois disso, os pequenos grupos fazem um relato para toda a turma. As respostas dadas, apesar da diversidade dos alunos e das disciplinas em que estão inscritos, tendem a ser notavelmente consistentes, semestre após semestre. Os estudantes com frequência identificam "estar preparado para uma carreira" como um objetivo primário de uma educação universitária, mas, quando pressionados sobre o que significa isso, invariavelmente, *a habilidade de aprender e encontrar novas competências por conta própria* é uma das primeiras respostas, reiteradas vezes, a majoritariamente mais comum. Quando é perguntado como uma pessoa aprende alguma coisa nova, os alunos sempre mencionam *tentativa e erro* (tentar, experimentar as coisas e identificar e aprender com os erros) como a forma primária. É muito incomum dizerem que uma pessoa aprende alguma coisa nova apenas ouvindo uma aula expositiva. Quando perguntados sobre o que podem razoavelmente esperar recordar das disciplinas daqui a 20 anos, a lista inclui itens como *experiências, falhas, processos e fluxos de trabalho* que foram forjados por meio de tentativa e erro e experiência pessoal e *itens de conteúdo da disciplina que eles utilizam para criar construtos benéficos em um contexto no mundo real* – todas as coisas que conotam *entender alguma coisa por conta própria*.

A partir dessa conversa, em geral, é muito natural apontar que não só os próprios alunos identificaram que aprender sozinho é um objetivo principal de uma educação universitária, mas também que a forma principal de aprender alguma coisa nova e fazê-la perdurar no longo prazo é entendê-la sozinho. Assim, é apropriado tornar o autoensino uma característica importante da aula – não só apropriado, mas também necessário, se for tão importante quanto os alunos dizem. Eles acreditam de fato que aprender sozinho é importante e apropriado; essa atividade facilita que se coloque isso em foco e proporciona a nós, professores, uma oportunidade de explicar como a estrutura invertida da disciplina propiciará a eles uma prática valiosa ao fazer isso, em um ambiente seguro, no qual existe muito apoio. Assim, em vez de *refutar* a ideia de que os alunos estão ensinando a si mesmos em um ambiente de aprendizagem invertida, os professores devem *abraçar* essa ideia e explicar como isso está tornando ainda mais valiosa a experiência universitária deles.

Ao mesmo tempo, também devemos explicar que não é esperado que os alunos "ensinem a si mesmos" durante *toda* a disciplina – daí a separação entre objetivos de aprendizagem básicos e avançados, conforme descrito na discussão anterior sobre Prática Guiada. Os objetivos básicos são aqueles que os alunos devem se autoensinar com orientação; os avançados são para toda a turma aprender junto – praticamente o oposto de "ensinar a si mesmo".

Problema 3: "Aprendo melhor com aula expositiva"

O problema

Essa questão é levantada algumas vezes pelos alunos em um ambiente de aprendizagem invertida quando acham que o modo de instrução (o qual, nesse tipo de aprendizagem, é focado no espaço grupal, na aprendizagem ativa, e não tanto em aula expositiva) está em desacordo com seu "estilo de aprendizagem". Pode ser difícil discernir o que um aluno de fato quer dizer quando fala isso. Por um lado, "estilos de aprendizagem" realmente existem e são objeto de atenção considerável na literatura de pesquisa (p. ex., KOLB, 1981). De fato, vimos, no Capítulo 2, que uma das formulações originais da aprendizagem invertida foi feita especificamente para tratar as diferenças nos estilos de aprendizagem. Por outro lado, é questionável se um aluno que expressa preocupação com estilos de aprendizagem está se referindo ao conceito estudado por psicólogos. Parece igualmente provável que o aluno esteja apenas dizendo que a aprendizagem ativa não é tão fácil como uma aula expositiva, e a resultante carga cognitiva é tomada como um sinal de que a instrução não "se adapta ao meu estilo de aprendizagem".

Muitas vezes quando os alunos levantam essa questão, ela não é trazida como uma queixa. Ao contrário, é uma preocupação baseada em uma interpretação de que o aumento na carga cognitiva associado à aprendizagem invertida, com sua ênfase nos esforços individuais para aprender novos conceitos e a diminuição no papel da instrução direta, significa que a aprendizagem invertida não "funciona tão bem" para eles quanto a instrução tradicional. Essa preocupação é natural; quando realizamos a mesma tarefa de duas maneiras diferentes e um desses modos apresenta mais resistência e requer mais esforço do que o outro, faz sentido concluir que nos adaptamos melhor com a maneira que causa menos resistência e que devemos fazer dessa maneira. A preocupação pode se tornar um sério problema entre aluno e professor se não receber atenção, porque pode parecer que estamos deliberadamente forçando os alunos a fazerem as coisas "da maneira difícil" sem necessidade. É como dizer que andar em um monociclo não "funciona tão bem" quanto andar de bicicleta, o que, por sua vez, não "funciona tão bem" quanto dirigir um carro – a crença é a de que os três veículos são planejados para fazer a mesma coisa, portanto, a "melhor" abordagem é usar o veículo que exige a menor quantidade de esforço. Essa analogia está baseada em uma premissa falaciosa (ou seja, que os três veículos existem unicamente para ir de um ponto A até um ponto B), mas isso pode não ocorrer para a pessoa que sustenta essa premissa.

A conversa

A conversa que devemos ter com os alunos que expressam essa preocupação é sobre o que significa *aprendizagem* e que objetivos temos para a aprendizagem em uma aula universitária e, portanto, que objetivos temos para diferentes tipos de instrução. Alguns alunos acreditam que "aprender" um assunto significa apenas acumular conhecimento factual sobre ele e ser capaz de realizar tarefas muito simples relacionadas a esses fatos. Obviamente, temos objetivos maiores para a aprendizagem – e, em muitos casos, os alunos compartilham deles. Para atingir os níveis mais altos da taxonomia de Bloom e realmente *aprender* um assunto, é preciso que aconteça algo mais do que uma transferência de informação, e isso requer métodos que vão mais além de dar uma aula expositiva. Esses métodos envolvem mais carga cognitiva; mas isso não significa que eles não "funcionam tão bem" quanto outros métodos. Significa apenas que eles estão indo além da aprendizagem superficial para algo mais profundo, e isso, necessariamente, requer mais esforço e produz mais resistência. (A não ser que estejamos planejando mal nossa didática e introduzindo *carga estranha* excessiva – essa possibilidade é um alerta constante para examinarmos nossos planos de ensino com um olhar crítico.)

Uma pergunta que com frequência faço aos alunos para ilustrar o papel da instrução direta na aprendizagem é a seguinte: *quais são as 3 a 5 coisas mais importantes que você já aprendeu a fazer na sua vida?* Os alunos podem pensar em qualquer coisa, não necessariamente relacionada com a escola. Depois de alguns minutos de reflexão, eles compartilham suas listas. Muitas delas contêm competências e tarefas que são verdadeiramente essenciais para uma personalidade viável, tais como ir ao banheiro sozinho, ser capaz de se alimentar, falar a própria língua nativa, ser capaz de caminhar, etc. Depois que os resultados foram discutidos, pergunta-se: *como você aprendeu essas coisas?* É claro que o papel da instrução direta é mínimo, se estiver presente, na maioria dessas tarefas criticamente importantes. Pode ser que nos seja mostrado como fazer alguma dessas coisas, mas a verdadeira aprendizagem delas envolve muito mais do que uma aula expositiva, e mais esforço e resistência é encontrado de modo natural no processo. Porém, isso não significa que o processo não "funciona tão bem" quanto a instrução direta ou a aula expositiva.

O objetivo do exercício é mostrar aos alunos que eles têm uma incrível habilidade humana inata de aprender as coisas por conta própria. De maneira lamentável, esse fato parece ficar cada vez menos evidente quanto mais tempo eles permanecem na escola. Já encontrei estudantes que francamente acreditam que são *incapazes* de aprender sozinhos, em grande parte devido a um "desamparo aprendido" que provém de mais de uma década de instrução institucionalizada que lhes diz isso tornando o "processo de aprendizagem" fundamentalmente centrado em torno do professor, em vez de em torno do aprendiz. Na aprendizagem invertida, o que estamos tentando fazer não é banir a instrução direta, mas colocá-la a serviço do aprendiz, para apoiar seus esforços de se tornar independente e autorregulado. Vale a pena o tempo despendido para dizer isso de modo explícito aos alunos.

Problema 4: "Isso exige tempo demais fora da aula"

O problema

Em uma disciplina estruturada de modo tradicional, os alunos se deparam com novos conceitos no espaço grupal e então usam o espaço individual para trabalho adicional, como o dever de casa e as tarefas por escrito. Quando essa estrutura é invertida, muitos deles consideram o primeiro contato com os novos conceitos tremendamente moroso. Já tive alunos que relataram ter passado de 6 a 8 horas se preparando para uma única aula de 50 minutos. Assumindo que eles não estejam exagerando, isso é um tempo extremamente excessivo usado para o preparo de uma aula. Algo deu errado, seja com as atividades de preparação do aluno ou com a tarefa que dei para a implementação (ou ambos).

Para tratar esse problema, primeiro leve em conta que o aluno pode não estar exagerando ao dizer que passa muitas horas se preparando para uma única aula. É possível que tenhamos planejado as atividades no espaço individual aquém do ideal? Para responder a essa pergunta, é útil planejar uma estrutura prevendo o tempo que devem durar as atividades no espaço individual, como a Prática Guiada, possivelmente usando a seguinte regra básica: *a Prática Guiada para uma aula de 50 minutos deve levar não mais do que 75 minutos se feita por um aluno que tenha entendido adequadamente o conteúdo pré-requisitado.*

Essa estrutura temporal *inclui o tempo de exibição dos vídeos indicados e o tempo estimado para completar as tarefas de leitura*. Assim, por exemplo, uma Prática Guiada para uma sessão em aula de 50 minutos pode conter 15 minutos de vídeo para assistir, seguidos por exercícios que levarão 30 minutos, aproximadamente, para serem completados depois que os vídeos forem concluídos. O restante do tempo pode ser dedicado para ler ou assistir novamente às partes do vídeo ou fazer perguntas.

Essa estrutura temporal está em consonância com a regra básica comum de que alunos universitários devem trabalhar fora da sala de aula 2 ou 3 horas para cada hora em sala de aula. Para uma sessão de 50 minutos, isso significaria de 100 a 150 minutos; a estrutura de tempo de 75 minutos está, portanto, presumindo que em torno da metade do tempo fora da sala de aula deve ser usada no preparo da aula. A outra metade é gasta em atividades pós-aula; como estamos trocando alguns dos itens de trabalho que tradicionalmente seriam "dever de casa", trazendo-os para o espaço grupal, em vez do individual, estamos "comprando" esse tempo fora de sala de aula para os alunos se prepararem.

Essa estrutura de tempo pode parecer muito limitante – e *limitação* é o problema. O propósito do ambiente de aprendizagem invertida *não é criar mais trabalho para os alunos*; é colocar o trabalho dos alunos dentro de um contexto que os auxilie mais. Portanto, precisamos evitar o que foi denominado "síndrome do curso e meio" (SABOURIN, 2014), em que todo o trabalho de uma aula tradicionalmente estruturada é mantido, ao mesmo tempo sendo acrescentado mais trabalho com o uso do espaço individual como um "transbordamento". Mantendo a regra básica de que o tempo empregado no espaço individual não deve ser muito mais do que aquele que teria sido empregado nessas atividades no espaço grupal de um curso estruturado de modo tradicional, nos mantemos afastados do fenômeno do curso e meio, ao mesmo tempo também permanecendo próximos dos conceitos nucleares da aprendizagem invertida. Manter a atividade no espaço individual limitado a mantém mínima e focada. As fronteiras nos auxiliam a esclarecer quais são os objetivos de aprendizagem básicos e os avançados e nos impedem de indicar um trabalho que não é necessário.

Se tivermos essa estrutura em funcionamento e estivermos razoavelmente certos de que nossas atividades no espaço individual, se feitas por um aluno que está adequadamente preparado no material de pré-requisito, seriam realizadas nessa estrutura temporal, então esse problema pode ser uma combinação de vários outros, como abordado a seguir.

- *A atividade no espaço individual pode precisar de mais estrutura.* Quando mencionamos "preparo adequado no material de pré-requisito", estamos nos referindo apenas a se o aluno atingiu ou não os objetivos de aprendizagem para aquele material. É possível que um estudante esteja adequadamente preparado, mas, por ser um aprendiz novato, não tenha experiência em mobilizar seu conhecimento para novas tarefas.
- *O aluno pode estar se engajando em hábitos de estudo improdutivos.* Se o aluno não estiver usando bem o tempo, sua tendência será precisar de mais tempo. Isso pode ocorrer na forma de hábitos de leitura improdutivos nos quais ele passa um tempo lendo, mas não atentamente ou para compreensão, então,

quando chega a hora de fazer os exercícios, o conhecimento não está lá. Uma dificuldade semelhante pode ser encontrada com os vídeos: o fato de assistir a muitos deles nesses dias não quer dizer que o aluno consegue assistir a uma aula expositiva gravada em vídeo e obter dela as informações que precisa. Ou o aluno pode não estar tomando a iniciativa de procurar auxílio ou recursos alternativos quando está emperrado em alguma coisa, o que é um importante comportamento de aprendizagem autorregulada. Todos esses hábitos contribuem de maneira significativa para o tempo necessário para concluir o trabalho no espaço individual, mesmo que o aluno esteja "adequadamente preparado no material de pré-requisito".

- *O aluno pode estar se engajando em práticas perfeccionistas no trabalho no espaço individual.* Recomendamos anteriormente que a Prática Guiada e outros trabalhos no espaço individual sejam avaliados com base na sua realização, esforço e pontualidade (não na sua correção) para que possamos obter dados de aprendizagem honestos e úteis sobre os alunos, os quais, então, podem *tentar* acertar, mas, se a obtenção de uma resposta exatamente correta requer horas de estudo e prática, então podemos aceitar um trabalho que não esteja totalmente correto, mas que mostre onde o aluno se encontra em um estado formativo. Essa tolerância à incorreção também torna muito mais possível que o trabalho seja concluído dentro da estrutura de tempo limitada sugerida anteriormente. No entanto, os alunos, que estão acostumados a ser avaliados pela correção, podem esquecer rapidamente que, para a Prática Guiada, é aceitável não estar certo algumas vezes e acabam passando horas tentando tornar a apresentação perfeita. Para universitários, o perfeccionismo é um hábito difícil de abandonar se já criado.

- *O aluno pode estar usando a quantidade de tempo normal e esperada no trabalho no espaço individual, mas isso é mais tempo do que ele está acostumado a despender fora da aula.* A "taxa de conversão" normal para o tempo despendido fora da aula no ensino superior tende a ficar em torno de 2 a 3 horas de trabalho intencional para cada hora passada na aula. Essa é, de maneira parcial, a base para a estrutura de tempo dada anteriormente (que a Prática Guiada para uma aula de 50 minutos deve levar aproximadamente 75 minutos para ser realizada), porque a atividade no espaço individual, mais as atividades feitas após a aula, mais as variadas, como a participação nos horários de atendimento, resultarão em aproximadamente 100 a 150 minutos para uma aula de 50 minutos. Essa é uma expectativa convencional, e, na minha experiência, a maioria dos alunos nunca chega nem perto dessa quantidade de tempo em suas aulas. Um relatório recente identificou que o estudante universitário norte-americano médio despende apenas 17 horas por semana em todas as suas aulas combinadas (PIERRE, 2014), o que está muito aquém das 30 às 45 horas por semana que seriam esperadas se um aluno tivesse uma carga de 15 créditos na disciplina. Portanto, um aluno universitário típico que ingressar em um ambiente de aprendizagem invertida no qual o trabalho no espaço individual foi cuidadosamente ajustado e planejado irá experimentar uma demanda muito maior de tempo extraclasse. Isso poderá parecer "tempo demais", mas só porque ele em geral não empregou tempo *suficiente* extraclasse anteriormente. Dito de outra maneira, a aprendizagem invertida não demanda uma quantidade de tempo absurda extraclasse; ela requer a quantidade *esperada* de tempo extraclasse, e realmente *requer*.

A conversa

Conforme mencionado anteriormente, devemos ser cuidadosos para ajustar as atividades no espaço individual de modo que sejam estruturadas e não ocupem inerentemente uma quantidade excessiva de tempo. O modelo da Prática Guiada tem essa estrutura incorporada para que os alunos tenham mais facilidade para realizar o trabalho. Visto que a atividade pode ser minimizada sem que perca o valor instrucional, devemos assim fazê-lo e sempre estar alertas para formas de agilizar o trabalho que designamos. Se o problema do "tempo excessivo" surgir entre os alunos, essa é a primeira coisa a ser checada.

Depois que estivermos razoavelmente satisfeitos de que tarefa está o mais enxuta possível, devemos fazer algumas perguntas aos alunos, como as apresentadas a seguir.

- *O que você está fazendo enquanto faz este trabalho?* Isto é, quais são os hábitos e as práticas em que você se engaja quando está fazendo a Prática Guiada ou outra atividade no espaço individual? Ao perguntar isso, estamos auxiliando os alunos a aprenderem a se autorregular, guiando-os através das fases da autorregulação de Pintrich (PINTRICH, 2004), que discutimos no Capítulo 2. Uma exploração dessa pergunta leva os alunos a se engajarem especialmente em metacognição e nas fases específicas de previsão e planejamento e de reação e reflexão. Isso também nos oferece uma perspectiva para diagnosticarmos hábitos ruins ou improdutivos. A formulação dessa pergunta é apenas parte da função de um educador profissional.
- *Qual é o tempo apropriado a ser empregado fora da sala de aula em uma disciplina universitária?* Essa pergunta aborda a questão final observada anteriormente de que os alunos com frequência subestimam a quantidade de tempo apropriada a ser empregada fora da sala de aula em uma disciplina universitária. Discutir se a regra das "2 ou 3 horas fora da sala de aula" é

verdadeiramente apropriada é uma conversa interessante de se ter com os alunos.

Essas conversas são altamente valiosas para os alunos enquanto trilham o caminho para se tornarem aprendizes autorregulados efetivos. As disciplinas estruturadas de modo tradicional raramente trazem isso à tona; a aprendizagem invertida oferece oportunidades regulares de fazer isso.

Problema 5: "Não tenho como fazer perguntas antes da aula"

O problema

Em uma aula expositiva ao vivo, como poderíamos ter em uma aula estruturada de modo tradicional, há pelo menos a percepção de que um aluno pode interromper a aula a qualquer momento e pedir esclarecimentos ou uma explicação. Em um ambiente de aprendizagem invertida, no qual a instrução direta é realocada para o espaço individual e os alunos são responsáveis pelo primeiro contato com os novos conceitos, há com frequência uma percepção igual e oposta de que não pode ser feita nenhuma intervenção assim, porque os alunos estão trabalhando individualmente, e eles em geral acreditam que não têm como obter ajuda quando estão aprendendo novos conceitos no espaço individual.

Quanto a esse problema, lamentavelmente, os alunos podem estar corretos. Se a Prática Guiada ou outras atividades no espaço individual forem definidas para que os alunos se deparem com novos conceitos individualmente, mas os canais para interação com os outros e para a obtenção de auxílio não estiverem presentes ou forem difíceis de acessar, então os estudantes de fato *não* terão como fazer perguntas ou procurar apoio, e essa não é a situação em que gostaríamos de colocá-los. Os alunos estão se deparando com novos conceitos no *espaço individual*, mas não queremos que estejam *sozinhos* enquanto estão aprendendo. A intenção com a aprendizagem invertida é a de que eles desenvolvam competências com o autoensino e com a aprendizagem autorregulada, que inclui tomar a iniciativa de procurar o auxílio de especialistas e amigos quando necessário. Deve haver oportunidades variadas e robustas para os alunos fazerem perguntas, buscarem esclarecimento e colaborarem com os outros enquanto estão trabalhando em seus espaços individuais, e nossos planos de ensino devem deixar claro que não há problema em procurar apoio no trabalho do espaço individual. (Os limites para uma colaboração aceitável também devem estar expressos de modo claro na sua política de integridade acadêmica no plano de ensino; mas deve haver *alguma* maneira de os alunos fazerem perguntas durante essa fase, mesmo que elas sejam endereçadas apenas a você.)

A conversa

Quando essa questão surge, há dois conjuntos de perguntas que precisamos fazer, um aos alunos e outro a nós mesmos.

1. Devemos perguntar a nós mesmos: *estou fornecendo meios suficientes para os alunos fazerem perguntas e buscarem ajuda durante a aprendizagem individual? Os estudantes estão suficientemente cientes desses recursos? Há outras formas de melhorar esses canais ou acrescentar outros?* É quase certo que *alguns* canais para os alunos fazerem perguntas no espaço individual já estão disponíveis. No mínimo, eles devem ter a boa e velha disponibilidade do professor no horário do expediente e por *e-mail*. No entanto, os canais que você determinou podem não ser suficientes para as necessidades dos alunos. Por exemplo, o horário de expediente pode não ser viável para aqueles que moram fora do *campus* quando têm uma pergunta em seu trabalho no espaço individual; pedidos de ajuda por *e-mail* podem não ter uma resposta suficientemente rápida para que sejam úteis. Às vezes, as expectativas de auxílio dos alunos são irrealistas (p. ex., se um deles quer a resposta em até uma hora para um *e-mail* enviado à 1h da manhã), mas também é importante um pequeno autoexame para considerar se poderíamos responder mais prontamente aos *e-mails* em geral. Além disso, também é válido refletir se podem ser acrescentadas à disciplina outras ferramentas de colaboração que possibilitariam mais canais para fazer questionamentos. Por exemplo, além do *e-mail* e do atendimento no horário do expediente, um fórum de discussão eletrônico pode ser acrescentado, não com a intenção de avaliar as respostas, mas simplesmente como um meio de lançar perguntas em um determinado momento para que toda a turma possa ler e responder. Ou, em vez disso, pode ser implantada uma ferramenta de comunicação grupal, como o Slack; ou uma sala de bate-papo, com um objetivo único, usando o Gitter (https://gitter.im) ou um Internet Relay Chat (IRC) poderia ser criado em vez de, ou além de, um fórum de discussão. Se a sua instituição tiver um centro de tutoria para a sua disciplina, você pode investigar como os alunos podem fazer perguntas lá sobre o trabalho no espaço individual. A ideia aqui é a de que, se eles estiverem tendo uma percepção de que "não podem fazer perguntas" enquanto trabalham no espaço individual, precisaremos levar a sério essa percepção e investigar formas de oferecer mais canais que funcionem melhor para eles.
2. Devemos perguntar aos alunos: *que melhorias ou acréscimos poderíamos fazer para facilitar que você faça perguntas?* É claro que existe a possibilidade de que os alunos simplesmente não tenham conhecimento de que podem fazer perguntas por meio dos canais existentes. Em caso afirmativo, essa

sua pergunta irá direcionar o foco dos alunos para esses canais e ajudá-los a tomar conhecimento deles. Caso *estejam* cientes das oportunidades para fazer perguntas, essa pergunta os auxiliará a esclarecer seu problema, que não é o de que eles "não possam fazer perguntas", mas é o de que *podem* fazer perguntas, porém os canais existentes não estão funcionando para eles de forma ideal. Se os estudantes conseguirem isolar o que não está funcionando para eles, poderemos começar a resolver esses problemas. Caso contrário, é possível que simplesmente não estejam usando os canais existentes como devem ser usados, e isso representa um ponto de instrução.

Ao fazer essas perguntas, comunicamos aos alunos que levamos a sério a possibilidade de fazerem perguntas e também que estamos abertos para fazer mudanças na infraestrutura da disciplina para tornar mais fácil e mais útil a formulação de questões. Em contrapartida, isso transfere para os alunos a responsabilidade pela *utilização* desses canais.

Devemos enfatizar que uma coisa que é perdida em um ambiente de aprendizagem invertida é a expectativa de respostas *instantâneas* de uma aula expositiva se a aula estiver acontecendo durante o espaço individual. Contudo, existe um propósito para isso: em vez de obter essa resposta instantânea, espera-se que o aluno faça uma pausa para formular suas *próprias* respostas ou para *sozinho* quebrar a cabeça com algo que foi dito ou escrito, antes de se precipitar em buscar o professor para resolver a dificuldade. Essa é uma característica, não uma falha, e auxilia no desenvolvimento de competências individuais para pensar e para se autorregular.

COMO LIDAR COM O NÃO IDEAL

Você pode olhar para essa lista de problemas ou imaginar outros que não estão listados e ficar com medo. Não procuramos nem desejamos entrar em conflito com os alunos. Esperamos ter um relacionamento profissional produtivo e agradável com eles. Assim, naturalmente nos sentimos apreensivos por qualquer coisa que façamos que possa incitar conflito, até mesmo uma rebelião total, entre eles. E, para ser honesto, na minha experiência, em cada turma de aprendizagem invertida em que lecionei teve pelo menos um estudante que se rebelou contra o modelo, cedo, com frequência e, em geral, categoricamente. É mais provável que ocorram conflitos com os alunos em um ambiente de aprendizagem invertida do que em um tradicional, devido à forma radical como as "regras" de aprendizagem foram alteradas.

Entretanto, conflitos acontecem não porque estamos deliberadamente deixando os alunos furiosos (pelo menos *não deveriam* acontecer por causa disso), mas porque eles estão se deparando com uma mudança de paradigma na forma como sua educação universitária está sendo conduzida. Eles já não podem mais ser espectadores passivos na sua educação; não podem mais deixar de lado o seu trabalho para a aula seguinte no intervalo entre os encontros; a disciplina não é mais um jogo a ser jogado. Os estudantes, no seu íntimo, *querem* aulas assim, apesar do que às vezes expressam. O conflito que surge é com frequência um mecanismo de enfrentamento que indica uma dificuldade para fazer a transição para o novo modelo. Portanto, esses conflitos devem ser vistos como oportunidades para conversas importantes sobre ensino e aprendizagem que *devem* estar acontecendo em *todas* as disciplinas.

Transformar esses conflitos em experiências de aprendizagem significativas requer que apresentemos algumas das melhores características do ensino efetivo, que apresentamos a seguir.

- *Manter-se positivo e centrado no aluno.* Mencionamos anteriormente que, entre os vários estudos realizados para isolar o que os estudantes universitários percebem como as principais propriedades do ensino efetivo, a maioria delas tem a ver com características pessoais do professor. Esses traços incluem ser centrado no aluno, agir de forma profissional, demonstrar entusiasmo e ser justo e respeitoso. Quando surgem conflitos em uma interação entre aluno e professor, o professor deve "apresentar" esses traços e evitar qualquer coisa que possa seguir na direção errada. Por exemplo, não recorrer às redes sociais para desabafar suas frustrações com os alunos quando eles não "comprarem a ideia" da aprendizagem invertida; não aparecer na aula zangado; não se desinteressar ou terminar o semestre de qualquer jeito. Em vez disso, comemore o sucesso dos alunos ("Olhe só o que você conseguiu aprender sem ter uma explanação na aula!"); elogie o trabalho que é bem feito, ao mesmo tempo dando *feedback* positivo, construtivo e interessado sobre o que precisa de correção; cumprimente os alunos com um sorriso e interaja com eles de uma forma que demonstre interesse e preocupação.
- *Salientar os benefícios e encontrar objetivos comuns.* Ao longo deste livro, apresentamos revisões de pesquisas e estudos de caso que salientam os benefícios da aprendizagem invertida. Você pode – e deve – transmitir alguns desses benefícios aos alunos para salientar que a disciplina é conduzida da maneira que você planejou especificamente para tornar o mais fácil possível atingir o tipo de aprendizagem profunda e duradoura que os alunos precisam para a viabilização no mundo profissional e na vida. Como ilustra o exercício de "preparação do terreno" no primeiro dia, mencionado anteriormente, muitas vezes os alunos compartilham objetivos de aprendizagem que coincidem em muito com os nossos; eles se dão conta de que uma aprendizagem superficial não lhes dará a vantagem que precisam para garantir o trabalho

que desejam e que o objetivo da aprendizagem universitária não é apenas a aquisição de conhecimento básico, mas o tipo de competências intelectuais que sobrevivem ao exame final. Se você conseguir mudar a narrativa das frustrações dos alunos com a aprendizagem invertida e se voltar para os objetivos comuns de educação que você e seus alunos têm, esse tipo de aprendizagem será muito mais palatável.

Um exercício que Christine Rener, professora de química na Grand Valley State University, faz com sua turma no primeiro dia define alguns desses objetivos compartilhados. Enquanto discute o programa, ela propõe uma escolha aos alunos. Ela menciona que eles têm tempo suficiente em aula para realizá-la de duas maneiras. O encontro pode ser focado em uma aula expositiva que abrange as ideias básicas, e depois os alunos serão responsáveis por trabalhar sozinhos para aprofundar seu conhecimento com o dever de casa e outros trabalhos, ou então ela pode organizar aulas que serão disponibilizadas *on-line*, os alunos as assistem antes da aula e então focam o tempo na aula em trabalhar no dever de casa e em outros trabalhos que aprofundam seu conhecimento. *Mas não há tempo suficiente na aula para ambos*, portanto, eles têm de escolher como a aula deve se desenvolver. Ela então deixa os alunos votarem em qual dos dois formatos preferem e se compromete a respeitar o resultado da votação. Essa é uma atitude corajosa, porque ela planejou a disciplina usando um modelo de aprendizagem invertida. No entanto, todas as vezes em que fez isso, os alunos votaram de forma esmagadora no modelo de aprendizagem invertida (sem saber que ele é assim denominado). Os alunos, portanto, *escolheram* usar o modelo de aprendizagem invertida porque o identificaram como preferível para seus objetivos de aprendizagem, e, em algum ponto do semestre, ela pode voltar a mencionar o fato de que *eles votaram por ter aula dessa maneira* e lembrá-los por quê.

- *Esclarecer as expectativas e prestar apoio generoso.* Junto com a identificação de objetivos comuns, ter expectativas compartilhadas que são comunicadas de forma clara pode evitar conflitos. Muitas vezes os alunos podem relutar em adotar o modelo de aprendizagem invertida porque acreditam que terão de "ensinar o assunto a si mesmos", quando, na realidade, o autoensino deve se limitar a um subgrupo de objetivos de aprendizagem que foram identificados como aqueles que eles são capazes de administrar individualmente, e a instrução sobre o assunto irá incluir o autoensino, mas também muita instrução direta, tutoria individual e trabalho em grupo. Não é esperado que os alunos se tornem especialistas no assunto como um todo, e, depois que essa expectativa é esclarecida, muitos deles respiram aliviados e aceitam a proposta. Uma concepção errada muito comum sobre a aprendizagem invertida é a de que o estudante estará completamente sozinho; ao fornecer níveis

generosos de apoio, incluindo o horário de expediente, mas também suporte na aula e por canais eletrônicos e assíncronos, como fóruns de discussão, você pode desfazer essa concepção errada e ganhar a confiança dos alunos.
- *Comunicar-se cedo, com frequência e pessoalmente.* A coisa mais importante que um professor pode fazer em qualquer situação de ensino é se comunicar com os alunos sobre suas experiências e receber *feedback* deles. Um *design* de aprendizagem invertida oferece uma oportunidade ímpar para fazer isso; em uma turma que seja pequena o suficiente, você pode ter conversas com todos os alunos todos os dias. É extremamente fácil, em um ambiente de aprendizagem invertida, puxar uma cadeira, física ou virtualmente, ao lado de um aluno e perguntar: "Como está sendo a disciplina para você até agora?". Além da comunicação pessoal, faça, de modo regular, *avaliações informais da disciplina* nas quais os alunos tenham a oportunidade (de forma anônima, se isso ajudar) de dar suas opiniões sobre o que está indo bem e o que pode ser melhorado na disciplina até o momento. Ferramentas *on-line* para fazer levantamentos e coletar informações, como Formulários Google e Survey Monkey, são tão fáceis e acessíveis atualmente que fazer avaliações informais da disciplina é trivial. Você pode, por exemplo, fazer uma avaliação informal ao fim da segunda, quarta e oitava semanas de um semestre de 14 semanas para permitir que os alunos expressem seus pensamentos. Isso lhe fornece dados úteis e transmite aos alunos a ideia de que suas opiniões são importantes e podem efetuar mudanças.
- *Ouvir os alunos e estar aberto à mudança.* Se quisermos nos comunicar com os alunos, temos de ouvir o que eles dizem, mesmo que grande parte do que têm a dizer seja negativa. Nem todos os comentários negativos que recebemos são queixas irracionais; muitos deles são sinceros, consistentes e informativos sobre como podemos melhorar nossas disciplinas sem sacrificar o ambiente de aprendizagem invertida.

Os problemas e as fontes potenciais de conflito que identificamos aqui não se restringem somente aos alunos. Colegas e administradores podem ter os mesmos problemas que os estudantes, e pelas mesmas razões: às vezes porque os alunos lhes relatam suas experiências, e eles estão tentando zelar pelos interesses dos alunos.

ADMINISTRANDO TEMPO E TRABALHO

Outra questão que com frequência é motivo de preocupação para os docentes que estão interessados na aprendizagem invertida é o investimento de tempo envolvido. O excesso de trabalho dos docentes é uma preocupação real entre os professores hoje em dia, e, no interesse de aprender a dizer não para mais trabalho do que podemos administrar, qualquer abordagem pedagógica nova que pareça exigir muito investimento de tempo e energia (para não falar do potencial para a insatisfação por parte do aluno) pode, e possivelmente deve, de modo compreensível, ser vista com ceticismo.

Na minha experiência e na de outros docentes que usam a aprendizagem invertida, pelo menos algumas dessas preocupações sobre o investimento de tempo são totalmente justificadas. Muitas partes do planejamento e da condução de uma disciplina orientada pela aprendizagem invertida requerem significativo investimento de tempo. Em primeiro lugar, muitas disciplinas terão de ser redesenhadas a partir de um modelo tradicional, e isso é trabalhoso, como já vimos. Em segundo, a criação de um repositório de recursos de aprendizagem para os alunos usarem em seu trabalho no espaço individual pode requerer uma tremenda quantidade de tempo, especialmente se o professor quiser usar vídeos *on-line* que tenha criado. Em terceiro, a avaliação pode potencialmente levar mais tempo, dependendo de como o professor escolhe administrar o maior volume de avaliação formativa que a aprendizagem invertida tende a criar.

Vamos ampliar o segundo ponto relativo à criação de recursos de aprendizagem. Muito frequentemente, os recursos de aprendizagem usados para disciplinas de aprendizagem invertida são vídeos; essa é, pelo menos, a concepção popular de recursos de aprendizagem para os alunos em seu trabalho no espaço individual. Há duas maneiras de usar vídeos em um ambiente de aprendizagem invertida: você pode *criar* seus próprios vídeos ou pode *selecioná-los* entre aqueles já existentes em diferentes recursos. (Você também pode fazer um pouco de cada.) No entanto, ambos os métodos são demorados. A criação de um vídeo envolve aprender as ferramentas tecnológicas para a sua criação (essas ferramentas estão evoluindo a cada dia em termos de custo e facilidade de uso, mas ainda há um investimento de tempo para aprender a lidar com elas). Então, depois de adquirida uma fluência básica nas ferramentas, é preciso competência, prática e aprendizagem a partir dos erros para conseguir fazer um bom vídeo instrucional. Selecionar vídeos já existentes pode parecer uma solução nesse caso, mas também exige tempo – algumas vezes tanto tempo e energia quanto o necessário para fazer um vídeo você mesmo, porque envolve fazer uma triagem nas montanhas de vídeos disponíveis *on-line* para encontrar exemplos que se adaptem à sua aula (e encontrar um que se adapte bem nem sempre acontece) e então costurar a pequena lista de vídeos para um determinado tópico para formar um todo coerente. Muitos professores que seguem esse caminho acabam eles mesmos criando algum ou todo o conteúdo do vídeo.

O planejamento de uma disciplina que usa aprendizagem invertida será um investimento de tempo, assim como a maioria das coisas que valem a pena fazer. Não devemos permitir que esse fato por si só consiga nos dissuadir de usar a aprendizagem invertida, da mesma forma que não devemos deixar que preocupações com conflitos potenciais com os alunos ou problemas com o cargo de titular e a possibilidade de nova indicação nos desestimulem. Ao contrário, assim como nessas outras situações, devemos prosseguir cuidadosamente e trabalhar de forma inteligente.

Os itens que requerem maior investimento de tempo em aprendizagem invertida são aqueles que são feitos "antecipadamente", *antes* que a aula esteja em andamento (ou, pelo menos, *podem* ser feitos antes do início da disciplina): planejar a estrutura da disciplina, criar ou selecionar os recursos de aprendizagem, planejar o sistema de avaliação, etc. Isso, na verdade, é uma boa notícia, porque você pode administrar essa carga de trabalho *dando a si mesmo um tempo de execução* na criação de uma disciplina de aprendizagem invertida. Anteriormente, neste capítulo, mencionamos um "plano de um ano" para o planejamento ou replanejamento de uma disciplina para usar aprendizagem invertida. Esse é um bom conselho para quem está desenvolvendo uma disciplina com aprendizagem invertida pela primeira vez, porque a quantidade de tempo necessário para criar recursos e planejar a estrutura de uma disciplina é administrável se distribuída ao longo de seis meses a um ano, mas pode ser uma carga esmagadora tentar isso apenas algumas semanas antes de começar o semestre. A melhor maneira de administrar o tempo é permitir-se mais tempo, e, como a construção de uma disciplina com aprendizagem invertida é "concentrada no início", dessa forma, começar seis meses a um ano antes do início da disciplina lhe proporciona esse tempo.

Outra forma de administrar o tempo é *pensar criativamente sobre os recursos de aprendizagem*. Estes com frequência incluem vídeos em uma disciplina com aprendizagem invertida, mas nem sempre, e, para reiterar uma questão já levantada aqui, *a aprendizagem invertida não requer, necessariamente, o uso de vídeo.* Se a criação de vídeos para os alunos não for uma possibilidade realista para você, então pense em escolher vídeos já existentes, mas também considere outras formas de recursos de aprendizagem como os apresentados a seguir.

- *Livros impressos e eletrônicos.* O livro impresso ainda é, em muitos aspectos, a mídia ideal para armazenar e transmitir informação, e, quando associado a exercícios bem construídos (p. ex., aqueles que você pode fazer em uma tarefa de Prática Guiada), podem ser uma fonte de instrução direta. Os livros eletrônicos são uma variante moderna particularmente útil, pois são em geral baratos ou gratuitos e podem ser acessados nos dispositivos dos alunos ou na *web*. Hoje em dia, existem ferramentas que permitem a anotação colaborativa de textos eletrônicos, como Perusall (https://perusall.com) e Hypothes.is (http://hypothes.is), para transformar a leitura em uma discussão social assíncrona focada no texto.

- *Websites, incluindo blogs e redes sociais de conteúdo longo.* Assim como os livros impressos e eletrônicos, os *websites*, incluindo *blogs* e *sites* de redes sociais de conteúdo longo, como Medium (https://medium.com) ou Quora (www.quora.com), podem fornecer informações e conhecimento da mesma forma que uma aula expositiva.
- *Recursos de áudio e* podcasts. Recursos de áudio, como programas de rádio e *podcasts*, também podem fornecer acesso a novos conceitos, ao mesmo tempo apresentando a perspectiva de outros, como podemos encontrar em uma aula expositiva bem construída. De fato, alguns recursos de áudio *são* aulas expositivas na forma de registros em áudio (possivelmente com transcrições).
- *Games e simulações.* Uma maneira de exemplificar a ideia do "primeiro contato com novos conceitos" é focar o espaço individual não só na escuta de uma aula ou na leitura de um texto, mas na interação com um modelo ou simulação, gerando observações e perguntas, e então vindo para o espaço grupal com essas perguntas e observações para compartilhar. A aprendizagem invertida com simulações já foi usada com particular eficácia em ciências biomédicas e da saúde, em especial no desenvolvimento de competências clínicas – por exemplo, Bristol (2014), Critz e Knight (2013), Herreid e Schiller (2013) e Lasater (2007).

Como mencionamos no Capítulo 6, pode ser útil criar recursos de aprendizagem *variados* e dar aos alunos opções para que possam aprender novas informações. Não é absolutamente necessário que seja em vídeo. O uso de recursos de aprendizagem que não são em vídeo, por exemplo, encontrando e selecionando um bom livro-texto e depois acrescentando boas atividades de apoio, pode ter o mesmo valor para os alunos e requer muito menos tempo de preparo.

Outra forma, ainda, de administrar o tempo, além de promover sua sanidade pessoal, é *trabalhar em parceria*. Em vez de criar sozinho um ambiente de aprendizagem invertida, junte-se a colegas da sua instituição – ou de outras – e trabalhem juntos. Por exemplo, a reformulação de uma disciplina em um departamento pode ser feita por vários membros do corpo docente no departamento que leciona a disciplina. Isso amplia o trabalho (fazer 90 vídeos não é tão ruim quando dividido entre cinco pessoas, por exemplo), promove uma diversidade de ideias pedagógicas e uma rede social disponível para o apoio mútuo quando a disciplina começa. Docentes de diferentes departamentos também pode se reunir em grupo para converter diferentes disciplinas; as percepções de uma disciplina podem com frequência ser úteis em outra, e o apoio da rede social ainda está ali para quando a disciplina começar. Também os alunos em geral têm maior probabilidade de aceitar o modelo de aprendizagem invertida como normal quando se dão conta de que vários professores a estão usando, não apenas um "cavaleiro solitário". Mesmo docentes de diferentes instituições podem trabalhar em conjunto e se comunicarem entre si por meio das redes sociais.

Finalmente, talvez a melhor maneira de administrar o tempo seja *usar um fluxo de trabalho confiável e intuitivo* para as operações cotidianas de uma disciplina com aprendizagem invertida. Tentamos fornecê-lo no processo de sete passos que descrevemos em capítulos anteriores. Os componentes móveis do planejamento de uma aula invertida, que é algo que os professores têm que fazer dia após dia, se tornam intuitivos e naturais quando colocados em um sistema e cronograma que pode ser internalizado.

Embora possa haver um investimento significativo de tempo e energia na parte *inicial* da realização de uma disciplina com a aprendizagem invertida, esta pode ser bem administrada se forem usados os conselhos anteriores. Além disso, há uma recompensa significativa na parte *final* desse processo depois que a disciplina foi preparada e já está em andamento. Depois que ela tiver sido construída e os materiais tiverem sido criados, ambos podem ser reutilizados quase indefinidamente, com pouca diminuição na qualidade da aprendizagem dos alunos. Ao contrário das anotações da aula expositiva, que ficam "obsoletas" rapidamente após o uso repetido, é provável que uma atividade no espaço grupal reutilizada gere novos resultados em diferentes grupos. Depois que foi montado um arsenal de recursos de aprendizagem, atividades de Prática Guiada e exercícios no espaço grupal para a disciplina, ela precisará apenas de manutenção ocasional com o tempo, portanto, se você leciona uma disciplina regularmente (incluindo os docentes cuja função é ensinar várias turmas da mesma disciplina a cada semestre) os planos de aprendizagem invertida podem resultar em um decréscimo significativo na carga de trabalho depois de recuperado o custo inicial da implantação.

Em geral, a aprendizagem invertida não demanda, necessariamente, mais tempo do que uma configuração tradicional. O tempo é meramente distribuído de forma diferente, com a aprendizagem invertida demandando mais tempo e esforço durante a fase inicial de planejamento e construção de uma disciplina do que o modelo tradicional. Mas então, quando a disciplina está em andamento, a aprendizagem invertida requer menos tempo e atenção em "trabalho preparatório" do que as disciplinas tradicionais; em vez disso, o tempo é empregado na interação com os alunos, o que, em última análise, auxilia mais os alunos e o professor. No entanto, mesmo o tempo requerido enquanto a disciplina está em andamento pode ser administrado com o uso de um fluxo de trabalho consistente e internalizado, como o método de sete passos.

A APRENDIZAGEM INVERTIDA E O RESTANTE DA SUA CARREIRA: PESQUISA

Nesse capítulo, discutimos como tornar a prática da aprendizagem invertida uma parte integrada e duradoura de uma carreira bem equilibrada de um professor. A maior parte da discussão esteve centrada em torno de como fazer da aprendizagem invertida uma parte central das nossas responsabilidades de *ensino* e como sentir-se feliz com ela no dia a dia, mas há outras responsabilidades que muitos docentes têm: *pesquisa* e *extensão*. Como uma questão final sobre conviver e trabalhar com a aprendizagem invertida, vamos examinar como a prática dessa abordagem pode reforçar o trabalho dos docentes nessas duas áreas.

Antes de nos aprofundarmos, uma palavra sobre pesquisa e expectativas de extensão. É esperado que um membro típico do corpo docente no processo de tornar-se titular em uma faculdade ou universidade norte-americana se engaje em ensino *e* pesquisa *e* extensão (do próprio departamento, faculdade, universidade e fora da universidade). Com frequência, essas expectativas estão registradas por escrito nos requisitos para ser titular ou receber promoção e permanecem em vigor depois de adquirida a estabilidade. Entretanto, nem todos os docentes são típicos. Docentes contingentes e adjuntos, por exemplo, em geral não têm responsabilidades de pesquisa ou de extensão; os de longo prazo, mas não candidatos a titular, além de docentes em instituições de dois anos, podem ter expectativas de extensão, mas não de pesquisa; aqueles que lecionam como parte de um programa de pós-doutorado têm fortes expectativas de *pesquisa*, mas não de extensão. Portanto, o que discutimos nesta seção pode não se aplicar igualmente a todos.

No entanto, se você for um desses docentes "atípicos", com expectativas abaixo do comum, seja para pesquisa ou extensão, tome o que discutimos aqui como um convite. A pesquisa que descrevemos necessita de praticantes experientes para compartilhar seu trabalho e suas descobertas. As oportunidades de extensão que descrevemos necessitam que eles compartilhem sua *expertise*. Mesmo que pesquisa ou extensão ou serviço não sejam fortemente esperados, ainda são áreas valiosas – para não mencionar prazerosas – do trabalho dos docentes, de grande utilidade para o ensino superior e para os estudantes em toda a parte.

Pesquisa é um termo usado frequentemente como sinônimo de *investigação científica*, mas tem um significado mais amplo. Em seu livro clássico, *Scholarship reconsidered* (BOYER, 1990), Ernst Boyer propõe um modelo quádruplo do trabalho dos professores fundamentado nos seguintes tipos de pesquisa: *da descoberta, da integração, da aplicação e do ensino*. As áreas típicas de pesquisa feitas pelos docentes universitários, em que novas fronteiras são exploradas dentro da área de domínio de *expertise* do membro, são geralmente classificadas como "descoberta" ou "aplicação". Pesquisa interdisciplinar é em geral considerada "integração".

Menos compreendida por muitos docentes é a *pesquisa do ensino*, a qual se refere a uma abordagem acadêmica das noções de ensino e aprendizagem em que uma metodologia rigorosa é trazida para sustentar o que acontece na sala de aula da faculdade. A pesquisa do ensino, que agora é denominada *pesquisa do ensino e aprendizagem* (abreviada como SoTL), cunhada por Randy Bass (1999) em seu artigo seminal "The Scholarship of Teaching: What's the Problem", investiga questões sobre ensino e aprendizagem na universidade de uma forma que "começa pela curiosidade intelectual, é conduzida deliberada e sistematicamente, está fundamentada em uma análise de algumas evidências e resulta em achados compartilhados com os pares para ser revisados e para ampliar uma base de conhecimento" (CHICK, 2018). Em geral, distinguimos a *pesquisa do ensino e aprendizagem* de "ensinar academicamente", esta última indicando práticas de ensino que são *informadas pela* pesquisa, enquanto a primeira *é* essa pesquisa, feita com a utilização de rigorosa metodologia para descobrir coisas novas ou respostas a novas perguntas sobre como os alunos aprendem e como os professores podem ensinar.

Desde 1990, a SoTL se desenvolveu transformando-se em uma parte ativa e vitalmente importante do panorama do ensino superior. Hoje dúzias de publicações científicas sobre SoTL revisadas por pares estão publicadas, e existem inúmeras organizações profissionais e conferências para estimular a pesquisa SoTL e divulgar seus resultados. A SoTL cresceu e se tornou uma disciplina acadêmica distinta, tanto em um âmbito geral quanto como uma subdisciplina dentro de temas acadêmicos. Como discutimos em um capítulo anterior, este é um terreno fértil para o trabalho acadêmico sobre a aprendizagem invertida.

Se você estiver usando a aprendizagem invertida em suas aulas em qualquer nível, há uma forte chance de que você transforme suas experiências em pesquisa de SoTL que possa ser publicada em uma revista científica revisada por pares, dessa forma contribuindo para o corpo de conhecimento do que sabemos acerca de ensino e aprendizagem e para seu portfólio profissional na forma de pesquisa válida revisada por pares. Em particular, a pesquisa de SoTL pode fazer parte do programa geral de pesquisa para um membro do corpo docente, particularmente em instituições que têm expectativas de produção acadêmica.

Então como se *faz* SoTL? A estrutura básica para investigação de SoTL se assemelha muito à de qualquer investigação metodologicamente rigorosa.

Como qualquer pesquisa, começamos com uma *pergunta* ou uma *observação* do que gostaríamos de saber mais a respeito. A aprendizagem invertida está repleta de perguntas e observações. Você provavelmente já teve muitas delas apenas pela leitura deste livro. Por exemplo, podemos ter uma pergunta sobre os vídeos usados em um ambiente de aprendizagem invertida, como esta a seguir.

Os alunos têm maior probabilidade de realizar as tarefas da Prática Guiada se os vídeos usados forem feitos pelo professor e não por outra pessoa?

Uma observação de um ambiente de aprendizagem pode ser:

Meus alunos estão realizando as tarefas da Prática Guiada, mas ainda não parecem completamente preparados para o trabalho no espaço grupal.

Pat Hutchings (2000) criou um meio de classificar os diferentes tipos de perguntas de SoTL:

- *O que funciona?* Perguntas desse tipo indagam se um método particular ou item usado na instrução é efetivo na aprendizagem.
- *O que é?* Perguntas desse tipo buscam determinar as características do trabalho ou comportamento dos alunos – o que realmente está acontecendo quando os alunos realizam uma determinada tarefa.
- *O que pode ser?* Perguntas desse tipo lançam um olhar para o que *pode* ser feito em ensino ou aprendizagem.

Então, depois de formular a forma básica de uma pergunta, tentamos refinar e focar a pergunta e talvez determinar o que de fato é a *verdadeira* pergunta. Por exemplo, em *Os alunos têm maior probabilidade de fazer as tarefas da Prática Guiada se os vídeos usados forem feitos pelo professor e não por outra pessoa?*, há pelo menos uma pergunta do tipo *O que é?*, feita de forma implícita, ou seja, *Qual a taxa de alunos que geralmente realizam as tarefas da Prática Guiada?* Também pode haver uma pergunta do tipo *O que funciona?* na forma de *Vídeos feitos por mim são mais eficazes para aumentar a taxa de realização da Prática Guiada do que vídeos feitos por outra pessoa?*

Igualmente, observações como *Os alunos estão realizando as tarefas da Prática Guiada, mas ainda não parecem completamente preparados para o trabalho no espaço grupal* devem ser convertidas em perguntas a serem investigadas. Por exemplo, a partir dessa observação, várias perguntas podem surgir, como as apresentadas a seguir.

- Os alunos estão realmente fazendo a Prática Guiada? Quais são os índices de realização das tarefas em toda a turma?
- O que os alunos estão realmente fazendo quando trabalham na Prática Guiada? É possível, por exemplo, que os alunos estejam encontrando as respostas aos exercícios de alguma fonte *on-line* e não respondendo às perguntas

eles mesmos? Eles estão assistindo a todos os vídeos e fazendo as leituras? Eles estão se engajando em boas práticas de visualização dos vídeos e leitura quando fazem isso?

• Acrescentar uma camada de responsabilidade no início da aula, como um teste rápido sobre a Prática Guiada, seria eficaz na melhoria do nível de preparo (e não apenas as taxas de realização das tarefas) da aula?

Às vezes temos de usar nosso conhecimento no domínio específico para refinar algumas dessas perguntas. Por exemplo, em matemática, "ler o livro" é uma tarefa muito diferente do que ler um texto em outra disciplina, e perguntas sobre se os alunos estão se engajando em "práticas de leitura efetivas" assumem nuances adicionais quando aplicadas à leitura de textos matemáticos.

Em seguida, fazemos uma busca na literatura para ver o que já é conhecido sobre a pergunta. Por exemplo, em uma busca na literatura sobre perguntas relativas ao despreparo dos alunos para o trabalho no espaço grupal, podemos nos deparar com literatura sobre *ativação do conhecimento* – por exemplo, artigos como o de Baumert e colaboradores (2010), para objetivos gerais, ou específicos para disciplinas, como o de Baranes, Perry e Stigler (1989). Isso pode levar você a pensar que a ligação que falta entre a realização da Prática Guiada e o trabalho efetivo no espaço grupal é o passo de ativação do conhecimento. Isso leva a outra pergunta do tipo *O que funciona?*: *Acrescentar uma atividade de ativação do conhecimento entre o início da aula e o início das atividades no espaço grupal resulta em trabalho grupal mais efetivo?* Outros resultados da literatura podem mostrar o que outros profissionais já descobriram em perguntas relacionadas.

Depois de fazer a revisão da literatura, é hora de determinar como iremos coletar evidências que lançarão luz sobre a pergunta e suas respostas, as quais podem ser quantitativas ou qualitativas, ou uma mistura de ambas. Os meios para reunir evidências em SoTL são incrivelmente variados. Alguns estudos envolvem grupos-controle e experimentais, como os estudos científicos clássicos; outros são puramente observacionais ou envolvem entrevistas; uns envolvem inventários; outros, a implantação de instrumentos quantitativos que reúnem dados numéricos sobre a aprendizagem dos alunos; alguns são uma mistura de todos esses; e outros não são nenhum desses. Alguns são mais exóticos, usando máquinas de ressonância magnética funcional ou dispositivos que acompanham os movimentos oculares para detectar padrões fisiológicos nos alunos enquanto se engajam em uma tarefa de aprendizagem. Como esse espaço é restrito, não iremos tentar listar todas as possibilidades. Em vez disso, enfatizamos apenas que existem muitos métodos diferentes para reunir evidências – e muitas definições de *evidências*, o que reforça a importância de uma revisão de literatura abrangente, porque quanto mais examinamos os estudos de SoTL existentes, mais metodologias encontramos. Um conselho inicial sensato é encontrar um estudo cujas perguntas centrais se pareçam com as do seu estudo, analisar o *design* dele e então usar uma abordagem similar.

Nesse ponto, a estrutura básica de um projeto de pesquisa de SoTL já foi construída e está pronta para ser executada – exceto por uma tarefa muito importante, que é obter a aprovação do comitê de pesquisa institucional, que certifica propostas da pesquisa que envolvem sujeitos humanos. (O nome exato desse comitê pode variar entre os *campi*). Embora com frequência pensemos em estudos que envolvam sujeitos humanos como ensaios médicos ou experimentos psicológicos, a pesquisa de SoTL quase sempre envolve o trabalho com estudantes: portanto, sujeitos humanos. Para fazer SoTL, então, somos legalmente obrigados a buscar a certificação do comitê de pesquisa institucional de que nosso estudo proposto minimiza, tanto quanto possível, a possibilidade de "danos" aos sujeitos.

Esse conceito de "dano" não se refere meramente a dano físico, mas também inclui o psicológico, ao histórico acadêmico e à privacidade. Por exemplo, suponha que estamos realizando um estudo para ver se testes orais durante a disciplina de um semestre melhora o desempenho na prova final; um grupo-controle recebe provas escritas tradicionais durante o semestre, um experimental recebe provas orais, e ambos os grupos recebem a mesma prova final escrita tradicional, e comparamos os resultados. Várias perguntas sobre os danos podem surgir, conforme apresentado a seguir.

- Como sabemos que as provas orais não são simplesmente mais difíceis que as escritas e, portanto, os alunos no grupo experimental vão acabar com notas piores? Como minimizamos o dano à nota de um aluno por ter estado no estudo?
- Se um aluno é designado ao grupo experimental aleatoriamente, o que acontece se ele não for um falante nativo de inglês, ou tiver uma dificuldade de aprendizagem ou uma condição que torna mais difícil realizar provas orais do que escritas? Tais estudantes poderão optar por não participar do estudo? (Por outro lado, se deixarmos os alunos selecionarem por si o grupo a que pertencer, poderemos ter certeza de que os resultados nos dados serão principalmente atribuíveis ao experimento, e não porque os alunos que preferem provas orais escolheram o grupo com prova oral?)
- Se usarmos as notas da prova final como dados no estudo, como podemos assegurar que será impossível determinar a identidade dos alunos a partir dos seus dados?

Essas e outras perguntas devem ser contabilizadas como parte do processo de revisão que ocorre normalmente dentro da universidade por meio do comitê de pesquisa. Esse processo pode parecer diferente em diferentes lugares, mas uma coisa que os pesquisadores de SoTL devem saber é que ele *é demorado*. Portanto, o tempo para a revisão da SoTL deve estar incluído no calendário para realmente concluir um estudo da SoTL. Por exemplo, se você tiver uma ideia para um estudo da SoTL no primeiro semestre do ano escolar, realizá-lo no segundo semestre pode não ser realista, pois pode demorar várias semanas para se obter aprovação.

Os detalhes do processo variam dentro das instituições e podem variar significativamente entre diferentes países onde as leis nacionais que protegem a privacidade dos estudantes diferem. Portanto, não entraremos em detalhes aqui; você deve contatar o comitê de pesquisa da universidade para uma visão geral do processo e para informações sobre o que deve ser submetido e como. Por enquanto, apenas tenha em conta que obter a aprovação do comitê de pesquisa institucional é uma parte essencial da pesquisa da SoTL e um meio de proteger os alunos contra práticas antiéticas.

Depois que o estudo da SoTL estiver planejado e aprovado, ele precisa ser executado de acordo com o plano, e os dados precisam ser tabulados e armazenados. As especificidades dessa parte do processo são no mínimo tão variadas quanto as formas de planejar o estudo. Os quantitativos envolvem a realização de análises estatísticas e inventários "codificando" as respostas e então classificando os resultados de acordo com a codificação. Então, depois que os dados forem processados, devem ser analisados para extrair informações que possam estar presentes e tenham alguma coisa a dizer sobre as perguntas de pesquisa originais.

Aqui precisamos ser cuidadosos para assumir uma abordagem crítica e científica dos dados que coletamos e as informações contidas neles. Se formos proponentes da aprendizagem invertida, pode ser muito fácil interpretar os resultados de um estudo da SoTL com a aprendizagem invertida de forma positiva simplesmente porque temos uma visão positiva dela. Devemos evitar esse viés; se um estudo bem planejado produzir resultados que indicam que a aprendizagem invertida não teve um desempenho que beneficie os alunos, seja honesto quanto a isso e interprete os dados como confiavelmente possíveis – e então reflita sobre possíveis variáveis confusas que você não considerou ou encontre maneiras de fazer as perguntas originais de uma forma que busque com maior precisão a ideia que você tinha em mente. No curso do planejamento de um projeto de SoTL, é muito provável que a tentativa de responder a uma pergunta levante muitas outras dúvidas. Dessa forma, a pesquisa de SoTL é autogerada. Quanto mais examinamos questões relacionadas com ensino e aprendizagem, mais temos a investigar. E também quando terminamos um projeto, outros já estão à espera.

Então, depois de analisados os dados, os redigimos de uma forma apresentável e os submetemos à revisão dos pares. Conforme mencionado anteriormente, as publicações específicas de SoTL são inúmeras, destacando-se os seguintes exemplos:

- Active Learning in Higher Education
- International Journal for the Scholarship of Teaching and Learning
- International Journal of Teaching and Learning in Higher Education
- The Journal on Excellence in College Teaching
- The Journal of Scholarship of Teaching and Learning
- Teaching & Learning Inquiry

Existem dezenas de outras publicações científicas como essas impressas (ou *on-line*), tanto para o trabalho de SoTL em geral quanto para pesquisas de ensino e aprendizagem feitas dentro de uma disciplina. Além disso, muitas publicações que não são dedicadas a SoTL com frequência publicarão sobre questões relacionadas com ensino e aprendizagem.

Além dos periódicos, são realizadas conferências dedicadas a SoTL (muitas das quais aceitam trabalhos por meio de um processo de revisão de pares, conferindo-lhes mais valor para um portfólio para candidatar-se a titular e promoção) no mundo inteiro, várias vezes por ano. Algumas das maiores delas incluem a Teaching Professor Conference e sua derivação, a Teaching Professor Technology Conference; a Lilly Conference on College Teaching, que tem um encontro central nacional e vários encontros regionais todos os anos; e a conferência anual da International Society for Scholarship of Teaching and Learning.

A considerável quantidade de publicações revisadas por pares e as conferências nacionais e internacionais apresentam inúmeras oportunidades de transformar nossa experiência com aprendizagem invertida em pesquisa significativa e importante para o desenvolvimento da carreira. Porém, se alguém pretende fazer pesquisa de SoTL e torná-la parte do seu programa acadêmico, ainda deve ser considerado que SoTL de fato é pesquisa. Lamentavelmente, a pesquisa de SoTL não é vista de modo universal como tão confiável como pesquisa em nossa área. Aparentemente, isso se deve mais a um preconceito do que aos próprios fatos. Alguns acadêmicos, por exemplo, encaram a desordem inerente da pesquisa de SoTL como um indicador de que os achados de pesquisa não são confiáveis, mas essa visão ignora muitos anos e inumeráveis trabalhos de pesquisa em ciências sociais, cuja metodologia é similar à da SoTL; só porque um estudo de pesquisa não tem o mesmo nível de precisão e controle que um experimento de física no Conseil Européen pour la Recherche Nucléaire (CERN) ou um estudo clínico de um medicamento feito pela Food and Drug Administration (FDA) não significa que os resultados não são confiáveis. O importante é verificar se as perguntas da pesquisa são claras, se os métodos são bem desenhados e apropriadamente escolhidos, se os dados são coletados tão cientificamente quanto possível e se os resultados são bem interpretados. E nós, como pesquisadores de SoTL, temos de ser realistas quanto às limitações desses resultados e ser cuidadosos para, antes de tudo, não elaborar estudos de má qualidade.

Mas não se engane: a SoTL é pesquisa real e válida que tem crédito tão legítimo na vida acadêmica dos professores quanto a pesquisa disciplinar.

APRENDIZAGEM INVERTIDA E O RESTO DA SUA CARREIRA: EXTENSÃO

A prática da aprendizagem invertida fornece caminhos não só para pesquisa significativa, mas também para extensão significativa para o departamento, universidade e comunidade profissional. Encerramos este capítulo com uma breve descrição de uma forma de fornecer serviços a outros, que é por meio da divulgação de nossas experiências por meio de conferências e *workshops*.

Desde o começo da aprendizagem invertida, têm ocorrido *workshops* sobre o assunto. Como já vimos anteriormente, Wesley Baker, que foi um dos criadores (não *o* criador) da aprendizagem invertida no ensino superior, começou a dar *workshops* para seus colegas em outras faculdades de artes liberais praticamente logo que começou a usá-la em suas aulas. E o sucesso de Jon Bergmann e Aaron Sams na popularização da aprendizagem invertida entre educadores dos ensinos fundamental e médio nos Estados Unidos resultou menos do seu livro seminal de 2012 e mais da extensa programação de *workshops* de desenvolvimento profissional dados no período entre seus primeiros experimentos com aprendizagem invertida e a publicação desse livro. Parece haver alguma coisa na própria aprendizagem invertida que se presta extremamente bem para auxiliar outras pessoas a aprenderem sobre ela.

Pode ser que você seja um entre os poucos em seu *campus* que utilizam a aprendizagem invertida. Isso pode ser um desafio, porque a aprendizagem invertida é mais fácil de fazer com uma comunidade de prática em funcionamento, mas esse desafio também representa uma oportunidade de serviço, porque você pode ser o catalisador para essa comunidade na sua instituição.

Fazer isso pode ser extremamente simples. Se a sua instituição conta com um *centro de ensino e aprendizagem* (um escritório central que auxilia os docentes no ensino), verifique com eles para ver se você pode ser útil de alguma forma comunicando a outros docentes as suas experiências e se há outros colegas que tenham expressado interesse pela aprendizagem invertida. Alguns centros de ensino e aprendizagem oferecem aos docentes *workshops* ou seminários sobre temas pedagógicos, e suas experiências poderiam muito bem indicar você para coordenar um. Às vezes existem *comunidades de aprendizagem de docentes* mais amplas, nas quais profissionais com interesses semelhantes se reúnem por um semestre ou um ano e se engajam mensalmente em horários para leitura e discussão sobre um determinado tema; a aprendizagem invertida pode ser seu tema, e você pode ser o líder. Se o seu *campus não* tiver um centro de ensino e aprendizagem, você pode perguntar à pessoa encarregada da instrução em sua instituição (em geral, o reitor) ou procurar saber em uma reunião do departamento ou de todos os docentes.

Você pode servir aos seus colegas de instituição de muitas formas diferentes, oferecendo-se para compartilhar suas experiências e sendo um recurso para os outros. Estudos mostram que a principal barreira para os docentes adotarem práticas de ensino "baseadas em evidências", incluindo a aprendizagem invertida, é a ausência de uma pessoa local que tenha usado essa prática e possa servir como uma referência "logo ali na sala ao lado" para perguntas e discussões informais (HENDERSON; DANCY, 2007). Com a sua experiência de ensino com a aprendizagem invertida, você pode ser a "pessoa na sala ao lado" que pode dar apoio aos outros.

Em um nível mais amplo, as palestras que compartilham experiências e resultados podem servir à comunidade mais ampla de ensino superior quando a aprendizagem invertida se estabelece. Estas não são no nível de um estudo de SoTL revisado por pares, mas têm uma natureza mais explanatória. Elas não têm o mesmo tipo de rigor que um estudo de SoTL, mas são valiosas à sua maneira apresentando perspectivas e uma oportunidade para outras pessoas verem a aprendizagem invertida exemplificada na vida real, com alunos reais e um professor real. Muitas conferências por campos de estudo têm sessões de apresentação não só para pesquisa do tipo "descoberta", mas também para apresentações de ensino, e estas se encaixam perfeitamente nesses espaços. Muitas vezes, uma palestra bem apresentada sobre a aprendizagem invertida pode resultar em um convite para visitar outro *campus* para dar um *workshop* ou uma palestra mais longa para o corpo docente dessa instituição. Dessa forma, ao ser dada uma simples palestra, o resultado pode ser uma reação em cadeia de serviço que indiretamente beneficie centenas ou mesmo milhares de estudantes.

EM RESUMO

Já que os primeiros capítulos deste livro apresentaram a teoria e a filosofia da aprendizagem invertida e depois os aspectos essenciais da sua prática, neste capítulo, procuramos mostrar que a aprendizagem invertida não é um experimento maluco, mas uma forma legítima e mesmo normativa de *design* de disciplina e instrução com a qual você pode conviver satisfeito todos os dias da sua carreira. Como qualquer coisa nova, isso não acontece sem ônus ou riscos. No entanto, tanto o ônus quanto os riscos são administráveis, e os benefícios potenciais para você e seus alunos são grandes. A prática da aprendizagem invertida não só tem o potencial de tornar o ensino mais efetivo e divertido, mas também leva, naturalmente, a meios de produtividade em pesquisa e extensão que podem beneficiar sua carreira de maneiras que a simples manutenção da situação existente não faria.

Em suma, a aprendizagem invertida é uma prática duradoura, a qual pode se tornar uma parte da sua carreira e fornecer uma base para a satisfação e produtividade para os próximos anos. Vale a pena usá-la e aprimorá-la.

APÊNDICE
Glossário de técnicas e ferramentas

Ao longo deste livro, abordamos não só conceitos gerais para experiências bem-sucedidas de aprendizagem invertida, mas também técnicas de ensino e ferramentas específicas para que isso aconteça. Algumas delas podem ser muito familiares, outras nem tanto. Neste Apêndice, listamos muitas das ferramentas e técnicas mencionadas durante este livro, em ordem alfabética, junto com três informações sobre cada uma: *o que é* descreve a ferramenta ou técnica; *para que serve* apresenta seus usos potenciais para a aprendizagem do aluno em um ambiente de aprendizagem invertida; e *para saber mais* traz *links* para mais informações.*

APRENDIZAGEM EM GRUPO LIDERADA POR PARES (PLTL)

- *O que é:* a PLTL é um método instrucional que substitui todas ou parte das sessões expositivas convencionais por *workshops* semanais em pequenos grupos que são liderados por alunos da turma. Esses líderes são recrutados pelos professores entre os alunos que se saíram bem na disciplina em semestres anteriores. Os professores se reúnem regularmente com os líderes dos pares para prepará-los para os *workshops* e ajudá-los a desenvolver suas competências de liderança e comunicação. Os alunos que trabalham em pequenos *workshops* liderados por pares influenciam um contexto social

---

* N. de E. Nem todas as ferramentas citadas têm versões em português ou estão disponíveis no Brasil, mas foram mantidas conforme o original, em inglês.

para auxiliá-los a aprender e desenvolver relações entre eles e com o líder dos pares, o que torna o ambiente de aprendizagem mais produtivo.
- *Para que serve:* a maioria das implementações da PLTL pressupõe que está sendo realizado trabalho significativo fora do contexto do espaço grupal, como o dever de casa *on-line.* Em um ambiente de aprendizagem invertida, o espaço individual pode ser usado para isso e também para atividades de Prática Guiada que preparam os alunos para os *workshops,* os quais constituem todo ou parte do espaço grupal do curso, e esse tempo pode ser despendido em sessões de solução de problemas com um pequeno número de alunos aplicando os conceitos básicos aprendidos na Prática Guiada. O espaço grupal também pode ser misto, por exemplo, com um encontro em grande grupo por semana e um em pequenos grupos por semana, para permitir que ocorram diferentes tipos de atividade cognitiva de nível superior.
- *Para saber mais:* visite o *website* do Center for Peer-Led Team Learning em https://sites.google.com/site/quickpltl/.

FORMULÁRIOS GOOGLE

- *O que é:* os Formulários Google são formulários *on-line* integrados ao *office suíte* do Google Drive. Qualquer usuário com uma conta no Google também tem uma conta no Google Drive; muitos deles estão familiarizados com o Google Documents e, no mesmo local onde estes são criados e armazenados, um Formulário Google também pode ser criado e implantado. Os Formulários Google oferecem uma interface simples para construir formulários interativos que contêm uma variedade de tipos de perguntas (múltipla escolha, resposta curta ou longa, menus suspensos, etc.) com algumas características avançadas, como a verificação dos dados. Também há um sistema robusto de *script,* o qual permite que os usuários escrevam extensões dos seus formulários usando uma variante da linguagem JavaScript. Depois de escrito, o Formulário Google pode ser distribuído para outras pessoas, pelo compartilhamento de um *link.* Quando um usuário preenche um Formulário Google, os dados podem ser colocados em uma planilha Google e então usados de inúmeras maneiras. Também existem ferramentas de relatórios simples que permitem que os administradores vejam as respostas com uma rápida passada de olhos. O Google recentemente adicionou a possibilidade de indicar as respostas corretas e adicionar valores em pontos a certos tipos de perguntas, possibilitando a pontuação automática dos Formulários Google para que eles possam ser usados como testes rápidos.

- *Para que serve:* os Formulários Google são flexíveis e oferecem um leque de usos potenciais. Em particular, podem ser usados de muitas maneiras em um ambiente de aprendizagem invertida. No Capítulo 6, descrevemos como os Formulários Google são usados para coletar dados da avaliação formativa dos alunos enquanto trabalham nas atividades no espaço individual, o que então pode ser usado para fazer melhorias durante as atividades no espaço grupal. Os Formulários Google também podem ser usados para avaliações informais dos alunos (destacado no Cap. 8) ou para a avaliação formativa em aula.
- *Para saber mais:* acesse a página de suporte do Google para Formulários Google (https://support.google.com/docs/?hl=pt-BR#topic=1382883). Se você tiver uma conta no Google (p. ex., Gmail ou Google Apps, por meio da sua instituição), a melhor maneira de aprender é simplesmente começar a criar um formulário. Dê também uma olhada neste curto tutorial de Alice Keeler: http://alicekeeler.com/2016/03/24/creating-a-google-form.

GITTER

- *O que é:* Gitter é um serviço de *chat* patrocinado pelo GitHub, que é um serviço da *web* para hospedar repositórios de *software* e código de fonte. Sua intenção é oferecer aos desenvolvedores de *software*, que estão trabalhando em aplicativos de *software* cujo código está hospedado no GitHub, a possibilidade de se engajarem em discussões *on-line* entre si. Os usuários que desejam fazer perguntas aos desenvolvedores e uns aos outros também podem usar o serviço. A palavra *Gitter* é um jogo de palavras com *GitHub* e *Twitter*, o que indica o objetivo pretendido do serviço: permitir *chats* em pequenos grupos que consistem de mensagens curtas sobre projetos do GitHub.
- *Para que serve:* as disciplinas que usam códigos de computação podem usar o GitHub para armazenar e compartilhar o código, e o Gitter é uma forma natural de se engajar em discussões fora da aula sobre o trabalho dos alunos, mas também serve como uma plataforma de *chat* útil para qualquer aula. Possui uma interface simples e intuitiva e várias características para disciplinas relacionadas com STEM (em inglês, ciência, tecnologia, engenharia e matemática) que são difíceis de encontrar em outros serviços de *chat*, particularmente blocos de código que destacam a sintaxe e fontes tipográficas matemáticas do LaTeX. Este e outros serviços de *chat* podem ser valiosos em um ambiente de aprendizagem invertida, por oferecer aos alunos e professores uma forma de se engajar em discussões e formulações de perguntas durante as atividades no espaço individual; para disciplinas *on-line*, pode até mesmo ser útil para atividades no espaço grupal, com o uso de *chats* ao

vivo. As contas são gratuitas (com opções de assinatura paga), e os usuários podem entrar com uma conta do GitHub ou Twitter.
- *Para saber mais:* faça sua assinatura em https://gitter.im.

HYPOTHES.IS

- *O que é:* o Hypothes.is é um serviço da *web* que coloca uma camada de anotações sobre um recurso já existente para permitir que os usuários deixem comentários e linhas de discussão sobre qualquer coisa que encontram na *web* e torna esses comentários e discussões visíveis para outros usuários da ferramenta. Isso inclui objetos na *web* que não possuem linhas de comentários, como textos *on-line* das decisões da Suprema Corte e imagens digitalizadas – ou itens nos quais as linhas de comentários existentes não são adequadas para a discussão acadêmica dentro de um grupo privado, como vídeos no YouTube ou notícias. Estes exemplos mostram como ele é usado: https://hypothes.is/examples-of-classroom-use.
- *Para que serve:* o Hypothes.is pode ser usado para grande efeito em um ambiente de aprendizagem invertida, proporcionando um espaço para os alunos discutirem itens da *playlist* dos recursos de aprendizagem em uma tarefa da Prática Guiada, dando espaço aos alunos para a interação e questionamentos e para responder aos exercícios da Prática Guiada orientados para a escrita. Pode, ainda, ser usado em tarefas de leitura atenta feitas durante as atividades no espaço grupal.
- *Para saber mais:* inscreva-se em https://hypothes.is.

ONE-MINUTE PAPER

- *O que é: one-minute paper*, ou apenas *minute paper*, é uma variação sobre a ideia de um *ticket* de saída (veja a seguir) em que os alunos passam um minuto escrevendo uma resposta a um ou mais estímulos, frequentemente no final de uma sessão da aula. As respostas são coletadas (e possivelmente avaliadas de modo superficial) pelo professor e usadas para coletar perguntas, avaliar o conhecimento e fazer planos para a aula seguinte.
- *Para que serve:* em um ambiente de aprendizagem invertida, onde o espaço grupal é usado em tarefas de aprendizagem de ordem superior, os alunos precisam de um meio para focar e resumir seu trabalho do espaço grupal, além de uma forma de fazer perguntas e expressar-se sobre pontos que não estão claros. *Os one-minute papers* atendem a essa necessidade de forma simples.

Em um ambiente de aprendizagem invertida, também, é especialmente importante dar aos alunos tarefas que envolvam metacognição, como a avaliação do seu trabalho em grupo e o planejamento e previsão de como eles irão utilizar seu tempo entre as sessões no espaço grupal, e os *one-minute papers* representam um meio simples de fazer isso, os quais podem ser feitos de fato no papel ou usando um Formulário Google ou um sistema de respostas em sala de aula que permita a inserção de texto.

- *Para saber mais:* muito já foi escrito sobre a implementação e os benefícios dos *tickets* de entrada e saída. Para um ponto de partida, acesse http://provost.tufts.edu/celt/files/MinutePaper.pdf.

PEER INSTRUCTION

- *O que é: peer instruction*, descrita inicialmente no Capítulo 2, é uma técnica instrucional baseada nas discussões dos alunos sobre questões conceituais que tratam de concepções erradas comuns sobre as principais ideias de um assunto. A *peer instruction* envolve aplicações repetidas do ciclo de atividades apresentados a seguir.

  - Os alunos recebem uma miniaula expositiva ou demonstração que apresenta uma ideia essencial de uma aula.
  - Após a miniaula ou demonstração, os alunos recebem uma pergunta que foca em uma concepção errada comum sobre essa ideia essencial, em geral, uma que não envolva trabalho técnico complexo, como cálculo matemático. Ela é projetada em uma tela ou outro modo de transmissão para os alunos, os quais têm um curto período de tempo (em geral apenas um minuto) para refletir sobre a pergunta e formular sua resposta. Então, usam um sistema de resposta em sala de aula para votar na sua resposta.
  - Depois da votação, o professor examina os dados das respostas. Se houver ampla concordância quanto àquela certa (digamos, 80% dos alunos responderam corretamente), o professor para o questionamento, conversa com a turma sobre a resposta e pede alguns comentários adicionais. Então ele segue para a próxima miniaula ou demonstração.
  - Entretanto, se não houver ampla concordância quanto à resposta correta, os alunos são instruídos a formar duplas (possivelmente com instruções explícitas para escolher um colega que tenha respondido de forma diferente). A dupla então recebe um tempo curto (2 a 4 minutos) para, de modo alternado, explicar por que achavam que sua resposta era a correta e para questionar as explicações um do outro e se ajudarem a entender as

concepções erradas. Ao final desse tempo, os alunos votam individualmente na mesma pergunta pela segunda vez.
- Após a segunda rodada de votação, o professor mais uma vez examina os dados das respostas. Se houver uma ampla concordância quanto à resposta correta (como em geral é o caso depois que acontece a *peer instruction*), ela será discutida e comentários adicionais são colhidos. Caso contrário, o professor pode prosseguir com uma terceira rodada de votação ou transformar a pergunta em uma discussão com toda a turma.

Uma sessão típica de aula com *peer instruction* de 50 minutos seria focada em torno desse ciclo, aplicada a 2 a 4 ideias essenciais para o dia.
- *Para que serve:* como discutimos no Capítulo 2, a *peer instruction* é considerada uma das primeiras implementações de um ambiente de aprendizagem invertida e continua sendo um meio de usar a aprendizagem invertida que é excelente e testado por pesquisas e funciona especialmente bem com turmas grandes. (Eric Mazur, o inventor da *peer instruction*, a desenvolveu especificamente para trabalhar com sessões de aulas expositivas de física para 200 a 300 alunos.) Os alunos podem receber uma atividade de Prática Guiada para que possam se preparar nas ideias básicas de uma aula; assim, durante o tempo em aula, essas ideias não precisam de muita atenção e, em vez disso, a ênfase pode ser dada diretamente a perguntas de *peer instruction* sobre os objetivos de aprendizagem avançados.
- *Para saber mais:* a fonte primária para todas as coisas sobre a *peer instruction* – incluindo um relato completo das origens da *peer instruction*, a teoria por trás do seu uso e exemplos de perguntas e atividades em sala de aula – é o livro de Eric Mazur (1997), *Peer instruction: a user's manual.** Um vídeo popular que apresenta as origens e a teoria da *peer instruction* é a palestra principal de Mazur "Confessions of a Converted Lecturer", que aparece de várias formas na internet. A versão com maior número de visualizações é a proferida na University of Maryland-Baltimore County (https://www.youtube.com/watch?v=WwslBPj8GgI). Não deixe de ver a sessão de perguntas e respostas no final.

PERUSALL

- *O que é:* como o Hypothes.is, Perusall é um recurso na *web* em que os usuários se engajam em *anotação social*. No caso do Perusall, o professor transfere

---

* N. de E. *Peer instruction*: a revolução da aprendizagem ativa, publicado pela Penso Editora em 2016.

um texto em PDF para a anotação e o indica para os alunos, os quais fazem perguntas, comentam as perguntas e os comentários uns dos outros e se engajam em uma discussão do texto em um ambiente completamente *on-line*. O Perusall tem um sistema exclusivo que avalia automaticamente as respostas dos alunos com base na qualidade e pontualidade e um "relatório da confusão" (gerado para o professor), que apresenta um retrato instantâneo das ideias do texto que geraram o maior número de perguntas. Um dos desenvolvedores do Perusall é Eric Mazur, da Harvard University, o inventor da *peer instruction* (ver seção anterior e o Cap. 2); o Perusall é a versão moderna *on-line* do sistema de anotação em livros-texto que ele deu aos alunos de física para uso ao fazerem suas tarefas pré-aula.

- *Para que serve:* como com as aulas de física de Mazur, o Perusall pode ser usado como uma forma de os alunos realizarem as tarefas da Prática Guiada que estão baseadas em leituras de textos em vez de (ou além de) vídeos. Os estudantes podem receber como tarefa seções do texto para ler e responder a esse texto no Perusall. As anotações são coletadas e avaliadas pelo sistema. Vários editores importantes de livros-texto já integram seus textos ao Perusall para facilitar esse processo.
- *Para saber mais:* inscreva-se gratuitamente em http://perusall.com.

PLICKERS

- *O que é:* os *plickers* são uma forma de sistema de resposta em sala de aula de baixa tecnologia que é o inverso de um *clicker*. Com um *clicker* típico, os alunos recebem itens aos quais devem responder pressionando um botão em um dispositivo e então votam. Com um *plicker*, os alunos não precisam de um dispositivo. Em vez disso, eles têm folhas de papel impressas ou cartões plastificados especiais (que podem ser adquiridos no *website* do *Plicker*) que contêm códigos digitalizáveis (p. ex., cinco páginas, cada uma tendo um código para uma das letras de *A* até *E*). É apresentado aos alunos o item ao qual devem responder, e então eles seguram a folha com a sua resposta. O professor usa um aplicativo que transforma a câmera do seu *smartphone* ou *tablet* em um leitor e simplesmente passa com a câmera pela sala de aula e o aplicativo lê os códigos que estão nas folhas e registra os resultados da votação. Dessa maneira, em vez de os alunos usarem um dispositivo para votar, é necessário apenas um dispositivo eletrônico, ou seja, o telefone ou o *tablet* do professor.
- *Para que serve:* assim como os sistemas de resposta em sala de aula, os *plickers* podem ser usados para votação em sala de aula, que pode então ser

usada para motivar a discussão em grupo sobre conceitos avançados. Essa seria uma atividade apropriada para um ambiente de aprendizagem invertida em que os alunos preliminarmente já fizeram leituras ou assistiram a vídeos sobre conceitos básicos, seja no início de uma aula, como teste de entrada, ou durante a aula, para discussões. Os *plickers* podem ser especialmente atraentes para escolas nas quais o acesso dos alunos à tecnologia é um problema.
- *Para saber mais:* o aplicativo associado para iOS e Android é gratuito e está disponível na App Store e Google Play, respectivamente. Acesse https://plickers.com.

PRÁTICA GUIADA

- *O que é:* a Prática Guiada, destacada no Capítulo 6, é uma abordagem de trabalho no espaço individual em um ambiente de aprendizagem invertida que fornece estrutura para as experiências de aprendizagem enquanto os alunos estão se preparando para o espaço grupal. Uma tarefa de Prática Guiada consiste das seguintes partes: (a) uma visão geral e introdução à aula a seguir; (b) duas listas de objetivos de aprendizagem para a aula, uma "básica" (a ser aprendida antes das atividades no espaço grupal) e a outra "avançada" (a ser aprendida durante e depois das atividades no espaço grupal); (c) uma *playlist* dos recursos de aprendizagem, extraídos de uma variedade de mídias, incluindo impressa, texto *on-line*, vídeo, áudio, *games* e simulações; (d) uma lista de exercícios para os alunos fazerem que exemplificam os objetivos de aprendizagem básicos; e (e) um sistema de entrega das respostas, por exemplo, por meio de um Formulário Google, junto com instruções e prazos para isso.
- *Para que serve:* o propósito da Prática Guiada é orientar a prática dos alunos enquanto entram em contato com novos conceitos pela primeira vez. Essa é uma maneira de fornecer estrutura para que os alunos possam compreender os conceitos de forma independente, e a estrutura serve como um tipo de indicador para o professor quando os alunos trabalham no espaço individual.
- *Para saber mais:* revise o Capítulo 6, no qual é discutida em detalhes.

PROCESSO DE APRENDIZAGEM ORIENTADO POR INQUÉRITO GUIADO (POGIL)

- *O que é:* o POGIL é um método instrucional que engaja os alunos em atividades de *inquérito guiado* que enfatiza a aprendizagem de processos e conteúdo simultaneamente por meio de atividades estruturadas feitas em pequenos grupos estruturados e autogerenciados. Os cursos POGIL focam não só nos objetivos do conteúdo, mas também nas *competências do processo*, como o trabalho em equipe, a comunicação oral e escrita, o gerenciamento, o pensamento crítico e a avaliação. Em uma sessão de aula com POGIL, os alunos trabalham em pequenos grupos (com frequência grupos de quatro, com papéis específicos, como gerente, registrador, porta-voz e analista de estratégia) em atividades que os conduzem pelo processo de inquérito de um conceito. Tanto a estrutura das atividades (começando pelas tarefas de informações básicas por meio de perguntas para pensamento crítico) quanto a dos grupos (com cada membro se mantendo no seu papel especificamente atribuído) desempenham um papel no processo de instrução, com o professor servindo como um guia e treinador.

- *Para que serve:* como o POGIL está baseado no trabalho em grupo dos alunos em tarefas por inquérito guiado que variam de simples a avançadas, ter tempo suficiente para completá-las é essencial e frequentemente problemático. Em um ambiente de aprendizagem invertida, os alunos podem aprender as ideias básicas e talvez até mesmo realizar parte da atividade de inquérito antes da reunião no espaço grupal, liberando tempo substancial para o restante da atividade.
- *Para saber mais:* visite o *website* do POGIL em https://pogil.org.

SISTEMAS DE RESPOSTA EM SALA DE AULA (*CLICKERS*)

- *O que é:* os sistemas de resposta em sala de aula, mais comumente chamados de *clickers*, referem-se a uma variedade de ferramentas tecnológicas que permitem que os alunos respondam às perguntas do professor por meio de voto. Originalmente, os *clickers* eram pequenos aparelhos portáteis com um teclado. Quando um dos botões era pressionado, o *clicker* produzia sinais de rádio que transmitiam informação sobre qual botão foi pressionado. Em outras palavras, o aparelho permitia que os alunos votassem na forma de um número, de 0 a 9. Esses sinais são recebidos por um receptor especial que registra os votos e produz os resultados. Em geral, os estudantes têm os *clickers*, e o professor, o receptor. Hoje em dia, os dispositivos físicos *clicker* ainda são usados, mas as versões em *software* são cada vez mais prevalentes. São aplicativos com base na *web* que possibilitam que os alunos votem usando um navegador em um *smartphone*, *tablet* ou computador. Entre a vantagens dos sistemas com base em *software* estão a possibilidade de usar o sistema em dispositivos que os alunos já possuem e a capacidade de fazer outros tipos de perguntas além da múltipla escolha. Por exemplo, a maioria dos sistemas desse tipo descritos neste Apêndice permite não só perguntas

de múltipla escolha, mas também de *múltipla seleção* (selecionar todas as respostas que satisfazem um critério), bem como as que envolvem a digitação de texto e aquelas cujas respostas envolvem gráficos.
- *Para que serve*: os sistemas de resposta em sala de aula são em geral usados para trabalho em aula e se prestam bem para atividades no espaço grupal em um ambiente de aprendizagem invertida, em especial em turmas grandes. Por exemplo, durante o espaço grupal (depois que os alunos aprenderam os aspectos básicos de novos conceitos durante suas sessões no espaço individual), um professor pode estruturar uma discussão em grupo apresentando perguntas conceituais difíceis para os alunos votarem usando os *clickers*. O processo de votação possibilita que cada estudante tenha voz (em vez de apenas aqueles que erguem a mão ou contribuem de outra forma para a aula), o *software* do sistema faz a coleta e visualização dos votos dos alunos, e os resultados dos votos podem ser usados para estimular as discussões em grupo ou outra aprendizagem ativa. Em particular, a *peer instruction*, mencionada no Capítulo 2 e descrita mais adiante, é um uso bem estabelecido dos sistemas de resposta em sala de aula em um ambiente de aprendizagem invertida, com resultados comprovados. A votação em sala de aula também é uma forma efetiva de reunir dados de avaliação durante os primeiros minutos de aula sobre o trabalho dos alunos nas tarefas pré-aula e promove a responsabilidade de realizá-las.
- *Para saber mais*: o recurso mais abrangente no uso dos sistemas de resposta em sala de aula é *Teaching with classroom response systems: creating active learning environments*, de Derek Bruff (2009), que contém uma ampla variedade de casos de utilização em muitas e diferentes disciplinas e situações instrucionais. A seguir, apresentamos *links* para alguns dos principais fabricantes e desenvolvedores:

  - dispositivos físicos *clicker*: Turning Point (www.turningtechnologies.com), iClicker (www.iclicker.com);
  - sistemas com base em *software*: Learning Catalytics (https://learning-catalytics.com), PollEverywhere (http://polleverywhere.com), Top Hat (https://tophat.com).

SLACK

- *O que é*: o Slack é uma ferramenta de *software* para colaboração em equipe elaborada por desenvolvedores de *software* como parte do projeto de desenvolvimento de um *videogame*. Os desenvolvedores queriam usar Internet Relay Chat (IRC) para discussão e colaboração entre os membros dos times, mas a falta de uma interface gráfica os levou a desenvolver algo relacionado, porém, mais fácil para o usuário. No Slack, os usuários podem interagir por meio de uma interface de *chat* nos *canais* dedicados a tópicos específicos ou por meio de mensagens diretas entre pequenos grupos de usuários. O Slack se integra com muitos serviços na *web* já existentes, tais como o Google Documents e GitHub (mencionados anteriormente), para criar um ambiente de troca de mensagens rico em aplicativos que evita as mensagens de texto e os *e-mails*. Ele ainda é usado principalmente por empresas de *software*, mas está encontrando seu espaço em casos com outros usos, particularmente em educação.

- *Para que serve:* o Slack pode ser usado em educação como uma alternativa para serviços de *chat* como o Gitter ou os fóruns de discussão tradicionais. A interface semelhante ao *chat* do Slack tende a ser mais conversacional do que um fórum de discussão tradicional e promove uma sensação de interação mais livre entre os usuários. Em um ambiente de aprendizagem invertida, o Slack pode ser usado durante as sessões no espaço individual dos alunos (p. ex., durante o trabalho em Prática Guiada) como um meio para fazer perguntas e se engajar em discussões das atividades de aprendizagem pré-aula. As muitas integrações com terceiros disponíveis para o Slack também fazem dele uma forma útil de compartilhar documentos, calendário de atividades e até mesmo imagens GIF animadas.
- *Para saber mais:* crie uma conta (http://slack.com) e procure um grupo no Slack para se associar em www.slacklist.info ou crie seu próprio grupo. Em particular, um grupo no Slack especificamente para educadores pode ser encontrado em http://slackedu.slack.com.

SURVEYMONKEY

- *O que é:* o SurveyMonkey é um serviço *on-line* de criação de pesquisas e administração de serviço. Os usuários podem criar pesquisas e questionários com diferentes tipos de perguntas, transmiti-los aos respondentes e coletar os dados para uso posterior.
- *Para que serve:* em um ambiente de aprendizagem invertida, o SurveyMonkey pode ser usado no lugar dos Formulários Google para a coleta de dados de avaliação formativa sobre o trabalho dos alunos em suas sessões no espaço individual e no trabalho da Prática Guiada. Também pode ser usado para *tickets* de entrada e saída e para a realização de avaliações informais da disciplina, conforme discutido no Capítulo 8.
- *Para saber mais:* crie uma conta em www.surveymonkey.com.

THINK-PAIR-SHARE/THINK-PAIR-SHARE-SQUARE

- *O que é:* o *Think-pair-share* se refere a um exercício de aprendizagem no qual os alunos recebem uma pergunta ou algum outro item para refletir. Eles devem pensar a respeito por um determinado (curto) período de tempo e, a seguir, formar *pares* e *compartilhar* o que estavam pensando em uma discussão em pequenos grupos. Na variação, *Think-pair-share-square,* há uma fase adicional, em que os pares gradualmente formam grupos de quatro pessoas (i.e., *square* – quadrado, em português) e se alternam compartilhando suas ideias com o outro par.
- *Para que serve:* é uma técnica para provocar uma discussão efetiva em pequenos grupos em uma situação no espaço grupal. Pode ser usado no início do espaço grupal em um ambiente de aprendizagem invertida, por exemplo, para auxiliar os alunos a solidificar e expressar o que aprenderam durante o espaço individual ou no trabalho pré-aula, fazer perguntas uns aos outros e colaborar uns com os outros.
- *Para saber mais:* o *think-pair-share* é uma técnica de ensino que existe há muitos anos e é usada por um vasto número de professores. Para os iniciantes, recomendamos ler: www.readwritethink.org/professional-development/strategy-guides/using-think-pair-share-30626.html.

TICKETS DE ENTRADA/SAÍDA

- *O que é:* os *tickets* de entrada são atividades curtas para os alunos fazerem ao chegarem a uma sessão no espaço grupal (p. ex., encontro da turma), em que são apresentados a um ou mais estímulos e então devem responder a eles. As respostas dão aos professores uma pequena dose de avaliação formativa sobre o conhecimento dos estudantes no início da aula. Por exemplo, os alunos podem receber o seguinte estímulo: *com base nas leituras e vídeos para hoje, quais são as três principais ideias desta aula?* ou *qual a pergunta específica que você tem sobre a aula de hoje?.* Os professores então coletam as respostas como tickets *de entrada* para registrar a presença do aluno em aula. Sua contrapartida, os tickets *de saída,* cumpre o mesmo propósito, mas ocorrem no final da aula e podem conter estímulos apropriados, como os seguintes: *qual foi a ideia menos clara na aula de hoje?* (esse estímulo especificamente é às vezes chamado de *pergunta sobre o ponto mais turvo*).
- *Para que serve:* os *tickets* de entrada e saída oferecem benefícios durante toda a disciplina em relação aos paradigmas do *design*, métodos instrucionais e níveis de tecnologia. Em um ambiente de aprendizagem invertida,

especificamente, os *tickets* de entrada podem ser uma forma de chamar a atenção dos alunos para a sua compreensão das atividades de aprendizagem feitas durante a Prática Guiada e podem proporcionar uma dose de responsabilidade para que realizem essas tarefas. A utilização de tecnologias como Formulários Google (discutido mais adiante) ou sistemas de resposta em sala de aula que permitem a digitação de texto permite que os *tickets* de entrada sejam até designados para serem completados antes da aula. Os *tickets* de saída podem ser usados depois da atividade no espaço grupal para permitir aos alunos a oportunidade de resumir a atividade do dia e se engajar em atividades metacognitivas, como a avaliação do seu trabalho e o planejamento e previsão para o espaço pós-grupo.

- *Para saber mais:* muito já foi escrito sobre a implementação e os benefícios dos *tickets* de entrada e saída. Como ponto de partida, experimente este *web-site*: www.theteachertoolkit.com/index.php/tool/entry-ticket.

VOICETHREAD

- *O que é:* o VoiceThread é um serviço na *web* que permite que os usuários compartilhem apresentações de *slides* que envolvam documentos, imagens e multimídia, sendo sua característica principal que os outros podem deixar comentários de voz nos itens que são postados.
- *Para que serve:* em um ambiente de aprendizagem invertida, o VoiceThread pode ser usado como uma plataforma para uma tarefa de Prática Guiada (ou como uma ou mais das atividades de aprendizagem em uma tarefa como essa) e os alunos podem participar da tarefa deixando comentários de voz. Esses comentários podem ser a principal fonte de avaliação da atividade no espaço individual ou podem estar disponíveis como um meio de fazer perguntas de forma semelhante a como o Hypothes.is e o Perusall são usados com itens de texto e a como os serviços de *chat* são utilizados para a interação e questionamento.
- *Para saber mais:* crie uma conta (https://voicethread.com) ou leia esta página na *web* sobre a utilização do VoiceThread em educação: https://goo.gl/fN9Pzn.

WEBEX

- *O que é:* o WebEx é uma plataforma para reuniões grupais *on-line* que combina documentos, *chat* por texto e por áudio/vídeo. É com frequência usado em negócios para realizar reuniões com equipes espalhadas geograficamente ou para conduzir seminários *on-line*. Ele é muito rico em características, incluindo a capacidade de colaborar usando um quadro branco interativo e ter sessões *breakout* com pequenas reuniões de subgrupos em salas *on-line* enquanto continua a reunião principal.

- *Para que serve:* embora o público principal do WebEx seja a comunidade empresarial, as características do WebEx se prestam muito bem para disciplinas *on-line* e híbridas e para ambientes de aprendizagem invertida. Por exemplo, durante o tempo no espaço individual (entre as aulas), o horário de expediente ou as sessões de trabalho em pequenos grupos podem ser realizados usando o WebEx.
- *Para saber mais:* acesse www.webex.com (observe que este não é um serviço gratuito).

Referências

ABEYSEKERA, L.; DAWSON, F. Motivation and cognitive load in the flipped classroom: definition, rationale and a call for research. *Higher Education Research and Development*, v. 34, n. 1, p. 1-14, 2015.

ALLEN, I. E.; SEAMAN, J. *Learning on demand*: online education in the United States, 2009. Newburyport: Sloan Consortium, 2010.

ANDERSON, L. W.; KRATHWOHL, D. R. A taxonomy for learning, teaching, and assessing: a revision of Bloom's taxonomy of educational objectives. *Theory Into Practice*, v. 41, n. 4, p. 12-218, 2001.

ANDERSON, L. W.; KRATHWOHL, D. R.; BLOOM, B. S. *A taxonomy for learning, teaching, and assessing*: a revision of Bloom's taxonomy of educational objectives. New York: Allyn & Bacon, 2001.

BAIN, K. *What the best college teachers do*. Cambridge: Harvard University, 2011.

BAKER, J. W. The 'classroom flip': using web course management tools to become the guide by the side. *In*: CHAMBERS, J. A. (Ed.). *Selected papers from the 11th International Conference on College Teaching and Learning*. Jacksonville: Florida Community College at Jacksonville, 2000, p. 9-17.

BAKER, J. W. *The origins of 'the classroom flip*. 2015. (Manuscrito não publicado).

BARANES, R.; PERRY, M.; STIGLER, J. W. Activation of realworld knowledge in the solution of word problems. *Cognition and Instruction*, v. 6, n. 4, p. 287-318, 1989.

BARBA, L. *Practical numerical methods with python*. 2014. Disponível em: <http://openedx.seas.gwu.edu/courses/GW/MAE6286/2014_fall/about>. Acesso em: 16 jul. 2018.

BARBA, L. *Why my MOOC is not built on video*. 2015. Disponível em: <https://www.classcentral.com/report/why-my-mooc-is-not-built-on-video/>. Acesso em: 16 jul. 2018.

BASS, R. The scholarship of teaching: what's the problem invention. *Creative Thinking About Learning and Teaching*, v. 1, n. 1, p. 1-10, 1999.

BAUMERT, J. *et al*. Teachers' mathematical knowledge, cognitive activation in the classroom, and student progress. *American Educational Research Journal*, v. 47, n. 1, p. 133-180, 2010.

BERGMANN, J. *The flipped classroom is born*. 2011a. Disponível em: <https://youtu.be/vy9vR7Y-Tak>. Acesso em: 16 jul. 2018.

BERGMANN, J. *The history of the flipped class*. 2011b. Disponível em: <http://jonbergmann.com/the-history-of-the-flipped-class/>. Acesso em: 16 jul. 2018.

BERGMANN, J.; SAMS, A. *Flip your classroom*: reach every student in every class every day. Eugene: International Society for Technology in Education, 2012.

BISHOP, J. L.; VERLEGER. M. The flipped classroom: a survey of the research. *In*: AMERICAN SOCIETY FOR ENGINEERING EDUCATION. *Proceedings of the Annual Conference of the American Society for Engineering Education*: ASEE, 2013, p. 161-163.

BJORK, R. A. Retrieval as a memory modifier: an interpretation of negative recency and related phenomena. *In*: SOLSO, R. L. (Ed.). *Information processing and cognition*: The Loyola Symposium. New York: Lawrence, 1975, p. 123-144.

BLOOM, B. S.; KRATHWOHL, D.; MASIA, B. *Taxonomy of educational objectives*: cognitive domain. New York: McKay, 1956. (v. 1)

BOELKINS, M.; AUSTIN, D.; SCHLICKER, S. *Active calculus*. 2014. Disponível em: <http://scholarworks.gvsu.edu/books/10/>. Acesso em: 18 jul. 2018.

BOYER, E. *Scholarship reconsidered*: priorities of the professoriate. Princeton: Carnegie Foundation for the Advancement of Teaching, 1990.

BRANSFORD, J. D.; SCHWARTZ. D. L. Rethinking transfer: a simple proposal with multiple Implications. *Review of Research in Education*, v. 24, n. 1, p. 61-100, 1999.

BRIGGS, K. C.; MYERS, I. B. *The myers-briggs type indicator*. Palo Alto: Consulting Psychologists, 1977.

BRISTOL, T. Flipping the classroom. *Teaching and Learning in Nursing*, v. 9, n. 1, p. 43-46, 2014.

BRUFF, D. *Teaching with classroom response systems*: creating active learning environments. New York: John Wiley & Sons, 2009.

CHAIKLIN, S. The zone of proximal development in Vygotsky's analysis of learning and instruction. *In*: KOZULIN, A. et al (eds.). *Vygotsky's educational theory in cultural context*. Cambridge: Cambridge University, 2003, p. 39-64.

CHARKINS, R. J.; O'TOOLE, D. M.; WETZEL, J. N. Linking teacher and student learning styles with student achievement and attitudes. *The Journal of Economic Education*, v. 16, n. 2, p. 111-120, 1985.

CHESHIRE, T.; LECKHART, S. *University just got flipped*: how online video is opening up knowledge to the world. 2012. Disponível em: <http://www.wired.co.uk/magazine/archive/2012/05/features/university-just-got-fl ipped>. Acesso em: 18 jul. 2018.

CHICK, N. *A scholarly approach to teaching*. 2018. Disponível em: <https://my.vanderbilt.edu/sotl/understanding-sotl/a-scholarly-approach-to-teaching/>. Acesso em: 18 jul. 2018.

CLARK, R. E. When teaching kills learning: research on mathemathantics. *In*: CORTE, E. (Ed.). *Learning and instruction*: european research in an international context. London: Pergamon, 1989, p. 1-22.

CORNELL UNIVERSITY CENTER FOR TEACHING EXCELLENCE. *Online discussions*. 2018. Disponível em: <https://www.cte.cornell.edu/teaching-ideas/teaching-with-technology/online-discussions.html>. Acesso em: 18 jul. 2018.

CRITZ, C. M.; KNIGHT, D. Using the flipped classroom in graduate nursing education. *Nurse Educator*, v. 38, n. 5, p. 210-213, 2013.

CROUCH, C. H.; MAZUR, E. Peer instruction: ten years of experience and results. *American Journal of Physics*, v. 69, n. 9, p. 970-977, 2001.

DAVIDSON, C. *What was the first MOOC?* 2013. Disponível em: <https://www.hastac.org/blogs/cathy-davidson/2013/09/27/what-was-first-mooc>. Acesso em: 20 jul. 2018.

DECI, E.; RYAN, R. *Intrinsic motivation and self-determination in human behavior*. New York: Pantheon, 1985.

EAGER, E. A.; PEIRCE, J; BARLOW, P. Math bio or biomath? Flipping the mathematical biology classroom. *Letters in Biomathematics*, v. 1, n. 2, p. 139-155, 2014.

EBERLY CENTER FOR TEACHING EXCELLENCE. *The educational value of courselevel learning objectives/outcomes*. 2003. Disponível em: <https://www.cmu.edu/teaching/resources/Teaching/CourseDesign/Objectives/CourseLearningObjectivesValue.pdf>. Acesso em: 20 jul. 2018.

ENGELMANN, S. *Direct instruction*. Englewood Cliffs: Educational Technology, 1980. (Instructional Design Library, 22).

ERNST, D. *Setting the stage*. 2015. Disponível em: < http://danaernst.com/setting-the-stage/>. Acesso em: 20 jul. 2018.

FERNANDEZ, V.; SIMO, P.; SALLAN, J. M. Podcasting: a new technological tool to facilitate good practice in higher education. *Computers and Education*, v. 53, n. 2, p. 385-392, 2009.

FINK, L. D. *A self-directed guide to designing courses for significant learning*. 2003. Disponível em: <https://www.deefinkandassociates.com/GuidetoCourseDesignAug05.pdf>. Acesso em: 20 jul. 2018.

FINK, L. D. *Creating significant learning experiences*: an integrated approach to designing college courses. New York: John Wiley & Sons, 2013.

FISHER, D.; FREY, N. *Better learning through structured teaching*: a framework for the gradual release of responsibility. Alexandria: ASCD, 2013.

FLIPPED LEARNING NETWORK. *Definition of flipped learning*. 2014. Disponível em: <http://flippedlearning.org/definition-of-flipped-learning/>. Acesso em: 20 jul. 2018.

FREEMAN, S. et al. Active learning increases student performance in science, engineering, and mathematics. *Proceedings of the National Academy of Sciences*, v. 111, n. 23, p. 8410-8415, 2014.

GANNOD, G. C.; BURGE, J. E.; HELMICK, M. T. Using the inverted classroom to teach software engineering. *In*: ACM DIGITAL LIBRARY. *Proceedings of the 30th International Conference on Software Engineering ICSE 08*. New York: ACM Digital Library, 2008. p. 777-786.

GANTER, S.; BARKER, W. (Eds). *The curriculum foundation project, voices of the partner disciplines*: a collection of MAA Committee Reports. Washington: Mathematical Association of America, 2004.

GINDER, S.; STEARNS, C. *Enrollment in distance education courses, by state*: fall 2012. Washington: National Center for Education Statistics, 2012. Disponível em: <http://nces.ed.gov/pubs2014/2014023.pdf>. Acesso em: 20 jul. 2018.

GREIMEL-FUHRMANN, B.; GEYER, A. Students' evaluation of teachers and instructional quality—analysis of relevant factors based on empirical evaluation research. *Assessment & Evaluation in Higher Education*, v. 28, n. 3, p. 229-238, 2003.

GROOT, A. Perception and memory versus thought: some old ideas and recent findings. *In*: KLEINMUTZ, B. (Ed.). *Problem solving*: research, method and theory. New York: John Wiley & Sons, 1965, p. 19-51.

HAKE, R. R. Interactive-engagement versus traditional methods: a six-thousand-student survey of mechanics test data for introductory physics courses. *American Journal of Physics*, v. 66, n. 1, p. 64-74, 1998.

HALLOUN, I. A.; HESTENES, D. Modeling instruction in mechanics. *American Journal of Physics*, v. 55, n. 5, p. 455-462, 1987.

HALLOUN, I. A.; HESTENES, D. The initial knowledge state of college physics students. *American Journal of Physics*, v. 53, n. 11, p. 1043-1048, 1985.

HENDERSON, C.; DANCY, M. H. Barriers to the use of researchbased instructional strategies: the influence of both Individual and situational characteristics. *Physical Review Special Topics—Physics Education Research*, v. 3, n. 2, p. 1-14, 2007.

HERREID, C. F.; SCHILLER, N. A. Case studies and the flipped classroom. *Journal of College Science Teaching*, v. 42, n. 5, p. 62-66, 2013.

HESTENES, D.; WELLS, M.; SWACKHAMER, G. Force concept inventory. *The Physics Teacher*, v. 30, n. 3, p. 141-158, 1992.

HUNTLEY, B.; ENGELBRECHT, J.; HARDING, A. Can multiple choice questions be successfully used as an assessment format in undergraduate mathematics? *Pythagoras*, n. 69, p. 3-16, 2011.

HUTCHINGS, P. (ed.). *Opening lines*: approaches to the scholarship of teaching and learning. Menlo Park: Carnegie, 2000.

KALYUGA, S. et al. The expertise reversal effect. *Educational Psychologist*, v. 38, n. 1, p. 23-31, 2003.

KARPICKE, J.; BLUNT, J. Retrieval practice produces more learning than elaborative studying with concept mapping. *Science*, v. 331, n. 6018, p. 772-775, 2011.

KAY, R. H. Exploring the use of video podcasts in education: a comprehensive review of the literature. *Computers in Human Behavior*, v. 28, n. 3, p. 820-831, 2012.

KOGAN, M.; LAURSEN, S. L. Assessing long-term effects of inquiry-based learning: a case study from college mathematics. *Innovative Higher Education*, v. 39, n. 3, p. 183-199, 2014.

KOLB, D. A. Learning styles and disciplinary differences. *In:* CHICKERING, A. W. et al. *The modern american college*. San Francisco: Jossey Bass, 1981. p. 232-255.

KOLLER, D. Probabilistic graphical models. 2018. Disponível em: <https://www.coursera.org/course/pgm>. Acesso em: 22 jul. 2018.

KOTHIYAL, A. *et al*. Effect of think-pair-share in a large cs1 class: 83% sustained engagement. *In:* CLEAR, A.; SANDERS, K.; SIMON, B. *Proceedings of the Ninth Annual International ACM Conference on International Computing Education Research*. New York: ACM Digital Library, 2013, p. 137-144.

LAGE, M. J.; PLATT, G. J.; TREGLIA, M. Inverting the classroom: a gateway to creating an inclusive learning environment. *The Journal of Economic Education*, v. 31, n. 1, p. 30-43, 2000.

LANG, J. *Small changes in teaching*: the first 5 minutes of class. Disponível em: <https://chroniclevitae.com/news/1264-small-changes-in-teaching-the-fi rst-5-minutesof-class>. Acesso em: 22 jul. 2018.

LASATER, K. Clinical judgment development: using simulation to create an assessment rubric. *Journal of Nursing Education*, v. 46, n. 11, p. 496-503, 2007.

LAURSEN, S. L. *et al*. Benefits for women and men of inquiry-based learning in college mathematics: a multi-institution study. *Journal for Research in Mathematics Education*, v. 45, n. 4, p. 406-418, 2014.

LOKKEN, F.; WOMER, L.; MULLINS, C. *Distance education survey results*: tracking the impact of e-learning at community colleges. Washington: Instructional Technology Council, 2012.

LORENZO, M.; CROUCH, C. H.; MAZUR, E. Reducing the gender gap in the physics classroom. *American Journal of Physics*, v. 74, n. 2, p. 118-122, 2006.

MATHWORKS. *MATLAB Tutorials*. 2016. Disponível em: <http://www.mathworks.com/academia/student_center/tutorials/mltutorial_launchpad.html?s_tid=ac_ml_tut_til>. Acesso em: 22 jul. 2018.

MAZUR, E. *Peer instruction*: a user's manual. Upper Saddle River: Prentice Hall, 1997.

MILLER, G. The magical number seven, plus or minus two: some limits on our capacity for processing information. *Psychological Review*, v. 101, n. 2, p. 343-352, 1956.

MILLER, M. D. *Minds online*: teaching effectively with technology. Cambridge: Harvard University, 2014.

NATIONAL CENTER FOR EDUCATION STATISTICS. *Number of educational institutions, by level and control of institution*: selected years, 1980–81 through 2007–08. Disponível em: <http://nces.ed.gov/programs/digest/d09/tables/dt09_005.asp>. Acessso em: 22 jul. 2018.

NG, A.; WIDOM, J. Origins of the modern MOOC (XMOOC). *In:* HOLLANDES, F.; TIRTHALI, D. (eds.). *MOOCs*: expectations and reality. New York: Teachers College, Columbia University, 2014, p. 34-47.

NILSON, L. B. *Creating self-regulated learners*: strategies to strengthen students' self-awareness and learning skills. Sterling: Stylus, 2013.

NWOSISI, C. *et al*. A study of the flipped classroom and its effectiveness in flipping thirty percent of the course content. *International Journal of Information and Educational Technology*, v. 6, n. 5, p. 348-351, 2016.

ONWUEGBUZIE, A. J., *et al*. Students' perceptions of characteristics of effective college teachers: a validity study of a teaching evaluation form using a mixed-methods analysis. *American Educational Research Journal*, v. 44, n. 1, p. 113-160, 2007.

OUIMET, J.; SMALLWOOD, R. CLASSE—The Class-Level Survey of Student Engagement. *Assessment Update*, v. 17, n. 6, p. 13-15, 2005.

OWSTON, R.; LUPSHENYUK, D.; WIDEMAN, H. Lecture capture in large undergraduate classes: student perceptions and academic performance. *The Internet and Higher Education*, v. 14, n. 4, p. 262-268, 2011.

PALFREYMAN, D. *The Oxford tutorial*: thanks, you taught me how to think. 2.ed. Oxford: The Oxford Centre for Higher Education Policy Studies (OXCHEPS), 2008.

PEARSON, P. D.; GALLAGHER, M. C. The instruction of reading comprehension. *Contemporary Educational Psychology*, v. 8, n. 3, p. 317-344, 1983.

PIERRE, K. *How much do you study? Apparently 17 Hours a Week Is the Norm*. 2014. Disponível em: <http://college.usatoday.com/2014/08/18/how-much-do-you-studyapparently-17-hours-a-week-is-the-norm/>. Acesso em: 24 jul. 2018.

PINK, D. Flip-thinking—*the new buzz word sweeping the US*. The Telegraph. 2010. Disponível em: <http://www.telegraph.co.uk/finance/businessclub/7996379/Daniel-Pinks-Think-Tank-Flip-thinking-the-new-buzz-word-sweeping-the-US.html>. Acesso em: 24 jul. 2018.

PINTRICH, P. R. A conceptual framework for assessing motivation and self-regulated learning in college students. *Educational Psychology Review*, v. 16, n. 4, p. 385-407, 2004.

POLYA, G. *To solve it*: a new aspect of mathematical method. Princeton: Princeton University, 2014.

PRINCE, M. Does active learning work? A review of the research. *Journal of Engineering Education*, v. 93, n. 3, p. 223-232, 2004.

REICHMAN, S. W.; GRASHA, A. F. A rational approach to developing and assessing the construct validity of a study learning style scales investment. *Journal of Psychology*, v. 87, n.2, p. 213-223, 1974.

ROSE, K. K. Student perceptions of the use of instructor made videos in online and face-to-face classes. *Journal of Online Learning and Teaching*, v. 5, n. 3, p. 487-495, 2009.

ROTHKOPF, E. Z.; BILLINGTON, M. J. Goal-guided learning from text: inferring a descriptive processing model from inspection times and eye movements. *Journal of Educational Psychology*, v. 71, n. 3, p. 310-327, 1979.

ROVAI, A. P. Facilitating Online Discussions Effectively. *The Internet and Higher Education*, v. 10, n. 1, p. 77-88, 2007.

RYAN, R.; DECI, E. Self-determination theory and the facilitation of intrinsic motivation, social development, and well-being. *The American Psychologist*, v. 55, n. 1, p. 68-78, 2000.

SABOURIN, K. *How much is too much?* Avoiding the course and half syndrome. 2014. Disponível em: <http://fisherpub.sjfc.edu/cgi/viewcontent.cgi?article=1000& context=edtech_pub>. Acesso em: 24 jul. 2018.

SCHNEIDER, B.; BUMBACHER, E.; BLIKSTEIN, P. Discovery versus direct instruction: learning outcomes of two pedagogical models using tangible interfaces. *In*: LINDWALL, O. et al (Eds.). *Exploring the material conditions of learning*: proceedings of the Computer Supported Collaborative Learning (CSCL) Conference. Gothenburg: The International Society of the Learning Sciences, 2015, p. 364–371.

SCRIVEN, M. S. *The methodology of evaluation (perspectives of curriculum evaluation and aera monograph series on curriculum evaluation no. 1)*. Chicago: Rand McNally, 1967.

SENER, J. *Updated e-learning definitions*. 2015. Disponível em: <http://onlinelearningconsortium.org/updated-e-learning-defi nitions-2/>. Acesso em: 26 jul. 2018.

SHERIDAN CENTER FOR TEACHING AND LEARNING. *Entrance & exit tickets*. Disponível em: <https://www.brown.edu/about/administration/sheridan-center/teaching-learning/effective-classroom-practices/entrance-exit-tickets>. Acesso em: 26 jul. 2018.

SHIN, H. Flipping the flipped classroom: the beauty of spontaneous and Instantaneous close reading. *The National Teaching & Learning Forum*, v. 24, n. 4, p. 1-4, 2015.

SPENCER, K. J.; SCHMELKIN, L. P. Student perspectives on teaching and its evaluation. *Assessment & Evaluation in Higher Education*, v. 27, n. 5, p. 397-409, 2002.

STRAYER, J. *The effects of the classroom flip on the learning environment*: a comparison of learning activity in a traditional classroom and a flip classroom that used an intelligent tutoring system. 2007. 231 f. Dissertação (Doutorado em Filosofia) – Ohio State University, Columbus, 2007. Disponível em: <https://etd.ohiolink.edu/!etd.send_file? accession=osu1189523914>. Acesso em: 26 jul. 2018.

STRAYER, J. How learning in an inverted classroom influences cooperation, innovation and task orientation. *Learning Environments Research*, v. 14, n. 2, p. 171-193, 2012.

SUNDSTROM, T. *Mathematical reasoning*: writing and proof (open education materials). Allendale: Grand Valley State University, 2013.

SVENSSON, L.; ADAWI, T. Designing and evaluating a flipped signals and systems course. *In*: JEFFERIES, A.; CUBRIC, M. (Eds.). *Proceedings of the 14th European Conference on E-Learning—ECEL*. Sonning Common: Academic Conferences and Publishing International Limited, 2015. p. 584-591.

SVENSSON, L.; HAMMARSTRAND, L. Flipping a PhD course using movies from a MOOC. *In*: Development Conference for Swedish Engineering Courses, 5., 2015, Uppsala. *Proceedings...*, Uppsala, Uppsala University, Sweden, 2015. Disponível em: <http://publications.lib.chalmers.se/publication/227895>. Acesso em: 27 jul. 2018.

SWELLER, J.; VAN MERRIENBOER, J. J. G; PAAS, F. G. W. C. Cognitive architecture and instructional design. *Educational Psychology Review*, v. 10, n. 3, p. 252-253, 1998.

TORRANCE, H. Assessment as learning? How the use of explicit learning objectives, Assessment criteria and feedback in post-secondary education and training can come to dominate learning. *Assessment in Education*, v. 14, n. 3, p. 281-294, 2007.

VYGOTSKY, L. S. *The collected works of L. S. Vygotsky*. New York: Plenum, 1998. v. 5

VYGOTSKY, L. S.; VAN DER VEER, R.; VALSINER, J. *The Vygotsky reader*. Oxford: Blackwell, 1994.

WALSH, K. *Is reverse instruction education technology's perfect storm?*. 2012. Disponível em: <http://www.emergingedtech.com/2012/04/is-reverse-instruction-educationtechnologys-perfect-storm/>. Acesso em: 22 jul. 2018.

WALVOORD, B. E. F.; ANDERSON, V. J. *Effective grading*: a tool for learning and assessment. San Francisco: Jossey-Bass, 1998.

WAN, T. *No Slacking Off! How Savvy Teachers Are Turning to Trello and Slack*. 2015. Disponível em: <https://www.edsurge.com/news/2015-07-28-no-slacking-off-how-savvyteachers-are-turning-to-trello-and-slack>. Acesso em: 22 jul. 2018.

WIGGINS, G. P.; MCTIGHE, J. *Understanding by design*. Alexandria: ASCD, 2005.

WILLINGHAM, D. T. *Why don't students like school? A cognitive scientist answers questions about how the mind works and what it means for the classroom*. New York: John Wiley & Sons, 2009.

WITCHER, A.; ONWUEGBUZIE, A. J. Characteristics of effective teachers: perceptions of preservice teachers. 1999. Disponível em: <https://eric.ed.gov/?id=ED438246>. Acesso em: 26 jul. 2018.

YACKEL, E.; COBB, P. Sociomathematical norms, argumentation, and autonomy in mathematics. *Journal for Research in Mathematics Education*, v. 27, n. 4, p. 458-477, 1996.

ZIMMERMAN, B. Becoming a self-regulated learner: an overview. *Theory Into Practice*, v. 41, n. 2, p. 64-70, 2002.

Índice

A

Abeysekera, Lakmal, 46–49
acesso a apoio
    atividade pós-aula relativa a, 154–155
    avaliação do, 193–195
    comunicação do, 197–198
    em biologia matemática, 73–74
    em cálculo na GVSU, 61–63
    melhora do, 194–196
    para o espaço individual, 139–140, 193–196
    percepção do, 184–186
    relação da dificuldade cognitiva com, 5–9
acesso à tecnologia, 102–105
    desenvolvimento influenciado pelo, 37–38
    plickers relativos a, 220
    recursos limitando, 169–171
    rubrica do FLIP relativa a, 16–17
    suposição de, 159–161, 169–170
alunos, 113–114, 131, 201–202
    abordagem GRR, 176–177
    acesso a apoio, 193–196
    aumento no esforço, 187–189
    crença na incapacidade dos, 184–185
    customização para, 130–131
    dados de avaliação sobre, 66–67, 105–107, 149–150
    dependências intelectuais dos, 7–8, 57–59, 67–68
    desenvolvimento profissional, 22–24
    escolha dos, 196–198
    esquiva da saturação de trabalho para, 149
    expectativas, 4, 105–106, 173–174
    fatores a considerar, 96–97
    fixação dos conceitos de física dos, 29–31
    fluência dos, nos objetivos de aprendizagem básicos, 128–131
    incentivo à participação, 28–30
    iniciativa e controle dos, 49–53, 179–181
    manejo da carga cognitiva para, 48–49
    melhoria da autorregulação, 67
    melhoria da metacognição, 74
    mudança de paradigma, 64–67
    níveis de objetivos de aprendizagem para, 111–113
    nota de aprovação da maioria, 152
    percepções do ensino dos, 182–183
    resistência por parte dos, 177, 180–182
    responsabilidade, 50–54, 104–105, 134–135
    resposta à disciplina híbrida de Hale, 166–168
    resultados de pesquisa sobre, 42–43
    troca de papéis, 62–63, 173–174
    ZDP "alvo" para, 135–137
ambiente centrado no aluno
    de *design* retroativo, 92–93
    endosso do, 182–183
    promovendo o controle pelo aluno, 24–25
ambiente flexível, 15–18
analisando a tarefa, 120–122
Anderson, Virginia Johnson, 29–30
aplicando a tarefa, 121–122
aprendiz novato, 189–190
aprendizagem
    baseada em investigação, 135–136
    colaborativa, 174
    em grupo liderada por pares (PLTL), 42–43, 213–214
    permanente, xvi, 7–8
    por descoberta, 20–21
aprendizagem ativa, 165–166
    abrangência da pedagogia da, 14–15

achados de estudos sobre, 13–14, 43–44
 em comunicação em matemática, 68–69
 em disciplinas *on-line* e híbridas, 80–81
 encontro do grupo, 133
 engajamento dos alunos a partir da, 23–24
 instrução direta e, 11–15
 no espaço grupal, 12–14, 36
 no modelo de Fink, 94–95
 orientação da, 28–30
 para atividades de ensino, 99–100
 pesquisa em, 43–44
aprendizagem autorregulada, 49–50, 195–196
 áreas e fases, 50–53
 atividades pós-espaço grupal melhorando a, 153
 avaliações, 98–100
 como objetivo principal da educação universitária, 185–187
 como resultado ideal, 180–181
 contato inicial com o material novo, 8–10
 encorajamento da, 53–54, 67–68
 melhoria da, 69–71
 no modelo tradicional, 6–8
 objetivos de aprendizagem auxiliando, 112–113
 perguntas melhorando, 192–194
 rubrica para, 51–52
aprendizagem invertida
 definição, xv
 modelo de Fink aplicado à, 96–107
 modelo tradicional comparado à, 41
 origens, 27–30
 passos do planejamento, 106–111
 resultados, xv–xvi
 transição para, 162–174
aquisição de esquemas, 47–49, 65
artigos revisados pelos pares, 26–27, 41
ativação do conhecimento, 205–206
atividade no espaço grupal
 em contexto de baixa tecnologia, 172
 planejamento da, 134–137
 variedade das atividades de ensino na, 134–136
 ZDP para, 135–137

atividade no espaço individual
 alternativas em contexto de baixa tecnologia para, 170–172
 cálculo introdutório, partes da, 143–147
 equilíbrio das dificuldades para, 142–143
 exercícios para, 145–146
 garantia de realização para, 149–151
 instruções para apresentação, 146–147
 notas para, 149–152
 objetivos de aprendizagem, 144–145
 Prática Guiada para, 141–152, 220
 princípios, 142–143
 recursos, 145–146
 tempo do modelo tradicional equivalente, 149
 visão geral, 144–145
atividades da aula, 131, 132
atividades de ensino
 em atividades no espaço grupal, 134–136
 no modelo de Fink, 94–95, 99–101
 tempo e espaço para, 133
atividades de recuperação, 84–85
atividades estruturadas pré-aula, 82–83
 atividade no espaço grupal influenciando, 124
 disciplinas *on-line* e híbridas, 80–81
 fluência nos objetivos de aprendizagem básicos, 128–131
atividades pós-aula
 miniprojetos de cálculo na GVSU como, 168–169
 planejamento para, 152–155
 semelhança do modelo tradicional com, 154–155
 taxonomia de Bloom desenvolvida por, 152–153
Atividades Prévias, 65–67
atividades, ensino
 no modelo de Fink, 94–95, 99–101
 tempo e espaço para, 133
 variedade de, 134–136
aula de álgebra, 117–118, 154. *Ver também* fórmula quadrática
aula de *design* de interface do usuário, 32–34
aula expositiva, 4. *Ver também* aulas expositivas em vídeo

como ferramenta complementar, 72–73, 140–141
como instrução direta, 12–13
exclusão no encontro da turma, 71–72, 80
foco na comunicação em matemática, 68–70
para o quadrante "sudeste", 139–141
pedagogia indo além, 187–189
planejamento de manutenção ocasional da, 202–203
troca de papéis, 181–183
aula focada, 174
aulas expositivas em vídeo
como instrução direta, 12–13
como material complementar, 80
como substitutas das presenciais, 39
dificuldades de aprendizagem com, xix–xx
em disciplinas de engenharia na Suécia, 82–84
estudo não produtivo das, 191
fator situacional das, 96–97
investimento de tempo em, 199–200
na sala de aula invertida, 34–36
natureza não essencial das, 147–148, 200–201
para biologia matemática, 71–73
para simplificação da instrução, 38
pelos professores, 147–148
seleção de, 85–86, 147–148
tarefas pré-aula em vídeo, 16–17
TCC reduzida por, 48–49
autoconhecimento, 49–50
autoensino, 186–187
avaliações. *Ver também* avaliações formativas; modelo de Fink
auditivas, 98–99
com alternativas de baixa tecnologia, 172
com vídeo incluído, 83–84
da satisfação dos alunos, 85–86
dados dos alunos, 66–67, 105–107, 149–150
do acesso a apoio, 193–195
do progresso da disciplina, 95–96
educativas, 98–99
em disciplinas *on-line* e híbridas, 80–81
formativas, 100
nos minutos de abertura, 134–135
para a aprendizagem autorregulada, 98–100
para biologia matemática, 72–73
para o modelo de Fink, 93–95, 98–100
para desenvolver responsabilidade, 125
sobre crenças de ensino, 185–186
somativas, 98–99
avaliações formativas, 98–99
a partir do SurveyMonkey, 223
com Formulários Google, 214–215
entrega por meio eletrônico auxiliando, 149–150
feedback da disciplina a partir de, 105–107
sistema de avaliação, 151
tickets de entrada e saída como, 224–225

B

Babson Survey Research Group, 11–12
Baker, J. Wesley, 32–34
Barba, Lorena, 19–20
base de dados ERIC, 26, 41
Bergmann, Jon, 38–40
biologia matemática
espaço grupal em, 72–73
espaço individual em, 71–73
estudo de caso sobre, 70–75
exigências de competência cognitiva para, 70–72
papel da ciência em, 70–71
satisfação do aluno com, 73–75
Boyer, Ernest, 203–204
Bradshaw, Noel-Ann, 23–24
Buitrago, Carolina, 24–25

C

cálculo, GVSU
abordagem tradicional, 56–58
como disciplina *on-line* assíncrona, 167–168
como estudo de caso, 56–63
espaço grupal em, 57–62, 168–169
espaço individual em, 58–61, 167–170
cálculo, introdutório
aprendizagem avançada e básica
objetivos de, 144–145
instruções para entrega, 145–147

partes da atividade no espaço
  individual para, 143-147
  recursos, 145-146
carga
  estranha, 187-188
  extrínseca, 47-48, 65, 151
  intrínseca, 47-48, 64-65
  relevante, 47-49, 65
carga cognitiva
  atenuação da linha demarcatória,
    130-131
  atividade no espaço individual
    minimização da, 151
  design da disciplina para, 48-49
  estilo de aprendizagem relacionado,
    186-188
carreira, professor
  aspecto da pesquisa e extensão,
    209-211
  benefício com os riscos, 212
  desenvolvimento da SoTL na, 208-210
  em relação à pesquisa, 202-210
Cedarville University, 32-34
centro de ensino e aprendizagem, 210-211
Cisco Networking Basics, 75-76
Class-Level Survey of Student Engagement
  (CLASSE), 74
clickers, 28-30
  alternativas de baixa tecnologia, 172
  conceitos de física abordados com,
    31-32
  para a comunicação em matemática,
    68-69
  sistemas para, 221-222
coerência interdisciplinar
  aceitação dos alunos, 201-202
  dos professores, 22, 25, 36-37
  em ensino superior, 86
  independência, 36-37
cognição, 50-53, 119-121
comitê de pesquisa institucional, 206-208
competências interdisciplinares, 71-72
complexidade cognitiva, 114-116, 119-124,
  132
compreensão conceitual
  cultivando o espaço grupal, 85-86
  disciplinas de engenharia na Suécia
    que requerem, 82-83
  exigências da biologia matemática de,
    70-72

compreensão da tarefa, 120-122
comunicação
  de expectativas, 197-198
  para o quadrante "sudoeste", 138-139
comunicação em matemática
  aquisição de esquemas em, 65
  atividades de revisão em, 65-67
  como estudo de caso, 63-71
  ênfase na escrita, 63-64
  espaço grupal em, 68-70
  espaço individual em, 67-69
  melhora na autorregulação em, 69-71
  notas em, 64, 69-70
  objetivos, 66-68
  TCC em, 64-65
comunicados da disciplina, 127-128
comunidade, xix-xx
comunidades de prática, x, 37, 209-211
concepções erradas
  absorção de futuros professores, 56,
    58-59
  peer instruction lidando com, 217-218
  professores vendo, 84-86
  rubrica FLIP abordando, 16-19
"Confessions of a Converted Lecturer",
  218
conferências, 208-211
conflito
  de normas sociomatemáticas, 64,
    69-70
  na relação entre aluno e professor,
    195-196
conhecimento
  do domínio, 205-206
  estratégico, 49-50
contato inicial com o conteúdo
  aprendizagem autorregulada com,
    8-10
  componente *on-line* insuficiente para,
    81
  discussão após, 79
  em disciplinas relacionadas com
    administração, 76-78
  no diagrama *castle-top*, 100-103
  no espaço individual, 21
  orientação, 28
  percepção de impossibilidade de,
    184-185
  Prática Guiada para, 59-62
conteúdo intencional, 16

contexto de baixa tecnologia
　atividades no espaço grupal para, 172
　atividades no espaço individual para, 170–172
　pressuposto de acesso à tecnologia em oposição ao, 169–170
　recursos influenciando, 169–171
cronograma, 137–138
　da disciplina, 95–96, 105–106
cultura da aprendizagem, 17
curso de engenharia, xvii–xxi
curso *on-line* aberto e massivo (MOOC)
　desinteresse do ensino superior no, 162–163
　Métodos Numéricos Práticos por meio de, 19–20
　uso de vídeos relativo a, 85–86, 147–148

D

dados, SoTL, 207–209
dano, 206–208
Dawson, Phillip, 46–49
Deci, Edward, 44–46
definição de aprendizagem invertida, 15–17, 21
dependências intelectuais, 7–8, 57–59, 67–68
desamparo aprendido, 188–189
descrição da tarefa, 126–127. *Ver também* taxonomia de Bloom
desenvolvimento, 37–38, 43–45
Desenvolvimento Adulto no Ambiente de Trabalho, 74–76
desenvolvimento profissional, 22–24
　em cálculo na GVSU, 58–59
　fornecendo serviço, 209–211
　para professores, 33–34
design da disciplina
　de *design* retroativo, 91–93
　estrutura determinada pelo, 89–90
　integração em, 93–95, 99–101
　investimento de tempo, 199–201
　macro e micro, 106–107, 109, 155
　modelo de Fink para, 92–107
　para carga cognitiva, 48–49
　para necessidades cognitivas, 46–47
　passos para, 90
　validade, 212

design da disciplina, parcialmente invertida, xxii–xxiii
　abordagem GRR para, 174, 176–177
　elementos recorrentes da aula relativos ao, 176–177
　em disciplinas relacionadas com administração, 75–76
　período de ensaio com, 173
design da disciplina, tradicional
　design retroativo comparado a, 91–93
　modelo de Fink, 102–104
　troca de GRR do, 174, 176–177
design para aprendizagem significativa. *Ver* modelo de Fink
design retroativo
　ambiente centrado no aluno do, 92–93
　design de disciplina tradicional comparado ao, 91–93
　modelo de Fink comparado ao, 93–94
despreparo
　em disciplinas híbridas de Hale, 166–167
　grau e extensão, 138–139
　improvisação necessária por, 137–138
　quadrantes de, 138–142
diagrama *castle-top*, 94–96, 100–103
dias de revisão, 176–177
dificuldade cognitiva, 5–9
disciplina híbrida, 10–12, 163–167
disciplina *on-line*, 161–163
　cálculo na GVSU como, 167–170
　planejamento do espaço grupal adaptado para, 136–137
　síncronas e assíncronas, 10–11, 165–168
disciplinas em sala de aula combinadas/híbridas, 161–162
disciplinas de engenharia na Suécia
　conhecimento conceitual necessário, 82–83
　engajamento do aluno, 85–86
　espaço grupal em, 84–85
　espaço individual em, 83–84
　estudo de caso sobre, 82–86
disciplinas *on-line* e híbridas, 164
　aumento nas instituições de dois anos, 159
　aumento nas instituições de quatro anos, 160–161
　categorias, 161–163

diferenças nas regras, 162-164
estudo de caso em, 78-83
problemas de prontidão em, 79
quadrantes, 80-81
satisfação dos alunos, 82-83
WebEx adequado para, 225-226
disciplinas otimizadas pela *web*, 161-162
disciplinas relacionadas com administração
design de disciplina parcialmente
invertida de, 75-76
espaço grupal nos, 76-77
estudo de caso em, 74-78
melhoria das notas globalmente em, 78
disciplinas relacionadas com STEM,
215-216
disciplinas sobre Roma, 175-177
discordância, 104-106, 180-182
discussão, 80
com *think-pair-share/think-pair-share-
-square*, 223
melhorando a prontidão, 79
nos minutos de abertura, 134-135
plicker gerando, 220
software Slack para, 222-223
diversidade, 38, 42-43
considerando problemas de
acessibilidade para, 104-105
design de disciplina considerando, 90
em cálculo na GVSU, 56
Dunmyre, Justin, 22

E

Ebbler, Jennifer, 175-177
educador profissional, 16-17, 155
controle do despreparo pelo, 141-142
motivação para, 178-179
opção apresentada pelo, 196-198
reforço de autorregulação pelo, 192
encontro da turma
abrangência dos objetivos de
aprendizagem durante, 124-125,
154-155
aprendizagem ativa durante, 133
aula expositiva retirada do, 71-72, 80
comunicação em matemática
trabalho em, 66-70
cronograma para, 137-138
eficiência, 126-128
gerenciamento do tempo para, 8-10,
62, 83-84, 124-127

no modelo tradicional, 5-6
pressuposto do, 159
trabalho de aplicação em, xix-xx,
xx-xxi
engajamento dos alunos, 23-25, 46-47
como resultado ideal, 180-181
em biologia matemática, 73-75
em disciplinas de engenharia na
Suécia, 85-86
em disciplinas *on-line* e híbridas, 79
ensino efetivo
características do, 182-183
crenças sobre, 183-185
ensino médio, 38-40
ensino superior, xxii-xxiii
aprendizagem permanente frustrada
por, xvi
atualmente, xvi
coerência interdisciplinar em, 86
de 2000, 40-43
desinteresse da MOOC no, 162-163
ensinos fundamental e médio
comparados ao, xvi, 40
objetivo de aprendizagem
autorregulada do, 185-187
objetivo do, para a preparação para a
carreira, 185-187
objetivos pedagógicos, 25
troca de papéis, 182-184
ensinos fundamental e médio, xxi-xxii,
39-40
entrega eletrônica, 149-150
Ernst, Dana, 185-186
esboço
da atividade, 124-128, 132
do planejamento da atividade, 155
espaço. *Ver também* espaço grupal; espaço
individual
fator situacional do, 96-97
noção não tradicional de, 11-12
para atividades de ensino, 133
tempo e, 9-12
espaço grupal, 10-11, 85-86
aprendizagem ativa no, 12-14, 36
aprendizagem autorregulada no,
53-54
atividades estruturadas pré-aula
relativas ao, 81-83
centralidade do, 107-108, 124
clickers para, 221-222

em biologia matemática, 72–73
em cálculo na GVSU, 57–62, 168–169
em comunicação em matemática, 68–70
em disciplinas de engenharia na Suécia, 84–85
em disciplinas híbridas, 11–12, 163–167
em disciplinas relacionadas com administração, 76–77
esboço da atividade para, 124–125, 132
espaço individual auxiliando, 167–168
fóruns de discussão para, 164–169
na sala de aula invertida, 36
necessidade de interação interpessoal, 133
objetivos de aprendizagem, 124–127
objetivos de aprendizagem avançados para, 127–129
orientação no, 28
para contexto de baixa tecnologia, 172
peer instruction com, 31–32
plataformas *on-line* para, 164–169
Prática Guiada para, 60–62
sistema de avaliação de Fink para, 101–103
espaço individual, 9–11
acesso a apoio, 139–140, 193–196
atividades de aprendizagem básicas para, 127–129
avaliação formativa para, 98–99
como "transbordamento" do trabalho, 189–190
contato inicial com o conteúdo, 21
em biologia matemática, 71–73
em cálculo na GVSU, 58–61, 167–170
em comunicação em matemática, 67–69
em disciplinas de engenharia na Suécia, 83–84
em disciplinas híbridas, 11–12, 166–167
em disciplinas relacionadas com administração, 76–77
espaço grupal auxiliado pelo, 167–168
expectativas de tempo, 191–192
mudança da instrução guiada para, 174–176
orientação, 28

perfeccionismo interferindo, 191
planejamento, 107–108
sistema de avaliação de Fink, 101–103
esquemas de atividades de aprendizagem, 94–96, 101–104
"estação de revisão", 138–140
estilos de aprendizagem
crenças sobre, 186–188
diversidade relativa aos, 38
restrições de tempo, 34–35
estratégia de ensino, 94–95, 100–103
estrutura temática para a disciplina, 94–95, 100–101
estruturas
hierarquia da cognição como, 119–121
linha demarcatória como, 130–131
taxonomia de Bloom como, 121–123
teóricas, 43–49
estudo da Stanford University, 20
evidências variadas, 206–207
exercícios
construção de, 146–147
para cálculo introdutório, 145–146
para Prática Guiada, 59–61, 143–144
expectativas
comunicação das, 197–198
dos alunos, 4, 105–106, 173–174
dos professores, 105–106, 181–182
mudança das, no *design* de disciplina parcialmente invertida, 173–174
para a realização de instrução direta, 182–185
para acesso a apoio, 194–195
para o tempo no espaço individual, 191–192
experimentação, 194–195

F

fabricantes, 222
"falha invertida", 179–180
fatores situacionais, 93–94, 96–97
fazer anotações, 6–7, 32–33
FCI. *Ver* Force Concept Inventory
ferramentas de *chat* em grupo, 164–165, 167–168
ferramentas de interação baseadas em áudio
como espaço grupal *on-line*, 164–165
como recurso de aprendizagem, 200–201

para atividades de baixa tecnologia no espaço individual, 170–172
Ferreira, Alexa, 74–78
Fink, Dee, xxii–xxiii, 89
física, 29–33
Flip your classroom: reach every student in every class every day (Bergmann e Sams), 39
Flipped Classroom Competitive Grant, 74–75
fluxo de trabalho, 106–107, 201–202
foco metacognitivo, 22
    dos *tickets* de entrada/saída, 224–225
    one-minute papers auxiliando, 216–217
    para os minutos de encerramento, 140–142
Force Concept Inventory (FCI), 13–14, 30–32
fórmula quadrática
    identificação da tarefa de baixo nível, 131
    linha demarcatória, 128–130
    objetivos de aprendizagem, 120–123, 125, 129–130
Formulários Google, 145–146, 197–198, 214–225
fóruns de discussão
    como espaço grupal *on-line*, 164–169
    Hypothes.is como, 216
    minutos de abertura simulados por, 136–137
    para acesso a apoio, 194–195
    plataforma Gitter para, 216–217
    Slack comparado a, 222–223
fracasso produtivo
    aprendizagem por, 185–187
    da sala de aula invertida, xix–xx
    do modelo tradicional, xviii–xix
    em aula de programação de computador, xvii–xxi
Freeman, Scott, 13–14
fronteiras, 140–141, 189–190

G

Gardner, Anne, 24–25
General Motors, 3
Gitter, 215–216
Grand Valley State University (GVSU). *Ver* cálculo, GVSU; comunicação em matemática

GRR. *Ver* liberação gradual da responsabilidade
grupo de discussão, 168–169
"guerra da matemática", 14–15
GVSU. *Ver* Grand Valley State University

H

hábitos de estudo improdutivos, 191–194
Hake, Richard, 13–14
Hale, Mark, 79, 82–83, 166–168
Halloun, Ibrahim, 29–31
Harvard University, 29–33
Henry, Tiernan, 24–25
Hestenes, David, 29–31
Hitchman, Theron, 23–24
horário do expediente, 194–195
Hutchings, Pat, 204–205
Hypothes.is, 216–218, 225

I

imersão, 176–177
improvisação, 137–138
instituição, 162–164
    de dois anos, 159, 162–163
    de quatro anos, 160–163
instrução direta
    abrangência da pedagogia da, 12–13
    aprendizagem ativa e, 11–15
    aprendizagem por descoberta comparada a, 20
    como ferramenta complementar, 14–15
    design de disciplina parcialmente invertida relativo a, 173
    em contexto de baixa tecnologia, 170–172
    expectativa de realização, 182–185
    omissão da, 19–20
    orientação com, 28
instrução guiada, 174–176
instrução inversa, 39–40
instrução, modelo tradicional de, xviii–xix, 110–111, 161–162
    aprendizagem autorregulada em, 6–8
    aprendizagem invertida comparada a, 41
    aprendizagem profunda em, 6–7
    como modelo de *design*, 5–9
    dependências intelectuais em, 7–8, 57–59, 67–68

despreparo, retorno ao, 141-142
dificuldade cognitiva, apoio e, 5-9
dificuldade da TCC na, 48-49
   estrutura, 4-6
   experiência de educação com, 180-181
   inadequação da, xxii-xxiii
   necessidades cognitivas relativas à, 46-47
   para aula de *design* de interface do usuário, 32-33
   para cálculo na GVSU, 56-58
   semelhança da atividade pós-aula com, 154-155
   tempo de atividade no espaço individual equivalente, 149
   uniformidade, 3
instruções para entrega
   construção das, 146-147
   para cálculo introdutório, 145-147
   para tarefas da Prática Guiada, 59-61, 143-144
Internet Relay Chat (IRC), 164-165, 194-195, 222
inversão da sala de aula, 32-34
IRC. *Ver* Internet Relay Chat

J

jargão, 113-114
Journal of Economic Education, 34-36
julgamento profissional, 149, 153-155
   da complexidade dos objetivos de aprendizagem, 123
   da média na ZDP, 137-139
   do conhecimento do aluno, 113-114
   do tempo de atividade em aula, 126-127
   sobre a taxonomia de Bloom, 121-122

L

laboratório, 176-177
"lacuna de gênero", 42-43
Lage, Maureen, 33-36
"leituras atentas", 172
liberação gradual de responsabilidade (GRR), 174-177
linha demarcatória, 127-131
livro-texto, 116-117, 200-201

M

Mazur, Eric, 29-33, 218-219
MBTI. *Ver* Myers-Briggs Type Indicator
McCabe, Bryan, 23-24
McTighe, Jay, 91-93
método instrucional, 5-6, 28-30
metodologia de investigação, 204-206
Métodos Numéricos Práticos, 19-21
Miami University, 33-36
minutos de abertura
   atividade em fórum de discussão semelhante, 136-137
   no planejamento no espaço grupal, 133-135
   responsabilidade nos, 134-135
minutos de encerramento, 136-137, 140-142
modelo de *design*, 5-9
modelo de Fink, 155
   ambiente de aprendizagem considerado no, 95-96
   atividades de ensino, 94-95, 99-101
   avaliação formativa no, 105-107
   estratégia de ensino, 94-95, 100-103
   fatores situacionais, 93-94, 96-97
   integração no, 93-95, 99-101
   objetivos de aprendizagem, 93-94, 97-98
   para planejamento da disciplina, 92-107
   plano de contingência no, 95-96, 102-106
   procedimentos de avaliação, 93-95, 98-100
   sistema de avaliação, 95-96, 101-103
modelo Oxford, 17-19, 27
modelos "de legado", 17-19, 27-28
MOOC. *Ver* curso *on-line* aberto e massivo
motivação, 178-179. *Ver também* motivação autônoma; motivação controlada; motivação extrínseca; motivação intrínseca
motivação/afeto, 50-53
motivação autônoma
   aulas expositivas em vídeo feitas pelo professor
      aumento, 147-148
   motivação controlada comparada a, 45-46
   na TAD, 45-47

objetivo da atividade no espaço
    individual para, 152
motivação controlada
    em TAD, 45-47
    esquiva da atividade no espaço
        individual, 152
motivação extrínseca, 44-45
motivação intrínseca
    atividade no espaço individual
        maximização da, 151
    descontinuação, x
    diversidade influenciando, 38
    fases da, 34-36
    inadequação, xix-xx
    motivação extrínseca comparada à,
        44-45
    necessidades cognitivas, 45-46
    sala de aula invertida, xviii-xix, 33-34
mudança de paradigma, 64-67, 195-196
Myers-Briggs Type Indicator (MBTI),
    34-35

N

NASA, 3
National Center for Education Statistics,
    160-161
necessidades cognitivas, 45-47
necessidades do mundo, 4, 183-184
normas sociomatemáticas, 64, 69-71
notas, 115-116
    em comunicação em matemática, 64,
        69-70
    em disciplinas relacionadas com
        administração, 78
    para atividades no espaço individual,
        149-152
    para avaliações formativas, 151
    sistema automático no Formulário
        Google para, 214-215
    sistema de *design* de disciplina para, 90
    sistema do modelo de Fink para,
        95-96, 101-103
Nwosisi, Christopher, 74-78

O

objetivo da dimensão humana, 97-98
objetivo de dedicação, 97-98
objetivos
    irrestritos, 117-119
    mensuráveis, 113-116, 132
    no nível da disciplina, 110-114
    orientados para a ação, 113-114
    pedagógicos, 25
    quantificáveis, 113-115
    restritos, 117-119
objetivos de aprendizagem, 185-187,
    196-197. *Ver também* objetivos de
    aprendizagem avançados; objetivos de
    aprendizagem básicos; objetivos no nível
    da aula
    abrangência no encontro da turma
        dos, 124-125, 154-155
    atividades, 115-117, 123
    benefícios, 111-113
    centralidade, 110-113
    do modelo de Fink, 93-94, 97-98
    identificação, 131
    linha demarcatória, 127-131
    ordenação pela complexidade
        cognitiva, 114-116, 119-124, 132
    para atividade no espaço individual,
        144-145
    para *design* de disciplina, 90
    para o espaço grupal, 124-127
    para tarefas de Prática Guiada, 58-61,
        143-144
    perguntas sobre, 110-111
objetivos de aprendizagem avançados, 132,
    153
    consulta pós-aula, 154-155
    para a atividade no espaço grupal,
        135-136
    para cálculo introdutório, 144-145
    para fórmula quadrática, 129-130
    para o espaço grupal, 127-129
    peer instruction focando nos, 219
    planejamento do espaço grupal
        alinhado com, 137-138
objetivos de aprendizagem básicos, 132
    aperfeiçoando as atividades pós-aula,
        153
    fluência dos alunos, 128-131
    para cálculo introdutório, 144-145
    para fórmula quadrática, 129-130
    para o espaço individual, 127-129
objetivos no nível da aula,
    atividade para, 115-117, 123
    desambiguação, 114-116
    objetivos no nível da disciplina
        comparados aos, 110-114

orientação, 117–119
quantidade, 116–118
terminologia, 115–116
one-minute papers, 217–218
Online Learning Consortium, 161–162
orientação
    da aprendizagem ativa, 28–30
    dos objetivos no nível da aula, 117–119
    nos minutos de abertura, 134–135
    por meio da *peer instruction*, 30–32, 84–85

P

pai, 3–4
passos do planejamento não linear, 107–108, 110–111
pedagogia, 187–189
    abrangência, 12–15
peer instruction, 16–17, 29–30, 32–33, 217–218
    alternativas de baixa tecnologia para, 172
    clickers auxiliando, 221–222
    em atividade no espaço grupal, 135–136
    esboço, 217–218
    objetivos de aprendizagem avançados, 218
    orientação por meio de, 30–32, 84–85
    pesquisa em, 42–43
perfeccionismo, 191
perguntas de múltipla escolha, 221
Perusall, 218
pesquisa
    ampliação, 26–27, 41–43
    infância, 42–43
    sobre aprendizagem ativa, 43–44
    tipos de, 203–204
pesquisa do ensino e aprendizagem (SoTL)
    avanço na carreira do professor com, 208–210
    certificação IRB para, 206–208
    como disciplina acadêmica, 203–205
    metodologia de investigação de, 204–206
    minimização dos danos em, 206–208
    validade, 209–210
pilares da FLIP, 15–17
Pink, Dan, 39
Pintrich, Paul, 49–53

planejamento do espaço grupal
    atividade no espaço grupal, 134–137
    minutos de abertura no, 133–135
    minutos de encerramento no, 136–137
    objetivos de aprendizagem avançados alinhados com, 137–138
plano de contingência
    no modelo de Fink, 95–96, 102–106
    para acesso à tecnologia, 102–105
    para *design* da disciplina, 90
    para discordâncias, 104–106
plataforma Scalable Learning, 83–84
plataforma universal da aprendizagem invertida, 159
Platt, Glenn, 33–36
plicker, 172, 219–220
PLTL. *Ver* aprendizagem em grupo liderada por pares
podcasts, 147–148
POGIL. *Ver* processo de aprendizagem orientado por inquérito guiado
positividade, 196–197
Prática Guiada. *Ver também* atividade no espaço individual
    acesso a apoio, 61–62
    com VoiceThread, 225
    em cálculo na GVSU, 58–61, 168–169
    em comunicação em matemática, 67–68
    em contexto de baixa tecnologia, 170–172
    estrutura, 220
    estrutura temporal, 189–190
    para atividade no espaço individual, 141–152, 220
    partes da, 58–61, 142–144
    pergunta de SoTL sobre, 205–206
    tarefas para, 58–62
prática profissional, 19
prazo de entrega, 105–106
preparação de carreira, 183–187
privilégio, 170–171
Problema da Semana, 168–169
problemas pedagógicos
    aprendizagem invertida em biologia matemática,
    aprendendo com, 73–74
    desenvolvimento impulsionado por, 37, 43–45
    em cálculo na GVSU, 57–58

Proceedings of the National Academy of Sciences (Freeman), 13–14, 43–44
processo de aprendizagem
    aumento da energia por meio do, 100–101
    como acúmulo de fatos, 187–188
    condicionamento centrado no professor, 188–189
    de experimentação, 185–187
    irrestrito, xvi
    objetivos de aprendizagem reforçando, 111–113
processo de aprendizagem orientado por inquérito guiado (POGIL), 42–43, 220, 222
professores, 33–34
    aquisição de esquemas auxiliada pelos, 48–49
    aulas expositivas em vídeo dadas pelos, 147–148
    coerência interdisciplinar, 22, 25, 36–37
    como guias de trilhas de caminhada, 118–119
    como seres humanos, 178–179
    compartilhamento dos objetivos de aprendizagem relativos aos, 196–197
    concepções erradas reveladas para, 84–86
    estrutura de planejamento, 106–107
    expectativas, 105–106, 181–182
    futuro, 56, 58–59
    liberação dos, 24–25
    passos não lineares para, 107–108, 110–111
    percepção de negligência com os deveres dos, 184–185
    personalização dos, 62
    pesquisa para, 26–27
    preocupação com falhas, 179–180
    processo de aprendizagem centrado em torno dos, 188–189
    prontidão, 199–201
    raciocínio sobre aprendizagem invertida, 21–25
    responsabilidade, 141–142
    tipos de, xx–xxii
    troca de papéis, 9–10, 59–61, 182–184
programação da disciplina, 80–81
programação de computadores
    exigências do curso de engenharia, xvii–xviii
    falha produtiva com, x, xxi
    inadequação da sala de aula invertida para, xv
prontidão. *Ver também* despreparo
    consumo de tempo para, 188–190
    dificuldades com, 189–192
    disciplina híbrida de Hale incentivando, 166–168
    discussão reforçada pela, 79
    estimativa da ZDP reforçando, 137–139
    investigação de SoTL da, 205–206
    para planejamento do professor, 199–201
publicações acadêmicas específicas para SoTL, 208–209

Q

quadrantes
    do cronograma do curso, 80–81
    de despreparo, 138–142

R

Ramey, Lori, 22
recursos, xx–xxi. *Ver também* recursos de aprendizagem
    acesso à tecnologia limitado pelos, 169–171
    construção dos, 146–147
    de aprendizagem, 199–202
    de aprendizagem *on-line*, 200–201, 220
    experiências pessoais como, 210–211
    mistura de mídias para, 149
    para cálculo introdutório, 145–146
    para tarefas de Prática Guiada, 59–61, 143–144
relação entre aluno e professor
    maturação da, 9–10
    melhoria da, 24–25, 180–181
    mudança de paradigma na, 195–196
    relação adversarial da, 7–8, 180
    relação entre cliente e consultor da, 182–184
relatório da confusão, 219
Rener, Christine, 196–198
responsabilidade
    avaliação do encontro da turma para, 125

cumprimento do quadrante "nordeste" de, 140–142
nos minutos de abertura, 134–135
para os estudantes, 104–105, 134–135
resultado ideal, 179–181
revisão da literatura, 205–206
rubrica do FLIP
    concepções erradas abordadas com, 16–19
    modelos "de legado" relativos à, 17–19
    tecnologia relativa à, 16–17
Ryan, Richard, 44–46

S

sala de aula invertida, 38–40, 169–170
Sams, Aaron, 38–40
satisfação dos alunos
    avaliações da, 85–86
    com biologia matemática, 73–75
    com disciplinas *on-line* e híbridas, 82–83
    com disciplinas relacionadas com administração, 78
Scholarship reconsidered (Boyer), 203–204
sextas-feiras invertidas, 176–177
Shin, Haerin (Helen), 172
simulações, 201–202
sistemas de resposta na sala de aula. *Ver clickers*
Slack, 164–165, 194–195, 222
sobrecarga de trabalho, 149
    design de baixa manutenção reduzindo, 202–203
    no estágio de planejamento da disciplina, 199–201
software MATLAB, xvii–xviii, xviii–xx
solicitação de assistência, 193–194
SoTL. *Ver* pesquisa do ensino e aprendizagem
Strayer, Jeremy, 41
SurveyMonkey, 223
Svensson, Lennart, 82–86
Sweller, John, 47–49

T

TAD. *Ver* teoria da autodeterminação
tarefa
    de avaliação, 120–122, 124
    de memorização, 121–122

tarefas cognitivas, 6–9, 19, 49–50, 67–68, 119–121
tarefas independentes, 174
taxonomia de Bloom, 116–117
    como estrutura, 121–123
    desenvolvendo atividades pós-aula, 152–153
    distribuição das tarefas, 123–124
    pedagogia crescente, 187–188
    verbos de ação na, 119–122
TCC. *Ver* teoria da carga cognitiva
tempo
    abrangência dos objetivos de aprendizagem, 124–125
    desenvolvimento relativo ao, 37
    equilíbrio de, selecionando vídeos, 147–149
    espaço e, 9–12
    estimativa para a atividade pós-aula, 153–155
    expectativas, 191–192
    falta de, para aula expositiva, 71–72
    fluxo de trabalho, manejo do, 201–202
    IRB, consumo de, 207–208
    julgamento profissional, 126–127, 149, 153–155
    manejo do encontro da turma, 8–10, 62, 83–84, 124–127
    modelo tradicional, atividade no espaço individual e, 149
    para atividades de ensino, 133
    para POGIL, 222
    planejamento da distribuição do, 202–203
    Prática Guiada, estrutura do, 189–190
    restrições de, 34–35, 37
teoria da autodeterminação (TAD)
    atividade no espaço individual construída com, 151
    como estrutura teórica, 44–47
    motivação autônoma e controlada na, 45–47
    motivação intrínseca e extrínseca na, 44–45
teoria da carga cognitiva (TCC)
    atividade no espaço individual construída com, 151
    como estrutura teórica, 47–49
    em comunicação em matemática, 64–65

terminologia
 determinação da instituição da, 162–164
 dos verbos de ação, 119–122
 evolução da, 39
 inversão da sala de aula, origem da, 33–34
 para disciplinas *on-line*, 165–166
 para os objetivos de aprendizagem, 115–117
 sala de aula invertida, troca na, 169–170
 separação na, 40
The Daily Telegraph, 39
"The Inverted Classroom in Software Engineering" (Gannod, Burge e Helmik), xviii–xix
think-pair-share/think-pair-share-square, 224
ticket de entrada/saída, 134–135, 221–222, 224–225
tipo de professor
 curioso, xx–xxii
 novato, xx–xxi
 veterano, xxi–xxii
tolerância à incorreção, 142–143, 149–150
trabalho
 de nível superior, 5–6, 8–9
 em equipe, 220
"transbordamento" do trabalho, 189–190
Treglia, Michael, 33–36

trilha de caminhada, 117–119
Understanding by design (McTighe e Wiggins), 91–93

V

verbos de ação
 na taxonomia de Bloom, 119–122
 para objetivos no nível da aula, 115–117
 terminologia de, 119–122
viés, 207–209
visão geral
 construção da, 146–147
 para cálculo introdutório, 144–145
 para Prática Guiada, 58–60, 142–144
VoiceThread, 164–166, 225

W

Walvoord, Barbara, 29–30
WebEx, 165–166, 225
Wiggins, Grant, 91–93
Winslow, Matthew, 23–24
workshops, 209–211, 213

Z

ZDP. *Ver* zonas de desenvolvimento proximal
Zimmerman, Barry, 49–50
zonas de desenvolvimento proximal (ZDP), 135–139